Politikwissenschaft für die Soziale Arbeit

Benjamin Benz • Günter Rieger

Politikwissenschaft für die Soziale Arbeit

Eine Einführung

 Springer VS

Benjamin Benz
Evangelische Fachhochschule
Rheinland-Westfalen-Lippe
(EFH RWL)
Bochum, Deutschland

Günter Rieger
Duale Hochschule
Baden-Württemberg
(DHBW)
Stuttgart, Deutschland

ISBN 978-3-531-17449-5   ISBN 978-3-531-93379-5 (eBook)
DOI 10.1007/978-3-531-93379-5

Die Deutsche Nationalbibliothek verzeichnet diese Publikation in der Deutschen Nationalbi-
bliografie; detaillierte bibliografische Daten sind im Internet über http://dnb.d-nb.de abrufbar.

Springer VS

Lektorat: Jan Treibel, Stefanie Loyal

Gedruckt auf säurefreiem und chlorfrei gebleichtem Papier

Springer Fachmedien Wiesbaden ist Teil der Fachverlagsgruppe Springer Science+Business Media
(www.springer.com)

Inhalt

Verzeichnis der Abbildungen

Einführung

Politik und Soziale Arbeit stehen in einem ebenso engen wie spannungsreichen Verhältnis. Von der Einschätzung, Soziale Arbeit habe sich als unfähig erwiesen, ihrem politischen Anspruch gerecht zu werden (Merten 2001a), bis hin zu Positionen, die Profession als Ganzes könne letztlich gar nicht anders, als politisch sein (Mühlum 2007a), reichen die Stimmen des Fachdiskurses zum Verhältnis von Politik und Sozialer Arbeit. Dass Politik die Kontextbedingungen Sozialer Arbeit wesentlich prägt, steht dabei außer Frage. Unumstritten ist auch die Abhängigkeit sozialarbeiterischer/sozialpädagogischer Praxis von (sozial-)politischen Entscheidungen. Welche Ressourcen ihr in ihrem Hilfeauftrag zur Verfügung stehen, wie Gesetze, Verordnungen oder Richtlinien ihren legalen Handlungsspielraum definieren, beruht auf politischen Entscheidungen. Selbst das ‚soziale Klima‘, in dem sich Soziale Arbeit vollzieht, wird wesentlich von der ‚politischen Großwetterlage‘ beeinflusst. Was für die Hilfeleistungen gilt, gilt nicht minder für die Lebenslage der KlientInnen. Auch ihr Handlungsspielraum wird, weil sie auf die eine oder andere Weise auf öffentliche Unterstützung angewiesen sind, erheblich politisch gestaltet. Jede Leistungskürzung, jede neue sozialgesetzliche Regelung, aber auch Paradigmenwechsel in Teilbereichen der Sozial- bzw. Sozialarbeitspolitik prägen die Formen der Hilfeleistung, haben Rückwirkungen auf das Selbstverständnis der Betroffenen und wirken sich in ihrem Alltag aus.

Umstritten bleibt dagegen, welche Rolle professionelle Soziale Arbeit im ‚politischen Spiel‘ übernimmt, übernehmen kann und soll. Stets aufs Neue entzündet sich der Streit an der Frage nach ihrem politischen Auftrag (Merten 2001b). Wird am einen Ende des Spektrums davon ausgegangen, dass der Sozialen Arbeit weitreichende politische Funktionen von der Politikberatung über die advokatorische Interessenvertretung bis zum (politischen) Empowerment und zur politischen Bildung zufallen, mithin „Politik als Hilfe" (vgl. Rieger 2006; Rieger 2007) zu verstehen ist, tritt man am anderen Ende des Spektrums der Forderung nach einem ‚politischen Mandat Sozialer Arbeit‘ vehement entgegen. Gewarnt wird vor dem anmaßenden Paternalismus und der realen Selbstüberschätzung, die sich hinter diesem Anspruch verbergen.

Während der fachwissenschaftliche Diskurs meist im Grundsätzlichen verharrt, prägen Politikberatung, Sozialplanung, Soziallobbying oder Gremienarbeit sozialer Organisationen und ihrer MitarbeiterInnen schon immer den Alltag Sozialer Arbeit mit. Keine Wohlfahrtsverbände ohne Gründerväter und -mütter, die sich auch als politische Unternehmer nicht nur als Sozialunternehmer verstanden. Keine oder eine andere Reformpolitik ohne die Politisierung einerseits und Planungseuphorie andererseits der Sozialen Arbeit der 1960er und 1970er Jahre. Heute gewinnen Fragen zum Verhältnis von (Sozial-)Politik und Sozialer Arbeit im Sinne einer Einflussnahme von Sozialer Arbeit auf (sozial-)politische Meinungsbildung und Entscheidungsfindung mit der Erosion traditioneller wohlfahrtsstaatlicher Arrangements und der allgemeinen Professionalisierung von Politik weiter an Bedeutung. Dort wo korporatistische Arrangements verschwinden, Öffentlichkeiten erst vom Nutzen sozialarbeiterischer und -pädagogischer Angebote überzeugt werden müssen und andere sozialpolitische Akteure ihre politische Einflussnahme professionalisieren, muss sich auch die Soziale Arbeit neu verorten. Der Bedarf der Praxis an wissenschaftlich fundiertem Wissen zur Gestaltung sozialarbeitspolitischer Interventionen wächst. Die Fähigkeit zur Politikanalyse gewinnt je nach Position und Arbeitsauftrag an Bedeutung.

Forschung und Lehre halten mit diesen Entwicklungen bislang nicht Schritt. Zur Aufklärung und Weiterentwicklung politischer Praxis Sozialer Arbeit tragen die Disziplinen der Politikwissenschaft und der Sozialen Arbeit bislang zu wenig bei. Ein Blick in die Literatur bestätigt den Eindruck. So finden sich einführende Werke in die (Sozial-)Politik, die Soziale Arbeit (mehr oder weniger) mit in den Blick nehmen, sowohl im eher politikwissenschaftlichen Schrifttum (z. B. Bäcker u. a. 2010[5]; Bellermann 2011[6]; Boeckh / Huster / Benz 2011[3]; Frevel / Dietz 2008[2]) als auch im Kreis von Autoren, die stärker im Theoriediskurs Sozialer Arbeit verortet sind (etwa Sünker 1995; Böhnisch / Arnold / Schröer 1999). Schwieriger wird es, wenn man nach Literatur sucht, welche Politik und politisches Handeln aus der Perspektive und mit dem Anspruch der Handlungswissenschaft Soziale Arbeit untersucht. Wie kann die politische Integration der Interessen von KlientInnen besser gelingen? Welche politischen Mittel können zur Strukturveränderung eingesetzt werden? Wie sind erfolgreiche politische Interventionen der Sozialen Arbeit zu organisieren? Hier ist die Anzahl einschlägiger Publikationen sehr begrenzt und thematisiert derzeit auch nur Teilaspekte dieses Verhältnisses (auf der Makroebene, etwa: Merten 2001b; Lallinger / Rieger 2007; HAW Hamburg 2009, 2012; auf der Handlungsfeldebene etwa Krüger 2010; Lindner 2012 sowie Benz u. a. 2014). Eine Elemente der Politikwissenschaft und der Wissenschaft Sozialer Arbeit aufeinander beziehende Perspektive fehlt in der Literatur bislang weitgehend (Rieger 2002).

Die mangelnde theoretische Aufarbeitung wie forschungspraktische Verankerung zeigt sich auch in der Lehre. Zwar bleibt das Thema ‚Soziale Arbeit und Politik' in den Bachelor-Studiengängen Sozialer Arbeit durchaus präsent, wenngleich ein Bedeutungsverlust gegenüber ökonomisch-sozialwirtschaftlichen Themen unübersehbar ist (vgl. Berger 2001). Jedoch wird Politikwissenschaft hier zumeist als Einführung in die sozialstaatlichen Grundlagen der Sozialen Arbeit konzipiert. Im Vordergrund stehen Struktur und Entwicklung des bundesdeutschen Sozialstaats sowie die Reflexion der normativen Rahmenbedingungen von Sozialpolitik (Soziale Gerechtigkeit, Gemeinwohl, Solidarprinzip, Subsidiarität usw.). Eine wissenschaftstheoretische Einordnung sowie eine systematische Ausrichtung an Fragen des Politikmachens Sozialer Arbeit sucht man dagegen meist vergebens. Grundlegende Kompetenzen zur Politikanalyse werden kaum systematisch gelehrt und studiert. Eine eigenständige sozialarbeitspolitische Forschung gibt es erst in Ansätzen (vgl. Knuth 2008; Maschke 2008; Merchel / Reismann 2004; Simon 2007). Weitgehend unbehandelt bleiben etwa systematische Fragen danach, mit welchem ‚Gewinn' sich politikwissenschaftliche Fragen und Erkenntnisse in die Theorie und Praxis Sozialer Arbeit einbeziehen lassen, bzw. wo und wie diese (implizit oder explizit) ungesucht aufscheinen?

Fündig wird man hingegen beim Blick über die Grenzen des nationalen Diskurses. So beschreibt Iatridis in der 19. Auflage der Encyclopedia of Social Work von 1995 einen grundlegenden Wandel in der Politiklehre der Sozialen Arbeit in den USA, den es für Deutschland erst noch zu vollziehen gilt: „Until the 1980s social policy in social work was mainly concerned with the history of social welfare and the typology of its services. (...) Thus, throughout the 20th century (...) courses on social welfare history, programs, and services have not usually included information on the formulation and implementation of social policy or on theories and practice skills. In short social workers in social policy positions have not usually been trained for social policy practice. This perspective, however is rapidly changing" (Iatridis 1995: 1855). Die von den Zwängen einer neoliberalen Politik forcierte Wende hin zu einer eigenständigen Sozialarbeitspolitik (social work policy) zeigt sich deutlich in Handbüchern und Lexika: Während in der 17. Auflage der Encyclopedia of Social Work (NASW 1977[17]) erst ein Stichwort („Policy Analysis") mit engem Bezug zum Politikmachen Sozialer Arbeit zu finden war, so sind in der 19. Auflage (NASW 1995[19]) schon drei weitere Stichworte für die Rolle und Bedeutung der Sozialen Arbeit im politischen Prozess reserviert („Advocacy", „Policy Practice" und „Social Workers in Politics"). Hier wird nicht nur deutlich, dass das professionelle Interesse an Politik zunimmt. Es ändert sich auch die Perspektive. Die sozialarbeiterische Sicht wird zentral. Der Handlungsaspekt tritt in den Vordergrund.

Entsprechend findet auch in der Lehre eine Abkehr vom traditionellen Politikstudium statt. Notwendige Kenntnisse zu Institutionen, Strukturen und Programmen

des Wohlfahrtsstaates bilden nunmehr lediglich die Grundlage für das zentrale
Anliegen der „social policy as a social work practice method" (Kamerman 2001:
204). Politikwissenschaftliche Lehre (insbesondere in den Masterstudiengängen) soll
Handlungskompetenzen vermitteln, um aktiv an der Gestaltung des sozialpoliti-
schen Umfeldes mitzuwirken. Politisches Denken und Handeln wird als elementarer
Bestandteil sozialarbeiterischen Selbstverständnisses begriffen. Studierenden und
Lehrenden stehen dafür eine Reihe entsprechender Studienbücher zu Verfügung
(Caputo 2014; Ezell 2001; Germain / Gitterman 1999[3] (Teil III); Haynes / Mickelson 2000[4]; Jansson 2007[5]; MacInnis-Dittrich 1994; Meenaghan u. a. 2004; Popple
/ Leighninger 2011[5]). Gemeinsam ist diesen Veröffentlichungen, dass sie für den
politischen Gehalt Sozialer Arbeit sensibilisieren und politische Interessenvertre-
tung als Methode zu entwickeln suchen. Systematisch werden Handlungsebenen,
Handlungsziele, Handlungsschritte (von der ‚policy analysis‘ über das ‚planning‘ zur
‚political action‘ und ‚evaluation‘) sowie dafür notwendige Strategien und Techniken
erarbeitet. Solche Einführungen können auch für den deutschen Diskurs eine erste
Orientierung geben. Eine kurzschlüssige Übertragung auf bundesrepublikanische
Verhältnisse verbietet sich aber. Sie sind auf die soziale Praxis und das politische
System der USA gerichtet und bleiben in ihrem theoretischen Anspruch oft hinter
den Erwartungen zurück (zur angegebenen Literatur vgl. Rieger 2002).

In Deutschland rezipiert die Disziplin Sozialer Arbeit bislang lediglich die Ergebnisse politikwissenschaftlicher Forschung. Die für die eigene Erkenntnisgewinnung
ebenso notwendige wie fruchtbare Auseinandersetzung mit den zugrundeliegenden
politischen Theorien und die kritische Anpassung der entsprechenden politikwissenschaftlichen Methoden unterbleiben dagegen. Sozialarbeitspolitik / politische
Soziale Arbeit als wichtiger Erkenntnisbereich der Wissenschaft Sozialer Arbeit wird
damit doppelt vernachlässigt. Für die Soziale Arbeit zentrale politikwissenschaftliche Problemstellungen werden durch die Politikwissenschaft weder gesehen noch
bearbeitet, weil sie dort nicht zum Kernbereich des Erkenntnisinteresses gehören.
Schon Sozialpolitik gilt manchen als randständig im Reich der Politikwissenschaft.
So sucht man sie etwa unter den Sektionen und Arbeitskreisen der Deutschen
Vereinigung für Politische Wissenschaft (DVPW) vergeblich, bzw. findet sie erst
in Arbeitskreisen zur vergleichenden Wohlfahrtsstaatsforschung oder zu sozialen
Bewegungen und Verbänden. Aber auch die Disziplin Sozialer Arbeit hat bisher nicht
die Fähigkeit ausgebildet, die für sie relevanten politikwissenschaftlichen Fragen
zu stellen und sie mit einem angemessenen wissenschaftlichen Instrumentarium
zu bearbeiten. Dazu fehlt es bislang an Studien, die Politikwissenschaft und Soziale
Arbeit systematisch aufeinander beziehen; die Politikwissenschaft für die Soziale
Arbeit erschließen, ihre Perspektiven, Fragestellungen und Analysekapazitäten

in die Wissenschaft Soziale Arbeit integrieren und damit den Horizont für eine eigenständige politikbezogene Forschung und Lehre eröffnen.

Die 2010 gegründete Fachgruppe Politik Sozialer Arbeit in der Deutschen Gesellschaft für Soziale Arbeit (DGSA)[1] will hierfür inzwischen eine Plattform bieten. Und dieses Lehrbuch versucht die Lücke – neben den beiden Sammelbänden der Fachgruppe (Benz u. a. 2013a, 2014) – zumindest ansatzweise zu schließen. Es richtet sich an PraktikerInnen, Studierende, Forschende und Lehrende der Sozialen Arbeit. Es versucht das Instrumentarium der Politikwissenschaft – ihre Theorien, Methoden und Begriffe – für die Zwecke der Sozialen Arbeit nutzbar zu machen. Die Bedeutung von Politik und politikwissenschaftlicher Analyse für die Soziale Arbeit wird diskutiert; zentrale für die Soziale Arbeit relevante politische Theorien und Methoden werden erschlossen; spezifische Analyseformen (von der Programm- über die Mehrebenen- bis zur Mikropolitikanalyse) werden systematisch entfaltet und anschaulich gemacht.

Politik darf nicht länger mehr oder weniger unverbunden im Kanon sogenannter ‚Bezugswissenschaften' verbleiben. Politikwissenschaftliches Wissen bedarf der Integration in die Soziale Arbeit. Wir hoffen daher mit diesem Band einen Beitrag zur Überwindung seines Titels (Politikwissenschaft *für* die Soziale Arbeit) zu leisten; politische Dimensionen gehören zur Praxis, Ausbildung sowie Forschung und Theoriebildung *in* der Sozialen Arbeit. Dort wo die Soziale Arbeit zu politischem Urteil aufgefordert und zu politischem Handeln herausgefordert ist, gilt es ihre Politikfähigkeit zu stärken. Politische Aufträge müssen als solche erkannt und professionell bearbeitet werden. Es gilt die politischen Funktionen Sozialer Arbeit im Rahmen ihres generellen Auftrags wahrzunehmen und zu begründen sowie Sozialarbeitspolitik als ein Meta-Politikfeld zu bestimmen und das Handwerkszeug der Politikanalyse für Studium und Praxis der Sozialen Arbeit zunächst zugänglich, dann handhabbar zu machen. Ziel ist ein Beitrag zur Professionalisierung des Politikmachens der Sozialen Arbeit. Politikwissenschaft muss dazu in sozialarbeitswissenschaftlicher und sozialpädagogischer Forschung und Lehre verankert werden. Dies wäre ein wichtiger Beitrag, um die Fähigkeit der Profession Sozialer Arbeit als Disziplin, akademische Ausbildung und Praxis zu politischer Analyse und zu politischem Handeln zu vertiefen und zu erweitern. Dazu möchte dieses Lehrbuch einladen.

Recklinghausen / Augsburg, im Sommer 2014

---

1 Siehe http://www.dgsainfo.de/fachgruppen/politik_sozialer_arbeit.html [27. Juni 2014].

Teil I
Grundlagen

Die beiden Kapitel dieses ersten Teils des Bandes sollen zunächst einige grundlegende Hinweise und Klärungen zum Verhältnisses von Politik und Sozialer Arbeit sowie zur Bedeutung von Politik in der Sozialen Arbeit liefern, bevor im zweiten Teil in die Analyse von Politik in der Sozialen Arbeit eingeführt und abschließend Voraussetzungen, Anforderungen sowie Chancen und Risiken einer Professionalisierung des Politikmachens in der Sozialen Arbeit (noch einmal) thematisiert werden.

Dabei geht es im ersten Kapitel eher um eine praktische Annäherung an Politik und Soziale Arbeit, bevor das zweite Kapitel in für die Politikanalyse in der Sozialen Arbeit wichtige politikwissenschaftliche Wissensbestände und Orientierungen einführt. In den beiden Kapiteln dieses ersten Teils sollen Hinweise auf die Frage geliefert werden, was in diesem Buch mit Politik und Sozialer Arbeit eigentlich aufeinander bezogen wird: verwandtes, gegensätzliches, sich bei unterschiedlichen Schnittmengen doch primär ähnliches bzw. signifikant zu unterscheidendes?

Zwei Perspektiven werden sich dabei abwechseln. Die eine begreift Politik sowie Soziale Arbeit zunächst getrennt, um sie miteinander ins Verhältnis zu setzen aber auch, um sie jenseits ihres aufeinander bezogen Seins zu begreifen. Hier sind sich Politik und Soziale Arbeit zunächst gegenseitig äußerlich. Die zweite Perspektive begreift dagegen Politik als inhärenten Bestandteil von Sozialer Arbeit und Soziale Arbeit etwa als Teilbereich der Sozialpolitik.

Politik und Soziale Arbeit

Für den deutschen Fürsorgetheoretiker Hans Scherpner (1898-1959) war in fach-praktischer wie analytischer Hinsicht klar: der „Typus des Fürsorgers oder Helfers hebt sich – idealtypisch gesehen – deutlich von anderen Berufstypen ab. Er läßt sich vielleicht am besten kennzeichnen, wenn man ihn seinem Gegentypus, dem Politiker, gegenüberstellt. Der Politiker – wieder im idealtypischen Sinn – ist in seinem Wesen beherrscht vom Streben nach Macht und in seinem Handeln getrieben vom Willen zur Herrschaft. (…) Der Helfer hingegen – hier handelt es sich nicht um eine Wertung, sondern nur um eine Darstellung des Typus – ist in seiner ganzen menschlichen Haltung und in den Motivationen seiner Handlungen bestimmt durch die spontane Hilfebereitschaft dem Schwachen und Hilflosen gegenüber." (Scherpner 1962: 133) Hilfreich mag an Scherpner's Position sein, dass er generellen Herrschaftsbezug und auf soziale Not fokussierten Hilfebezug unterscheidet und Politik und Sozialer Arbeit zuordnet. Scherpner sucht damit nach Unterschieden zwischen Politik und Sozialer Arbeit. Problematisch erscheint jedoch zumindest, dass er diese Unterschiede in Gegensätzen des Handelns und seinen Motivationen zu finden glaubt.

Damit wird ein Gegensatz zwischen politischem und sozialarbeiterischen/sozialpädagogischem Handeln konstruiert, der sich schon empirisch nicht halten lässt. Sozialpädagogen sind sicher nicht per se und in der Regel sicher nicht vornehmlich damit beschäftigt, Politik zu treiben, und Politikerinnen nicht per se und vornehmlich damit, Hilfebedürftigen zu helfen. Gleichwohl kommt beides vor – nicht zuletzt in den jeweiligen Handlungsmotivationen. Vielleicht ist es hilfreicher, nach unterschiedlichen und gemeinsamen Gegenständen und Attributen von Politik und Sozialer Arbeit zu suchen, die nicht zu PolitikerInnen und Fachkräften Sozialer Arbeit als Antipoden führen, sondern zu Voraussetzungen, Chancen und Grenzen helfenden Handelns durch Politik und politischen Handelns in der Sozialer Arbeit sowie zu Erkenntnissen, wo Soziale Arbeit auf Politik angewiesen ist und umgekehrt. Was mögen solche Attribute sein? Antwortmöglichkeiten auf die Frage können verschiedene Definitionen von Politik und ihre Spiegelung an Verständnissen von Sozialer Arbeit eröffnen, in die nachfolgend freilich nur exemplarisch und kursorisch eingeführt werden kann.

1.1   Gegenstände

Einsatz für eine gute Ordnung (Otto Suhr, Christian Graf von Krockow)

Dem ehemaligen Regierenden Bürgermeister von Berlin, Otto Suhr (1894-1957), zufolge, ist Politik der „Kampf um die rechte Ordnung" (Suhr 1950, zit. nach Gablentz 1965: 14). Der Politikwissenschaftler Christian Graf von Krockow definiert sie als „Kampf um die Veränderung oder Bewahrung bestehender Verhältnisse" (Krockow 1976, zit. nach Meyer 2000: 17). Spiegelt man dies mit dem Anliegen Sozialer Arbeit nach ihrer internationalen Definition und ihrem Ethikkodex, so liegen sie und Politik in dieser Hinsicht gar nicht so weit auseinander: „The social work profession promotes social change, (…). Principles of human rights and social justice are fundamental to social work." (IFSW 2000; vgl. IFSW / IASSW 2014) „Social work is based on respect for the inherent worth and dignity of all people, and the rigths that follow from this." (IFSW / IASSW 2004)

Der Kampf um eine gerechte Ordnung müsste nicht geführt werden, würden ihr nicht auch Strukturen und Interessen entgegenstehen. Für Politik leuchtet dies vielen unmittelbar ein, springen doch Kriegtreiberei, systematische politische Missachtung von Menschenrechten und gesellschaftliche Strukturen, die Armut und soziale Ausgrenzung bewirken, ins Auge. Dass auch Soziale Arbeit etwa in der frühen Bundesrepublik in unmenschliche Heim- und Psychiatriepraktiken verstrickt war, wird dagegen gerne verdrängt. Suhr's Politikdefinition jedenfalls sollte nicht insofern missinterpretiert werden, als ginge es bei Politik eben nur um die gerechte Ordnung, Politik kann genauso gut zugunsten einer Unrechtsordnung betrieben werden – was nur für den von Suhr proklamierten Kampf spricht. Was aber ist die Ordnung, deren Gestaltung hier der Politik (und Sozialen Arbeit) zur Aufgabe gemacht wird – und ist es nur die Ordnung?

Gewalt über ein Gebiet und seine Menschen (Max Weber)

Im Unterschied zu einer angelsächsischen Tradition, in der „die Common-Law-Tradition fortgesetzt wurde und die Einheit von Staat und Gesellschaft im politischen Gemeinwesen erhalten blieb" und der Politikbegriff sich daher auch nicht auf den Staat verengte (Wilkens 1975: Spalte 1855), wird Politik im Alltags- wie wissenschaftlichen Politikverständnis in Deutschland häufig verkürzend ausschließlich, mindestens aber zentral mit dem Staat und staatlicher Politik verbunden.[2] So wollte der Soziologe Max Weber (1864-1920) in seinem bedeutenden Beitrag „Politik als Beruf" unter Politik „nur verstehen: die Leitung oder die Beeinflussung der Leitung eines *politischen* Verbandes, heute also: eines *Staates*." (Weber 1919: 503, Hervorhebungen im Original) Die Leitung des Staates ist sicher nicht Aufgabe der Sozialen Arbeit, die Beeinflussung der Leitung in Fragen, die für die Soziale Arbeit relevant erscheinen, allerdings schon. Überdies handelt Soziale Arbeit etwa in Jugend-, Gesundheits- und Sozialämtern explizit hoheitlich, also staatlich.

Politik bedeutet für Max Weber das „Streben nach Machtanteil oder nach Beeinflussung der Machtverteilung, sei es zwischen Staaten, sei es innerhalb eines Staates zwischen den Menschengruppen, die er umschließt." (ebd.: 506) Ist Macht vielleicht das entscheidende, Politik und Soziale Arbeit trennende Attribut? Macht wird von etlichen AutorInnen der Politikwissenschaft als Kernkriterium des Politischen herausgestellt (so neben Weber etwa von Hartmann 1995: 10), von anderen ebenso deutlich hinterfragt (siehe etwa Lehmbruch 1971[4], der ‚Macht' für eine zu vage Kategorie hält). Machtfragen spielen auch eine wichtige Rolle in helfenden Beziehungen (siehe Kraus / Krieger 2014[3]).

Max Weber hält allerdings noch ein drittes Attribut der Politik bereit: „Unter politischer Gemeinschaft wollen wir eine solche verstehen, deren Gemeinschaftshandeln dahin verläuft: ‚ein Gebiet' (…) und das Handeln der darauf (…) befindlichen Menschen durch Bereitschaft zu physischer Gewalt (…) der geordneten Beherrschung durch die Beteiligten vorzubehalten (…)." Das begriffliche Minimum der politischen Gemeinschaft sei die „gewaltsame Behauptung der geordneten Herrschaft über ein Gebiet und die Menschen auf demselben" (Weber 1922/1980[5]: 514). Seit Thomas Hobbes' (1588-1679) sekularer (auf Vernunft gegründeter, statt von Gott gewollter) Begründung des Staates als Vertrag, mittels derer die Menschen eines Gebietes vom Naturzustand in den staatlichen Zustand übergehen, indem sie sich wechselseitig versichern, ihr ‚Recht' zu physischer Gewalt gemeinschaftlich auf den Staat zu übertragen, damit dieser fortan Eigentum und Sicherheit für alle Vertragschließenden garantiert (Hobbes 1651/1970), besitzen Gewalt, Gewaltkonzentration und später auch Gewaltenteilung in der Tat einen zentralen Stellenwert in der Konzeption der bürgerlichen Gesellschaft (s. Huster 1989). Handele ich privatrechtlich einen Vertrag aus, kann ich seine Einhaltung nicht legal mittels Schlägertrupps, sondern nur über per Gericht (die Judikative) angeordnete Zwangsmittel sicherstellen, die bis zum Freiheitsentzug reichen (in Ländern außerhalb des Europarates z. T. auch

---

2 Siehe etwa bei Georg Jellinek (1851-1911): „‚Politisch' heißt ‚staatlich'; im Begriff des Politischen hat man bereits den Begriff des Staates gedacht." (Jellinek 1914[3]: 180)

bis zur Todesstrafe). Judikative, Regierung und staatliche Verwaltung (Exekutive) ihrerseits sind an durch die Legislative (das Parlament, ggf. den Volksentscheid) für alle Menschen eines Territoriums als verbindlich beschlossene Gesetze gebunden. Vielleicht geht es aber weniger um das Mittel der physischen Gewalt (das – wenn auch selten legal einsetzbar – dennoch fast ubiquitär verfügbar ist; Korpi 1983: 16), als um die damit durchzusetzende Verbindlichkeit politischer Entscheidungen?

Zwischen Alternativen wählend, gesellschaftliche Konflikte um Werte verbindlich regeln (Gerhard Lehmbruch, Thomas Meyer)

Dieses Attribut der Verbindlichkeit über Bindungen im Einzelfall (siehe den privatrechtlichen Vertrag) hinaus, steht im Zentrum der Politikdefinitionen etwa der deutschen Politikwissenschaftler Thomas Meyer und Gerhard Lehmbruch. Letzterem zufolge lässt sich Politik definieren, als „gesellschaftliches Handeln (d. h. Handeln, das zweckhaft auf das Verhalten anderer bezogen ist), welches darauf gerichtet ist, gesellschaftliche Konflikte über Werte (einschließlich materieller Güter) verbindlich zu regeln." (Lehmbruch 1971[4]: 17)

Wie Scherpner definiert hier auch Lehmbruch Politik in ihrer Handlungsdimension (unter ‚Politics'-Gesichtspunkten, dazu in Kapitel 5 mehr). Als wesentlich erscheint hier allerdings nicht das Handeln selbst, sondern worauf hin es führt, soll es politisches Handeln darstellen: es geht um die (ob konflikthaft oder durch Erarbeitung eines Konsenses herbeigeführte) verbindliche (!) Regelung gesellschaftlicher Konflikte über Werte (und Interessen, sollte hinzugefügt werden, dazu unten mehr). Diese Werte und Interessen können sich darum drehen, wie mit Atomenergie umgegangen werden soll, oder wie das Kindschaftsrecht ausgestaltet wird, ob Sanktionen gegen ein Land verhängt werden sollen oder ob ein Förderprogramm zum bürgerschaftlichen Engagement eingeführt, ausgeweitet, gekürzt oder in seinen Förderkriterien umgestaltet wird.

Auf solch verbindliche Regelungen *zielendes* politisches Handeln geschieht freilich zum Teil auch durch Fachkräfte der Sozialen Arbeit. Immerhin sind besagte Programme für ihre Klientinnen, Organisationen und Fachkräfte ggf. von hoher Bedeutung. Fachkräfte und Organisationen der Sozialen Arbeit beteiligen sich hier an vielen Etappen des politischen Prozesses, vom Agenda Setting bis zur Programmimplementation und -evaluation (s. Gliederungspunkt 5.2). Woran sie im Falle staatlicher Programme nicht beteiligt ist, ist der eigentliche *Beschluss des Programms selbst* (i. d. R. im Parlament) und seiner Sanktionierung (gerichtliches Urteil oder Versagen/Entzug der Förderzusage). Politik im prozeduralen Sinne geschieht also auch im Rahmen von Mikropolitik (s. dazu Gliederungspunkt 5.4). Soziale Arbeit insgesamt ist damit aber noch nicht mit Politik gleichzusetzen. Vielmehr lässt sich eine durch Fachkräfte und Organisationen der Sozialen Arbeit erreichte verbandspolitische Festlegung, dass sich etwa die Arbeiterwohlfahrt (AWO) für Mindestlöhne einsetzt, als politische Handlung (Festlegung) qualifizieren, nicht aber jede fachliche Position, die eine bei der AWO angestellte Sozialpädagogin in einem konkreten Hilfeplangespräch vertritt (womit nicht ausgeschlossen ist, dass einzelne Positionierungen und Summen solcher Positionierungen zum Politikum werden).

Soziale Arbeit ist also auf verbindliche Regelungen staatlicher Politik angewiesen und beteiligt sich – mit obigen Einschränkungen – an diesem Regelungsprozess. Was aber ist das von Politik zu unterscheidende, spezifisch sozialarbeiterische bzw. sozialpädagogische am professionellen Handeln in der Sozialen Arbeit, in dem politisches Handeln vorkommt, welches es aber damit noch nicht zu einem spezifischen Handeln macht? So umstritten der Politikbegriff alltagsweltlich verstanden und – wie gesehen – auch in der wissenschaftlichen Auseinandersetzung ist, so ist es die Frage nach diesem Gegenstand Sozialer Arbeit mindestens auch (siehe hierzu etwa Kreft / Mielenz 2008b). Geht es beim Gegenstand bzw. der Funktion Sozialer Arbeit um einen „„gelingenderen Alltag" (Thiersch 1993: 17 f.), um „Inklusionsvermittlung, Exklusionsvermeidung bzw. Exklusionsverwaltung" (Bommes / Scherr 2000: 107), um „die Bearbeitung von gesellschaftlich und professionell als relevant angesehene Problemlagen" im Sinne sozialer Integration und der Freiheit von sozial-ökonomischer Not (Klüsche 1999: 23, 89), um „biografische Lebensbewältigung/Sozialintegration" (Böhnisch 1997: 24) usw.? Die Debatte darum kann und braucht hier nicht wiedergegeben werden, es reicht vielleicht der Hinweis auf eine (neben Scherpner) zweite Gegenüberstellung von Politik und Sozialer Arbeit durch die deutsche Sozialarbeiterin und Nationalökonomin Alice Salomon (1872-1948): „Mögen Sozialpolitiker das Recht und die Pflicht haben, weitausschauende Reformpläne auszuarbeiten und vorzubereiten, der Armenpfleger hat zu untersuchen, wie er – neben den Bemühungen zur Besserung des Loses ganzer Klassen – die gegenwärtige Lage des einzelnen Hilfebedürftigen verbessern kann." (Salomon 1908, zit. nach Kuhlmann 2000: 21)

In diesem (neben dem in Gedankenstriche gesetzten zweiten) Teil der Arbeit von Sozialpädagoginnen und Sozialarbeitern geht es dann nicht um eine „spontane" (siehe oben Scherpner) versus „planvolle" Arbeit (siehe das Zitat Salomon's), sondern um im konkreten Einzelfall (der Individuum oder Gruppe sein kann) jetzt zu leistende Hilfe, statt um eine überindividuell verbindliche Regelung. Gesetzliche Regelungen (etwa wohlfahrtstaatliche Institutionen[3]) können dabei durchaus Formen der Hilfe

---

3   Mit Institution sind hier nicht nur institutionelle Akteure („Adressen': Parlamente, Gerichte, Verbände etc.) gemeint, sondern wesentlich auch die Normen und Regeln der Willensbildung und Entscheidungsfindung, die diese institutionellen Akteure und deren Zusammenspiel insgesamt prägen (Hilligen 2003; Schmidt / Ostheim 2007: 63).

(eines „strukturellen Empowerments"; siehe hierzu Benz 2014a: 220) darstellen, es geht aber um eine weitere Palette von Handlungsmöglichkeiten. Politik ist im Konzert sozialarbeiterischer und sozialpädagogischer Maßnahmen (lediglich, bzw. immerhin) *eine* Form der Hilfe (Rieger 2007). Oder anders ausgedrückt: Politik hat es primär mit vom Einzelfall abstrahierenden allgemeinen Regelungen zu tun, während Soziale Arbeit als Profession primär genau bezogen auf diesen besonderen Einzelfall handeln muss. Nur wo sie dazu nach überindividuell verbindlichen Regelungen fragt (etwa nach Änderungen des Asylbewerberleistungsgesetzes oder seiner Ausführungspraxis[4], um die Lage von Flüchtlingen zu verbessern), handelt sie dann politisch (Benz 2010: 320 f.).

Mit Gerhard Lehmbruch wurde die verbindliche Entscheidung thematisiert. Mit Thomas Meyer lässt sich daneben die mit dieser Entscheidung verbundene – bzw. ihr vorausgehende – prinzipielle Offenheit von Entscheidungen hervorheben. *„Politik ist die Gesamtheit der Aktivitäten zur Vorbereitung und zur Herstellung gesamtgesellschaftlich verbindlicher und/oder am Gemeinwohl orientierter und der ganzen Gesellschaft zugute kommender Entscheidungen.* So kann in einer ersten Annäherung das Politische in seinem charakteristischen Unterschied zu wirtschaftlichem, kulturellem oder sozialem Handeln beschrieben werden. (…) Immer geht es um diejenigen Entscheidungen, die allen im jeweiligen Handlungsfeld zugute kommen oder die alle binden sollen. Dieses Doppelgesicht des Politischen, in seinem Entstehungsprozess stets für Alternativen offen und in seinen Ergebnissen dann für alle Betroffenen verbindlich zu sein, ist eine der wesentlichen Eigenarten der Politik im Unterschied zu den anderen zentralen gesellschaftlichen Teilfunktionen, die ebenfalls universell sind, also für alle menschlichen Gesellschaften unverzichtbar." (Meyer 2000: 15; Hervorhebungen im Original)

Die Offenheit von Entscheidungen (etwa über Art und Maß der Mitwirkung von KlientInnen in Hilfeprozessen) ist für Fachkräfte der Sozialen Arbeit tägliches Brot, auch wenn sie sie gegenüber Dritten immer wieder betonen müssen (Soziale Arbeit ist im Wesentlichen Koproduktion, nicht Arbeit am Objekt, wie manche Förderbedingungen und Output-Benschmarks glauben machen wollen, bzw. voraussetzen). Für den Bereich der Politik ist der Hinweis insofern wesentlich, als dass hier insbesondere (aber nicht nur) in der politischen Praxis diese Offenheit immer wieder bestritten wird, indem behauptet wird, es gäbe zu dieser oder jener Politik keine Alternative. Alternativen sind aber konstitutiv für demokratische Politik (siehe hierzu Offe 1996) und die Behauptung von Alternativlosigkeit ist meist ideologisch-rhetorischer Kunstgriff.

---

4   Siehe Gutscheine und Naturalleistungen versus Geldleistungen.

Öffentlicher Konflikt von Interessen (Ulrich von Alemann)

Oben wurden Lehmbruchs Werte betonender Politikdefinition Interessen hinzugefügt. In Meyers Alternativen offerierender Ausgangssituation widerstreiten diese ebenso, wie in Webers Kampf um Macht und Suhrs Kampf um die rechte Ordnung. Der Politikwissenschaftler Ulrich von Alemann stellt sie ins Zentrum seiner Politikdefinition, ergänzt um eine Beschreibung dessen, worauf auch Konflikte in einer Demokratie am Ende angewiesen sind: Konsense (einschließlich Konsensen über die Notwendigkeit von Kompromissen). Politik wird hier definiert als „öffentlicher Konflikt von Interessen unter den Bedingungen von Machtgebrauch und Konsensbedarf" (Alemann 2006: Spalte 1804). Konsense müssen nicht alle an Politik beteiligte und von ihr betroffene Akteure einschließen, aber eine kritische Masse. Wo die Schwelle für eine kritische Masse liegt, hängt von institutionellen Bedingungen ab und ist z. T. schwer einzuschätzen. Reicht die Regierungsmehrheit? Bedarf es einer Zweidrittelmehrheit im Parlament zur Änderung der Verfassung? Muss die Bevölkerung in einem Volksentscheid mehrheitlich zustimmen? Gibt es einen weit reichenden gesellschaftlichen Grundkonsens in einer Sachfrage (etwa der Eigentumsgarantie oder Ächtung der Todesstrafe)?

Der Blick auf den Interessenbezug von Politik ist auch für die Soziale Arbeit unverzichtbar, zumal es bereits nicht einmal *das* Interesse *der* Sozialen Arbeit gibt. Vielmehr ist mindestens von zum Teil widerstreitenden Interessen seitens der Klientinnen und Klienten, von Fachkräften sowie denen von Oraganisationen in der Sozialen Arbeit auszugehen (Benz 2013a) und auch damit erst ein Ausgangspunkt für die Interessenanalyse im konkreten Fall erreicht.

Syntheseversuche: Polity – Politics – Policy

Suhr bestimmte Politik als Kampf um die gerechte Ordnung, Meyer sie als Entscheidung zwischen inhaltlichen Alternativen, Lehmbruch schließlich als gesellschaftliches Handeln besonderer Art. Angesprochen sind mit diesen und anderen Politikdefinitionen drei verschiedene Dimensionen, in die sich Politik zum besseren Verständnis aufteilen lässt, auch wenn diese Dimensionen in jeder politisch zu verhandelnden Frage stets erst gemeinsam Politik ausmachen. Die englische Sprache bietet hierfür im Unterschied zur deutschen eine Terminologie an, Politik als Polity, Politics und Policy zu begreifen. Der Politikwissenschaftler Jürgen Hartmann liefert eine mögliche Politikdefinition, die diese drei Dimensionen und einige Attribute, die in anderen Definitionen oben auftauchten (siehe Staatlichkeit, Macht- und Interessenbezug), explizit umfasst. Nach ihr ist Politik „die in der Regel staatlich vollzogene verbindliche Entscheidung von Konflikten zwischen gesellschaftlichen Interessen sowie die darauf bezogenen Handlungen, Regeln und Ideen; sie beruht

auf Macht, d. h. der Fähigkeit, bei allen Adressaten ihren Willen durchzusetzen."
(Hartmann 1995: 10)

Auch nach den obigen Definitionen sowie der Scheidung des Begriffes in seine
formale, inhaltliche und prozedurale Dimension, bleibt Politik ein Gegenstand, der
sich einer abschließenden Bestimmung entzieht. Weder besteht zu ihm im Alltags-
verständnis ein Konsens, noch in der Politikwissenschaft – eine der Sozialen Arbeit
(aber auch anderen Disziplinen) nicht unähnliche Situation. Vielleicht drücken die
Zweifel Ulrich von Alemann's mehr zur wissenschaftlichen Beschäftigung mit Politik
(oder anderen Gegenständen) aus, als manch viel zitierte Definition: „Alle drei – die
institutionelle Form als *polity*, der normative Inhalt als *policy* und der prozessuale
Verlauf als *politics* – machen zusammen das aus, was man als Politik bezeichnen
kann. Politik ist also kein bestimmter Raum in der Gesellschaft, sondern Politik
ist ein dreifaches Prinzip, das institutionell, normativ und prozessual bestimmt
wird. Es ist nicht alles politisch in der Gesellschaft; aber fast alles kann politisch
relevant werden, wenn es mit einem [sic!] drei Prinzipien verbunden werden kann
(…). Aber dieser Konsens in der deutschen Politikwissenschaft macht mich ein
bißchen mißtrauisch." (Alemann 1995[2]: 143) Die Skepsis eingedenk, soll im Gliederungspunkt 1.4 diese Systematisierung gleichwohl wieder aufgegriffen werden.

Synonyme: Sozialarbeitspolitik – politische Soziale Arbeit – Politik Sozialer Arbeit

Dabei werden wir der Polity-, Policy- und Politics-Dimension in der Sozialen
Arbeit hier keine eigenen Termini zuordnen. Vielmehr wurden bereits in der Einleitung und in diesem Gliederungspunkt und wird im nachfolgenden Text bei der
Verschränkung des ‚Gegenstandes' Soziale Arbeit mit dem der Politik (unbesehen
ggf. fokussierter Politik-Dimension) auf verschiedene inzwischen eingeführte
Termini zurück gegriffen, für und wider die jeweils Argumente ins Feld geführt
werden können:

Terminus	Pro-Argumente (exemplarisch)	Contra-Argumente (exemplarisch)
Sozialarbeitspolitik	Der Terminus scheint besonders geeignet, ein Politikfeld der Sozialarbeit in Analogie bzw. Abgrenzung etwa zur Fürsorge-, Sozial- und Jugendhilfepolitik zu bezeichnen.	Der Terminus vollzieht das Zusammengehen von Sozialarbeit und Sozialpädagogik in der Sozialen Arbeit nicht nach.
politische Soziale Arbeit (pol. Sozialarbeit, pol. Sozialpädagogik)	Der Terminus scheint besonders geeignet, das politische Selbstverständnis und die politische Handlungsdimension Sozialer Arbeit zu bezeichnen.	Gibt es eine unpolitische Soziale Arbeit?
Politik Sozialer Arbeit	Der Terminus greift das Zusammengehen von Sozialarbeit und Sozialpädagogik in der Sozialen Arbeit auf.	Der Terminus und ggf. nötige Deklinationen sind sprachlich ungelenk.

Abb. 1   Sozialarbeitspolitik, politische Soziale Arbeit, Politik Sozialer Arbeit
Quelle: eigene Darstellung

So knüpfen Begründungen des Terminus „Sozialarbeitspolitik" durchaus an die Policy-Dimension Sozialer Arbeit als Politikfeld an und liegt die Rede von politischer Sozialer Arbeit insbesondere bei Betonung ihrer Polity- und Politics-Dimensionen nahe. Sollte hier weiter begrifflich erkennbar differenziert werden, ob bei ‚politischer Sozialer Arbeit' die Polity- oder Politics-Dimension gemeint ist und sollte der Terminus ‚Politik Sozialer Arbeit' (ausschließlich oder undifferenziert?) das Gesamt der Polity-, Policy- und Politics-Dimensionen ausdrücken? Wir haben uns – wie gesagt – dagegen entschieden und verwenden die Termini hier synonym und dabei im Falle der Sozialarbeitspolitik unter dezidiertem – wenn auch nicht ‚ausdrücklichen' – Einbezug der Sozialpädagogik.

Fokus: Soziale Arbeit im Feld sozialer Berufe und Professionen im Sozialwesen

Aber bleibt die Thematisierung einer solchen Politik Sozialer Arbeit nicht merkwürdig enggeführt, angesichts der Vielzahl von Berufen und Tätigkeitsfeldern im Sozialwesen zumal wenn Soziale Arbeit häufig in Einrichtungen und Diensten mit multiprofessionellen Teams verortet ist? Ja, aber aus guten Gründen.
Denn zunächst scheint es uns schwierig genug, den Korpus Sozialer Arbeit zusammen und abgegrenzt zu bekommen. Heuristisch bietet sich hierfür an, diesen Korpus berufs- bzw. professionsbezogen dort zu verorten, wo

a. in Studiengängen explizit Sozialarbeiterinnen und Sozialpädagogen ausgebildet werden,
b. explizit zur Sozialarbeit und Sozialpädagogik geforscht und Theorieentwicklung betrieben wird und dort,
c. wo und wozu ausdrücklich diese solchermaßen ausgebildeten Fachkräfte arbeiten.

Man kann jedoch noch vor dem des Sozialwesens bereits diesen Kurpus Sozialer Arbeit auch ganz anders zuschneiden. So grenzt etwa Carsten Müller Soziale Arbeit hier von Sozialpädagogik dort ab (Müller 2013). Der „Deutsche Berufsverband für Soziale Arbeit e. V." wiederum sieht sich zwar (in hier durch ihn abschließender Aufzählendung) als „berufsständische Vertretung der Sozialarbeiter und Sozialpädagogen" (DBSH o. J. a), gleichwohl hat er es sich „zur Aufgabe" gemacht, neben Berufsbildern zur „SozialarbeiterIn/SozialpädagogIn" und „BewährungshelferIn" künftig auch solche „etwa" zur „ErzieherIn" und „HeilpädagogIn" zu entwickeln (DBSH o. J. b). Noch diverser wird es, befragt man etwa das Diakonische Werk: „Zusammengefasst könnte man die Diakonie als evangelische Sozialarbeit bezeichnen." (DW der EKD o. J.) Die Diakonie jedoch umfasst mehrere Hunderttausend haupt-, neben- und ehrenamtliche Mitarbeiterinnen und Mitarbeiter, die nur zu einem Bruchteil obigen Kriterien entsprechen. Inzwischen hat der Verband diese Selbstbeschreibung auch revidiert.

Wo aber die Vermessung des Feldes Sozialer Arbeit über ihre explizite Praxis, Ausbildung, Forschung und Theorieentwicklung bereits strittig genug ist, fangen die Probleme bei der Ein- und Abgrenzung von Professionen des Sozialwesens erst an. Eine hinreichend plausible (wenn auch nicht abschließende und einzig ‚richtige') Vermessung des Sozialwesens wäre notwendig, um statt über Sozialarbeitspolitik über eine ‚Sozialwesenpolitik' fruchtbar nachdenken und diskutieren zu können.

Was aber zählt man dann (nicht) zum Gegenstand Sozialwesen? Gemäß Duden-online (in den 12 Print-Bänden findet sich der Begrif nicht) wäre die Anwort ebenso einfach wie unbrauchbar, denn hier meint Sozialwesen nichts anderes, als die „Gesamtheit aller Maßnahmen der Sozialarbeit und Sozialpädagogik" (Duden online o. J.). In einschlägigen Fachlexika der Sozialen Arbeit (DV 2011[7]; Kreft / Mielenz 2008[6]a; Otto / Thiersch 2011[4]) sucht man hingegen das Stichwort vergeblich. In einem weiteren und pragmatischen Sinne wird unter Sozialwesen etwa an konfessionellen (Fach-)Hochschulen die Gesamtheit ihrer Studiengänge von der Sozialen Arbeit über die Elementar-. Gemeinde- und Heilpädagogik bis zu Studiengängen der Pflegewissenschaft und des Sozialmanagements verstanden. Weitergehend stellt sich aber die Frage, ob nicht auch Lehrberufe (etwa zur Erziehin/zum Erzieher) hierzu zu zählen sind (es also beim Sozialwesen um ‚soziale' Berufe und Professionen insgesamt geht)? Und wenn Pflegewissenschaften und akademische Elementarpädagogik zum Sozialwesen zählen sollen, wo sind dann Schnittmengen auszumachen und Abgrenzungen vorzunehmen zu pflegenden Berufen sowie solchen im Bildungs- und Gesundheitswesen insgesamt?

Gesundheitswesen		
Ursprung	Handlungs-feld (Beispiele)	Beruf/ Profession (Auswahl)
Fürsorge	Gesundheits-hilfe	[pflegende und therapeutische Berufe/Professionen]
		Heilpädagog_in
	Armenhilfe	Sozialarbeiter_in
Bildung und Erziehung		Sozialpädagog_in
	Jugendhilfe	Kindheitspädagog_in
	Schule	[lehrende Berufe/ Professionen]
Ursprung	Handlungs-feld (Beispiele)	Beruf/Profession (Auswahl)
Bildungswesen		

Abb. 2   Verortung ausgewählter (sozialer) Berufe und Professionen im Bildungs-, Gesundheits- und Sozialwesen
Quelle: eigene Darstellung

Hier sind Übergänge fließend, weshalb die obige Abbildung einzelne Berufe und Professionen ohne exklusive Zuordnungen und eindeutige Abgrenzungen zwischen dem Gesundheits- (oben), Sozial- (mittig) und Bildungswesen (unten) zu verorten versucht. Für einen solchen (wie wohl für jeden anderen) Versuch einer grafischen Darstellung kann man eigentlich nur mit jeweils guten Gründen ‚Prügel beziehen'. Er könnte also eher die Diskussion anregen, denn konsensuales Ergebnis einer solchen sein. Wo wäre die Gemeindepädagogik in obigem Schaubild zu verorten oder müsste dieses hierfür anders konzipiert werden? Sind die Heil- und Kindheitspädagogik wichtige Handlungsfelder der Sozialen Arbeit oder eigene Profession jenseits von ihr oder beides? Sollte die Pflegewissenschaft im oder jenseits des Sozialwesens verortet werden? ... Es wimmelt also in ,dem' Sozialwesen nur so von (Er-)Klärungsbedürftigkeiten. Diese sind bereits zahlreich und komplex, bleibt man nur im Bereich Sozialer Arbeit: Wo etwa ist die Schulsozialarbeit (wesentlich, doppelt oder in eins fallend) im Sozial- und Bildungswesen zu verorten? Sieht die Sozialpädagogik ihren Platz nicht dezidiert in der außerschulischen Bildungs- und Erziehungsarbeit? Arbeiten aber nicht etliche Sozialpädagogen [sic] als Schulsozialarbeiter [sic] mit den Prinzipien der Freiwilligkeit außerschulischer [sic] Bildungsgelegenheiten im/mit/neben dem Schulpflichtsystem?

Die Mühen eines das Sozialwesen zum Gegenüber bzw. Gegenstand von Politik machenden Fokus würde gleichwohl sicher ebenso lohnen, wie der in Ansätzen (s. etwa AWO u. a. 2007; Benz 2008 und 2014c; PGP 2014) geführte politikbezogene Dialog zwischen den Professionen in Ausbildung, Praxis sowie disziplinärer Forschung und Theorieentwicklung. So versprechen für den inter- und transdisziplinären Dialog in Deutschland derzeit etwa nachfolgend dargestellte Themen gemeinsamen Erkenntnisgewinn:

	Policy	Polity	Politics
Heilpädagogik	Programmatik des Inklusion		
Gemeindepädagogik		Professionspolitik	
Elementarpädagogik			Formen der Mitbestimmung von Kindern

Abb. 3 Beispiele zur Bedeutung der Polity-, Policy- und Politics-Dimension in verschiedenen Professionen des Sozialwesens
Quelle: eigene Darstellung

So stellt die Professionspolitik – auch in der Sozialen Arbeit – einen ,Dauerbrenner' akademischer und fachpraktischer Debatten dar. Hier verspricht die Analyse der besonderen Polity-Bedingungen (Verhältnis zu ,Volltheologinnen' und Diakonen, landeskirchliche Besonderheiten usw.) und der Abgleich mit Erfahrungen im Aufbau berufsständischer Interessenvertretung weiterer Professionen hilfreiche Erkenntnisse und Anregungen.

Wie auch immer: Weitet man nun diese bislang germanozentrische Perspektive international, so landet man schnell etwa bei im englischsprachigen Raum verbreiteten Vermessungen von Sozialpolitik, die (nicht nur, wie in Deutschland das Gesundheitswesen, sondern) auch das Bildungswesen selbstverständlich einschließen und die im Begriff von education Bildung und Erziehung stets zusammen denken. Umgekehrt gehört in frankophonen Ländern die Elementar-/Früh-/Kindheitspädagogik eindeutiger zum Bildungswesen. Die Liste mikro-, meso- und markosozialraumspezifischer Eigenheiten ließe sich innerhalb und jenseits der Sozialen Arbeit (als Lehr- und/oder akademisch ausgebildetem Beruf) lange fortführen.

Zusammenfassend: Zwar scheint es uns also durchaus lohnend, ähnliche Überlegungen wie im nächsten Gliederungspunkt zum Verhältnis von Sozialer Arbeit und Sozialpolitik sowie zur Bedeutung von Politik und Politikanalyse in diesem Band insgesamt auch für weitere Berufe und Professionen im Sozialwesen anzustellen. Ebenso könnte im inter- und transdisziplinären Dialog sehr von einander profitiert werden. Gleichwohl aber wäre eine solche Weitung des Gegenstandes *im Einzelnen* (mit Blick auf die verschiedenen Lehrberufe und Professionen, ihre Geschichte, Kontexte, Herausforderungen und Diskurse), in diesem Band und durch uns nicht zu leisten. Gegenüber einer *übergreifenden* Diskussion einer Politik ‚des' Sozialwesens im Vogelflug über einzelne Berufe und Professionen hinweg wiederum erscheint uns eine auf professionelle Sozialpädagogik und Sozialarbeit fokussierte Bestimmung des Gegenstandes, der nachfolgend auf Politik bezogen und auf den nachfolgend Politik bezogenen werden soll, hier eine aussichtsreicher erscheinende Beschränkung.

1.2   Sozialpolitik und Soziale Arbeit

Bevor zum generellen Zusammenhang von Politik und Sozialer Arbeit unter Gliederungspunkt 1.3 die Diskussion um einen politischen Auftrag Sozialer Arbeit aufgegriffen und unter Gliederungspunkt 1.4 einzelnen Dimensionen dieses Zusammenhangs nachgegangen werden soll, sollte nun vielleicht erst einmal auf mittlerer Ebene das Verhältnis von Sozialer Arbeit und Sozialpolitik geklärt werden. Denn hier drängt sich die Frage auf: Kann eine Politik Sozialer Arbeit mehr sein als einfach ein Subpolitikfeld der Sozialpolitik oder ein spezifischer Blick auf sie?

Das Verhältnis von Sozialer Arbeit und Politik sowie die Bedeutung von Politik in der Sozialen Arbeit vermittelt sich nicht nur über das Politikfeld Sozialpolitik. Vielmehr sind für die Soziale Arbeit von der Strafrechts- über die Beschäftigungs- bis zur Städtebaupolitik etliche Politikfelder von Bedeutung. Deutlich wird dies, schaut man auf verschiedene Handlungsfelder der Sozialen Arbeit, die von der Altenhilfe bis zur Sozialen Arbeit in der Bundeswehr reichen (für eine mögliche Liste solcher Handlungsfelder siehe etwa Klüsche 1999: 157 ff.). So lässt sich Soziale Arbeit mit Frauen keineswegs auf sozialpolitische Themen reduzieren. Gleichwohl ist unter allen Politikfeldern die Sozialpolitik von herausragender Bedeutung für die Soziale Arbeit. Warum?

Sozialpolitik vor- und nachgehende sowie diese umsetzende Soziale Arbeit

Wo immer Klientinnen und Klienten auf Fachkräfte und Organisationen der Sozialen Arbeit stoßen, tun sie das im Rahmen des Sozialstaates und seiner Sozialpolitik (in den Strukturen der Jugendhilfe, im Krankenhaussozialdienst, in Frauenberatungsstellen, etc.) oder aufgrund der Begrenzung der Reichweite des Sozialstaats (so etwa in der Arbeit mit illegalisierten Menschen). Soziale Arbeit ist also in der einen oder anderen Weise immer auf Sozialpolitik bezogen, auch wenn sie sich nicht ausschließlich mit sozialpolitischen Gegenständen befasst. Dabei geht es bei Sozialpolitik wie in keinem zweiten Politikfeld um die gleichen Fragen, wie in der Sozialen Arbeit, um Fragen sozialer Probleme (Mühlum 1982: 334). Dies geht dann über die grundsätzlich Politik und Sozialer Arbeit gemeinsame Funktion hinaus, zwischen Individuum und Gesellschaft[5] zu vermitteln. Bei der Bearbeitung sozialer Probleme kennzeichnen Sozialpolitik und Soziale Arbeit auch gleichermaßen widersprüchliche gesellschaftliche Funktionen der Stabilisierung und Legitimierung des Status quo wie gleichzeitig seiner Veränderung (Mühlum 2007a: 17, 19). Gerade die systemintegrative Funktion von etablierter Sozialer Arbeit und Sozialpolitik veranlasste zu politisch motivierten Ansätzen vor allem der 1970er Jahre, die eine „Sozialarbeit von unten" (Khella 1982) bzw. „Randgruppenstrategie" forderten (siehe hierzu Kuhlmann 2000: 12 f.).

Soziale Arbeit greift oft als „Vorhut" (bevor es zu sozialpolitischen Regelungen kommt) neue soziale Probleme und Defizite auf und soll „als ‚Nachhut' Defizite aus nicht gelungenen Problemlösungen auffangen" (Bock 1993: 735). Deutlich wird dies etwa beim Gründer des Deutschen Caritasverbandes, Lorenz Werthmann (1858-1921), in einer Rede vor der Generalversammlung der Katholiken Deutschlands 1899: „Sie [die Caritasfreunde] dringen hinein in die Not, wohin die staatliche Gesetzgebung noch nicht dringen kann, machen auf sittliche und materielle Notstände aufmerksam, schaffen das Material zur wirksamen Bekämpfung derselben; sie ebnen so die Pfade und Wege für neue gesetzgeberischer Maßnahmen. (…) Es darf der Herr Pfarrer nicht meinen, daß seine caritative Tätigkeit darauf sich beschränken darf, ein Fünfpfennigstück dem armen Bettler zu reichen oder noch besser ein Stück Brot oder einen Teller Suppe aus seiner Küche zu geben (…)." (zit. nach Borgmann 1958: 70) Fachkräfte der Sozialen Arbeit greifen damit

---

5   Wobei Gesellschaft hier als Gemeinschaft von Individuen begriffen werden soll und
    nicht als etwas, das Individuen gegenübersteht (siehe Elias 2000[9]: 9 ff.).

aber nicht nur sozialpolitischen Maßnahmen und Regelungen vor und gehen über diese hinaus, sie setzen – sind die Pfade und Wege für neue gesetzgeberische Maßnahmen erfolgreich beschritten – schließlich als Teil des sozialstaatlichen Dienstleistungsangebotes wesentlich sozialpolitische Maßnahmen um, bis hin zu hoheitlicher Aufgabenwahrnehmung etwa im Allgemeinen Sozialen Dienst des Jugendamtes. Die große Mehrheit der Sozialarbeiterinnen und Sozialpädagogen arbeiten also nicht vor, neben oder nach sozialpolitischen Maßnahmen, sondern setzten diese um. Im einen wie dem anderen Fall ist Sozialpolitik zentral für die Handlungsmöglichkeiten und -grenzen Sozialer Arbeit.

Generalisierung versus Einzelfallorientierung

Was aber stellt nun den markanten Unterschied zwischen Sozialpolitik und Sozialer Arbeit dar, wenn Soziale Arbeit dies- und jenseits der Sozialpolitik agiert und umgekehrt (siehe die Alterssicherung, in der die Sozialpolitik lange Zeit – bevor hier Suppenküchen wieder an Bedeutung gewannen – nicht auf die Soziale Arbeit zurückgreifen musste)? Eine mögliche Antwort lässt sich in der Unterscheidung generalisierender und individualisierender Herangehensweisen an die Erscheinungen des gemeinsamen Gegenstandes: soziale Probleme, finden. So lässt sich Sozialpolitik verstehen, als durchaus Einzelfälle zum Anlass nehmend (siehe den 2003 als 'Florida-Rolf' bekannt gewordenen Sozialhilfeempfänger Rolf John), aber nicht primär auf sie sondern typisiert auf Personengruppen gerichtete Mitgestaltung von Lebensbedingungen mit Hilfe verschiedener Interventionen des Staates, der Gebietskörperschaften insgesamt sowie gesellschaftlicher Gruppen, etwa im Rahmen betrieblicher Sozialpolitik. Soziale Arbeit hingegen handelt primär in Ansehung einzelner, konkreter Menschen und Gruppen. Bis an die Wurzeln der Professionsgeschichte reichend und ihren Kern ausmachend, geht es dabei Sozialarbeit gerade um solche Menschen, die wegen fehlender oder lediglich typisierend (nicht einzelfallgerecht) konzipierter Sozialpolitik Hilfe suchen oder zur Hilfe Anlass geben, ohne erst selbst laut nach ihr rufen zu müssen (vgl. hierzu Beck 2007: 116f).

Deutlich wird hier, wie überfordernd der Versuch ist, der Sozialen Arbeit einen abschließenden Katalog klar definierter Funktionen und Handlungsfelder zuzuweisen (Bock 1993: 735). Der Weg kann wohl nur umgekehrt gegangen werden, über die Identifizierung von Kernaufgaben und Handlungsfeldern, die elementar zur Sozialen Arbeit zählen. Mit Lorenz Werthmann kann hier jedenfalls festgehalten werden, dass diese Aufgaben bei aller primären Hinwendung zu konkreten Menschen und Gruppen sich nicht darin erschöpfen, lediglich koproduktiv Hilfe in einer Dyade Klient und Fachkraft Sozialer Arbeit zu entwickeln. „Wo im Zuge begrüßenswerter Professionalisierungsbestrebungen, einen Teller Suppe zu reichen nicht mehr zum Profil Sozialer Arbeit gehören soll, wird ihr Wesen ebenso

entkernt, wie dann, wenn die Beteiligung an politischer Meinungsbildung (und –
seltener – auch Entscheidungsfindung (…)) und damit die politische Beeinflussung
gesellschaftlicher Bedingungen aus dem Professionsverständnis Sozialer Arbeit
exkludiert werden soll (…)." (Benz 2010: 319) In diakonischer Diktion kann Soziale
Arbeit vielmehr als ‚Hilfe unter Protest' (s. hierzu Benz 2014b) übersetzt werden,
freilich unter dem Zusatz: „Diakonie ist nicht nur Hilfe unter Protest, sondern
auch Teil des Schönerwerdens der Welt." (Michael Chalupka). Denn zu Recht weist
etwa die sozialpädagogisch fundierte Jugendarbeit darauf hin, dass sich Anspruch
und Handlungsfelder Sozialer Arbeit nicht einfach auf den gemeinsamen Nenner
einer Bekämpfung von sozialen Notlagen reduzieren lassen. Soziale Probleme als
Gegenstand der Sozialen Arbeit und der Sozialpolitik zu benennen, hat damit
eher (durchaus hilfreiche) heuristische Qualität. Diese Relativierung der Stellung
sozialer Probleme für die Gegenstandsbestimmung unterscheidet Soziale Arbeit
dabei im Übrigen nicht von der Sozialpolitik. Derzeit zwar nicht en vogue, lässt
sich Sozialpolitik durchaus ebenfalls als auf die Förderung von Wohlergehen aller
Gesellschaftsmitglieder gerichtet, statt allein signifikante Notlagen bekämpfend,
als Gesellschaftspolitik begreifen (siehe hierzu etwa Huster 2003: 904 ff.).

Unterschiedliche Reichweiten von Sozialpolitik und Sozialer Arbeit

Sozialpolitik und Soziale Arbeit in einem Über-/Unterordnungsverhältnis begreifen
zu wollen, scheint wenig ertragreich. Wenn etwa nach Ansicht von Alice Salomon
Sozialpolitik (als stets staatlichem – nicht in weiterem Sinne auch gesellschaftli-
chem – Handeln) dem umfassenderen Begriff der Wohlfahrtspflege als Teilbereich
unterzuordnen sei (Salomon 1921: 19), so trifft dies unter der Voraussetzung dieses
engen Politikbegriffes genauso zu, wie eine Einsortierung der Sozialen Arbeit in
die Sozialpolitik als Teil sozialer Dienstleistungen, neben denen die Sozialpolitik
noch soziale Geld- und Sachleistungen kennt, oder als sozialpädagogische Kinder-
und Jugendhilfe, geregelt in nur einem von im Ganzen zwölf Sozialgesetzbüchern
(Böhnisch 1999: 261).

Über Merkmale, die die jeweilige Überordnungsposition begründen sollen,
lässt sich allerdings zumindest ein je graduell größeres Potential im Umgang mit
sozialen Problemen entdecken: Sozialpolitik kann mittels ihrer großen Sach- (man
denke an die Gesundheitspolitik) und Geldleistungssysteme (siehe etwa Renten-
und Arbeitslosenversicherung, das Kindergeld oder die Sozialhilfe) viel extensiver
(breitere Bevölkerungskreise betreffend) und intensiver (etwa lebensstandardsi-
chernd versus notversorgend) als viele Maßnahmen der Sozialen Arbeit mittels
ökonomischer Interventionen die Lebenslagen von Menschen beeinflussen. Dies
hatte sicher auch Lorenz Werthmann im Blick. Soziale Arbeit hingegen operiert
nicht nur deutlich über das Aktionsfeld hinaus, das staatlicher Sozialpolitik offen

steht, sondern auch über das, was etwa betriebliche Sozialpolitik erreichen kann. Gerade über diese von der Sozialpolitik bzw. der Sozialen Arbeit jeweils nur schwer erreichbaren Handlungsmöglichkeiten lässt sich wechselseitiges Verständnis für den Gewinn genuin sozialpolitischen bzw. sozialarbeiterischen/sozialpädagogischen Handelns entwickeln: Wo bin ich auf Sozialpolitik verwiesen, wenn meine Straßensozialarbeit ans Ende ihrer Handlungsmöglichkeiten kommt? Welche Möglichkeiten unterstützter Selbstorganisation in benachteiligten Quartieren lassen sich über Soziale Arbeit erschließen, wo sozialpolitische Steuerung nicht über Recht und Geld, Zielvereinbarungen und Informationsvermittlung hinausgehen kann (zur analytischen Scheidung dieser Steuerungsmöglichkeiten siehe Benz 2004)?

Mindestens liegt es aber in den Schnittmengen von Sozialpolitik und Sozialer Arbeit nahe, sich die je spezifischen Sichtweisen und Erkenntnisse zu eben diesem Teilbereich zu erschließen. Hierzu ein Beispiel: Junge Erwachsene, die ausbildungs- und arbeitslos sind sowie sich in prekären Familien- und Wohnsituationen im Elternhaus befinden, sind über die Sozialgesetzbücher II (Grundsicherung für Arbeitsuchende), VIII (Kinder- und Jugendhilfe) sowie XII (Sozialhilfe) Adressaten staatlicher Sozialpolitik und etwa in der angesprochen Straßensozialarbeit auch Adressaten Sozialer Arbeit (zum Teil öffentlich getragener, zum Teil frei-gemeinnütziger und nicht in jedem Fall staatlich geförderter). Es gibt junge Menschen, die (sei es aufgrund von persönlichem Fehlverhalten, sei es aufgrund von Zuständigkeitslücken oder -verweigerungen öffentlicher Stellen, sei es aufgrund einer Mischung aus beidem) systematisch zwischen allen drei Sozialgesetzbüchern hindurch fallen (Claus 2008). Diese Klientel lässt sich sozial-staatlich (!) kaum noch bis nicht (mehr) erreichen und bleibt doch – wie die Soziale Arbeit – auf eben diese Sozialrechtszweige verwiesen. Sie gibt damit Sozialer Arbeit Anlass zu diakonisch/caritativ oder humanistisch begründetem Handeln in beiden Stoßrichtungen: praktischer Einzelfallhilfe und politischem Engagement (empowernd, anwaltschaftlich und mitbestimmend; siehe zu diesen Formen etwa Rieger 2007 sowie Benz 2013a).

Zur koproduktiven Dimension von Sozialpolitik und Sozialer Arbeit

Diese Klientel Sozialer Arbeit und ihre Verhaltensoptionen sind jedoch auch Gegenstand der Sozialpolitik. So wie Soziale Arbeit als Dyade aus Fachkraft und Klient nicht angemessen (weil von sozialpolitischem Bezug ‚befreit') gedacht werden kann, so lässt sich Sozialpolitik ebenso wenig hinreichend verstehen, betrachtet man sie allein als Zusammenwirken von a) nach Einfluss strebenden Interessengruppen in der Phase der Meinungsbildung und b) sozialpolitische Programme und Regelungen beschließenden politischen Mandatsträgern in der Phase der Entscheidungsfindung. Nicht nur sind etwa c) Fachkräfte der Sozialen Arbeit im Bereich pädagogischer Interventionen der Sozialpolitik wesentlich an ihrer Umsetzung beteiligt, auch

d) ihre Klienten bestimmen das faktische Ergebnis (Outcome) sozialpolitischer Regelungen und Programme zum Teil wesentlich mit (siehe hierzu Jann / Wegrich 2009). Ergebnisse sozialpolitischer Bemühungen sind – wie die sozialarbeiterischer und sozialpädagogischer Interventionen – in der Regel koproduktiver Natur. Natürlich ist nicht jeder Handlungsschritt im Rahmen der Sozialen Arbeit und der Sozialpolitik koproduktiven Charakters. Die Inobhutnahme eines Kindes ist hoheitlicher Akt und die Festlegung des regelhaften Renteneintrittsalters hat nichts mit koproduktiver, personenbezogener Dienstleistung zu tun. Doch bereits die Fragen, ob, wann und warum ArbeitnehmerInnen tatsächlich in den Vorruhestand gehen oder welche (außer-)familiären Perspektiven sich nach einer Inobhutnahme bieten, hängen von der lebensweltlichen Sicht und daraus folgend vom Verhalten der Klienten Sozialer Arbeit bzw. der (potentiellen) Rentner ab.

Wie also verhalten sich etwa die bei Fehlverhalten vom Totalentzug der Hilfe zum Lebensunterhalt oder von der zur Verhinderung der Gründung neuer Bedarfsgemeinschaften 2006 eingeführten Auszugsgenehmigung des Amtes betroffene junge Erwachsene unter 25 Jahren (§ 31 Abs. 5 bzw. § 22 Abs. 2a SGB II)? Passen sie sich der Intention des Gesetzgebers an und ändern ihr Verhalten (wirken mit, ziehen nicht aus)? Oder entwickeln etliche von ihnen Anpassungs- oder widerständige Strategien (werden etwa zu jungen Obdachlosen) und machen so deutlich, dass die mit der betreffenden politischen Maßnahme verfolgten Ziele so nicht, besser anders oder besser gar nicht verfolgt werden sollten (Szynka 2008)? Verdeutlichen ihre Reaktionen, ihre Lebenssituationen sowie die persönlichen wie gesellschaftlichen Folgen ihrer Armut, dass politischer Handlungsbedarf besteht, um soziale Gerechtigkeit menschenwürdig auszubuchstabieren? Hier ist die Sozialpolitik auf einzelfallbezogene Erkenntnisse aus der Praxis Sozialer Arbeit angewiesen. FachvertreterInnen und Fachorganisationen der Sozialen Arbeit haben hier Wissen darüber, wie typisiert auf Personengruppen hin konzipierte sozialpolitische Regelungen und Programme im Einzelfall tatsächlich wirken. Dieses Wissen aber ist der Sozialadministration und politischen MandatsträgerInnen zunächst nicht zugänglich. Umgekehrt muss Soziale Arbeit aus eigenem, fachlichem Interesse an effektivem Hilfehandeln daran interessiert sein, dieses Wissen zu teilen und in die sozialpolitische Arena rückzuspiegeln, um für die Klienten zu angemessenen sozialpolitischen Bedingungen zu gelangen.

Sozialpolitik und Soziale Arbeit: ein praktisches Verhältnis

Will man die Rolle von (Sozial-)Politik in der Sozialen Arbeit und das Verhältnis von (Sozial-)Politik und Sozialer Arbeit verstehen, ist es nicht ratsam, sich stets auf einer Makroebene ‚der‘ Sozialpolitik und ‚der‘ Sozialen Arbeit zu bewegen. Man übersieht hier vielleicht mehr, als man erkennt. „Die Begriffe Sozialpolitik und Sozialarbeit sind selbst so eindeutig nicht, daß ihr Verhältnis eindeutig bestimmt werden könnte. Wer dieses Verhältnis zu bestimmen sucht, verdinglicht beide Begriffe zu theoretischen oder ideologischen Identitäten und bringt sich damit leicht um den Ertrag der Fragestellung." (Kaufmann 1973: 87) Sozialpolitik und Fachkräfte Sozialer Arbeit sowie ihre Organisationen haben auch im Nationalsozialismus in unterschiedlicher Weise zusammengewirkt (s. hierzu etwa Kuhlmann 2005).

Bei vielen politischen Fragen geht es um die Wahl zwischen Alternativen, für die je normativ und empirisch gute Gründe benannt werden können. Für oder gegen das Ehegattensplitting oder eine weitere Sozialpädagogenstelle kann ich allein oder in und mit meiner Institution / meinem Fachverband streiten, nicht aber meine Profession als Ganzes bemühen. Hier positioniert sich nicht ‚die' Soziale Arbeit zu ‚der' Sozialpolitik, sondern streiten FachvertreterInnen und Fachorganisationen für sozialpolitische Positionen. Das sozialpolitische Geschäft Sozialer Arbeit hat meist in dieser Dimension ihren Platz, weswegen die Suche nach dem (Sozial-) Politischen in der Sozialen Arbeit allein auf der Ebene des Berufsverbandes, der wissenschaftlichen Gesellschaft oder eines Bundeskongresses (siehe Merten 2001a) nur sehr begrenzt Ergebnisse zu Tage fördern kann.

Im Singular kann sich Soziale Arbeit allerdings erstens dort angesprochen fühlen, wo sie vor dem Hintergrund ihrer Gegenstände und Ziele menschenunwürdige Ausbuchstabierungen der Lesarten sozialer Gerechtigkeit dechiffrieren und benennen kann und muss (siehe hierzu IFSW 2000; IFSW / IASSW 2004 und 2014) oder wo es berufspolitische Interessen zu formulieren und vertreten gilt. In beiden Fällen ergeben sich schlüssige Positionen Sozialer Arbeit aber nicht von selbst (sie liegen auch nicht einfach wissenschaftlich, objektiv vor), sondern über sie – und dann für sie   muss gestritten werden. Zweitens lässt sich die Qualität von Sozialpolitik daran prüfen, ob sie in der Lage ist, dem kritischen Blick Sozialer Arbeit auf die sozialen Lagen und Perspektiven ihrer Klienten standzuhalten. Umgekehrt lässt sich die Professionalität Sozialer Arbeit daran erkennen, ob sie ihre sozialpolitische Dimension und Verantwortung wahrnimmt (Benz 2010).

1.3   Der politische Auftrag Sozialer Arbeit

Soziale Arbeit hat es schwer mit ihren Aufträgen. Weder ist angesichts der Allzuständigkeit für Probleme der Lebensbewältigung (Lothar Böhnisch) und der damit einhergehenden Alltagsorientierung (Hans Thiersch) eindeutig abzugrenzen, was der Auftrag Sozialer Arbeit jeweils konkret enthält, noch ist ein einheitlicher Auftraggeber auszumachen. Auftraggeber der Sozialen Arbeit sind nicht allein und meist noch nicht einmal in erster Linie ihre Klienten. Auftraggeber im Sinne des „doppelten Mandats" (Böhnisch / Lösch 1973) sind ebenso die Gesellschaft und der Staat. Nicht zuletzt beauftragt sich die Soziale Arbeit als Profession aber auch selbst. Gegenüber den Klientenwünschen und dem öffentlichen Auftrag muss sie ihre eigenen fachlichen Standards in Anschlag bringen und gegebenenfalls durchsetzen. Silvia Staub-Bernasconi spricht denn auch vom „Tripple Mandat" der „Menschenrechtsprofession" Soziale Arbeit (Staub-Bernasconi 1998).

Es ist deshalb wenig verwunderlich, dass auch über den politischen Auftrag bzw. das politische Mandat Sozialer Arbeit in Theorie wie Praxis heftig gestritten wird (vgl. Merten 2001b; Lallinger / Rieger 2007). Mandatsgegner (vgl. Lüssi 2008[6]) sprechen der Sozialen Arbeit jeglichen politischen Auftrag ab. Ihre ausschließliche Funktion sei es, im sozialstaatlichen Auftrag professionelle Dienstleistungen der Beratung, Beschaffung, Betreuung und Kontrolle in prekären Lebenslagen zu erbringen. Selbstverständlich hätten die Professionsangehörigen, wie die Angehörigen anderer Professionen, ein Recht sich berufspolitisch zu organisieren, um ihre eigenen, standespolitischen wie tariflichen Interessen zu vertreten. Sie dürfen sich aber keineswegs ein Mandat zur allgemeinen politischen Einmischung im Interesse der Klienten anmaßen. Mandatsskeptiker dagegen (vgl. Merten 2001a) sprechen der Sozialen Arbeit zwar im Grunde politische Funktionen zu, begrenzen diese aber eng. Letztlich akzeptieren sie lediglich Politikberatung (vgl. Rieger 2011) als fachpolitischen Auftrag Sozialer Arbeit. Alle darüber hinausgehenden Ansprüche an das politische Handeln Sozialer Arbeit halten sie für eine Überforderung. Von weiterreichenden politischen Anforderungen sollte insbesondere deshalb Abstand genommen werden, weil sie entweder in paternalistische Bevormundung und Instrumentalisierung der Klientel münden oder schlicht die politischen Einflussmöglichkeiten Sozialer Arbeit (ihre Politikfähigkeit) übersteigen, ergo Erwartungen erzeugen, die dann nicht zu erfüllen sind. Beide Positionen, die der Mandatsgegner wie der Mandatsskeptiker, sind unserer Ansicht nach – trotz zum Teil gewichtiger Argumente – weder empirisch noch theoretisch zu halten.

Empirisch zeigt sich, dass Soziale Arbeit nicht nur individuell, durch einzelne Berufangehörige sondern auch mit ihren Einrichtungen und Verbänden Politik macht, um die Rahmenbedingungen ihres Handelns für sich und ihre Klienten zu gestalten. Bereits die Gründer der freien Wohlfahrtspflege waren nie nur Sozialunternehmer sondern immer auch politische Unternehmer. Sich zu organisieren, sich in Vereinen und Verbänden zusammenzuschließen, diente der Bündelung von Ressourcen um die Quantität wie Qualität individueller Hilfe zu steigern und um politisch Einfluss zu nehmen, damit sich Strukturen der Hilfeleistung wie die Lebensbedingungen der Klienten verbessern (vgl. Boeßenecker 2005; Pabst 1996). Wohlfahrtsverbände, Fachverbände, Berufsverbände usw. organisieren sich heute entlang der politischen Ebenen und versuchen in den Kommunen, im Land, im Bund und in der EU auf (sozial-)politische Entscheidungen Einfluss zu nehmen. In ihren Leitbildern bekennen sie sich zu ihrem politischen Auftrag. So versteht sich der Deutsche Caritasverband (DCV o. J.) als „Anwalt und Partner Benachteiligter" und will „Sozial- und Gesellschaftspolitik" gestalten. Die Arbeiterwohlfahrt (AWO 2009: 9) wiederum begreift sich in ihrem Grundsatzprogramm als „Mitgliederverband, der für eine sozial gerechte Gesellschaft kämpft und politisch Einfluss nimmt". Das Diakonische Werk (DW der EKD 1998) will seine „Stimme für diejenigen, die nicht gehört werden" erheben und gemeinsam „mit anderen (...) für eine menschenwürdige Gesetzgebung, eine chancengerechte Gesellschaft und eine konsequente Orientierung am Gemeinwohl" eintreten. Schließlich ruft der Deutsche Berufsverband für Soziale Arbeit (DBSH 1997: 4) unter Punkt 2.5. seiner berufsethischen Prinzipien seine Mitglieder dazu auf „für die Verwirklichung der Rechte sozial Benachteiligter öffentlich ein[zutreten]. Sie [die Mitglieder] sind gehalten, politische Prozesse in Gang zu bringen, mitzugestalten, sowie die hierfür benötigten Kräfte zu mobilisieren". Dabei orientiert sich der DBSH an den ethischen Grundlagen, Prinzipien und Standards wie sie die International Federation of Social Workers 1994 beschlossen hat. Diese definiert Soziale Arbeit u. a. als eine Profession die „sozialen Wandel" fördert und für die die „Grundlagen von Menschenrechten und sozialer Gerechtigkeit (...) wesentlich" sind. Diese politische Einmischung Sozialer Arbeit ist – zumindest implizit – vom Gesetzgeber gewünscht. Vom SGB VIII über das SGB II und andere Sozialgesetzbücher bis hin zum Baugesetzbuch lassen sich Normen finden, die sich als Aufforderungen zur politischen Einmischung interpretieren lassen (vgl. Kusche / Krüger 2001: 18).

Aktuell wie historisch ist der Politikbezug Sozialer Arbeit eindeutig, ihre kontinuierliche Einmischung augenfällig. Als Profession kann Soziale Arbeit einen politischen Auftrag aber nur dann für sich in Anspruch nehmen, wenn sie diesen Anspruch auch systematisch theoretisch begründen kann. Nur so kann sie ein spezifisch fachpolitisches Mandat legitimieren und nach Art, Umfang und Gestalt zuverlässig abgrenzen.

Dass Soziale Arbeit als Profession ein ganz spezifisches Verhältnis zur Politik aufweisen muss, drängt sich jeder theoretischen Reflexion geradezu auf. Schließlich sind die Rahmenbedingungen sozialarbeiterischen/-pädagogischen Handelns politisch konstituiert und ist es Aufgabe Sozialer Arbeit sozialpolitische Entscheidungen auszuführen. Ihre handlungsleitenden Begriffe (Würde, Bedarf, Normalität, Selbstbestimmung usw.) spiegeln Wertkonflikte und sind Ergebnis politischer Anerkennungskämpfe. Ihre rechtlichen wie materiellen Ressourcen erhält sie wesentlich politisch zugewiesen. Zu Recht sprechen Olk u. a. (2000; zuerst 1981) von der „Politikimmanenz der Sozialarbeit" (64). Sie ist eine „policy based profession" (Popple / Leighninger 2011[5]). Unter diesen Bedingungen kann Soziale Arbeit nicht nicht politisch handeln. Gleiches gilt aber zumindest eingeschränkt auch für die Profession der Ärztinnen oder Lehrer. Der Sonderstatus einer Profession mit politischem Auftrag nimmt erst dort Gestalt an, wo nach der aktiven Rolle in der Politik gefragt wird.

Von Anfang an entwickelt sich Soziale Arbeit im Spannungsfeld von individueller Hilfe und Strukturveränderung, zwischen Systemerhaltung, -gestaltung und -veränderung. Wenngleich die individuelle Hilfe stets im Vordergrund stand, bilden Konzepte und Methoden, wie sie von der Settlement-Bewegung über das Community Development bis zur Randgruppenstrategie und kritischen Sozialarbeit Ausdruck fanden, den in politischem Bewusstsein und sozialreformerischen/-revolutionären Gestaltungswillen gründenden, unverzichtbaren zweiten Traditionsstrang (vgl. Specht / Courtney 1994). Zwar mischen sich auch Ärzte, Rechtsanwältinnen oder Lehrer mit ihren Verbänden im eigenen und anwaltlichen Interesse in Gesundheits-, Rechts- oder Bildungspolitik ein, der politische Auftrag der Sozialen Arbeit aber scheint noch eine andere, darüber hinaus reichende Qualität zu haben. Dies verdeutlichen unterschiedlichste Theorien Sozialer Arbeit.

Für die Sozialarbeit als „Menschenrechtsprofession" (Staub-Bernasconi 1998) gilt, dass eine Soziale Arbeit die ihre „gesellschaftsbezogene Funktion" vernachlässigt, eine „halbierte Profession" ist (Staub-Bernasconi 2002: 253 f.). Soziale Arbeit hat sich „in (sozial)politische Entscheidungsprozesse … einzumischen" (ebd. 254), um relevante soziale Systeme dahingehend zu verändern, dass sie menschenrechtlichen Standards einer angemessenen Bedürfnisbefriedigung entgegenkommen. Sie muss politikberatend tätig sein und Klienten im Umgang mit Machtstrukturen befähigen (Empowerment). Sozialplanung, „Soziallobbying", „Öffentlichkeitsarbeit" und Community Organizing gehören selbstverständlich zu ihrem Methodenrepertoire (vgl. ebd. 255).

Ähnlich positioniert sich die lebensweltorientierte Soziale Arbeit: „Angesichts der gesellschaftlichen Bedingtheit von Lebensverhältnissen ist sie verpflichtet zur Einmischung in die Politikbereiche, welche die Strukturen von Lebenswelten prägen" (Thiersch 2000). Das „Prinzip Einmischung als parteiliche Vertretung lebensweltlicher Erfahrungen und Probleme in z. B. Arbeitsmarkt-, Familien-, Sozial- und Wohnungsbaupolitik auf den unterschiedlichsten politischen Ebenen von Bund, Ländern, Kommunen und Stadtteilen ist ein konstitutives Moment des Konzepts Lebensweltorientierung" (Grunwald / Thiersch 2004: 23)[6].

Auch wer „soziale Praxis unter ökologischen Gesichtspunkten betrachtet, kann die politische Praxis nicht auslassen" (Wendt 1982: 186). Wenn, „die Sozialarbeit auf Entwicklungen von Lebensbedingungen generell Einfluß nehmen will, kann

---

6 Ausführlich zum politischen Mandat im Rahmen lebensweltorientierter Sozialer Arbeit vgl. Werwein 2008.

sie das nur durch Teilhabe an makrosozialen Steuerungsprozessen" (Wendt 1990: 96). „Die konkreten Verhältnisse der Menschen bezeichnen die diskreten Zustände im Gemeinwesen. Darum verdient die Sache der Sozialarbeit eine Übersetzung in Gesellschaftspolitik" (ebd. 141). Bestimmte Restriktionen denen Klienten wie SozialarbeiterInnen unterliegen, sind „nur politisch, und sei es mikropolitisch" (ebd. 145) zu verändern.

Ob systemisch, ökosozial oder lebensweltorientiert, aus gängigen Theorien Sozialer Arbeit lässt sich problemlos ihr politischer Anspruch ableiten. Als Handlungstheorien ist ihnen der politische Bezug quasi eingebaut. Ihr Grundtheorem von der Person in ihrer Umwelt (Person-in-Environment (PIE)) führt unweigerlich zur Doppelstrategie von Einzelfallhilfe und Sozialreform. Wer eine voraussetzungslosere Legitimation des politischen Auftrags sucht, wird etwa gesellschaftstheoretisch fündig. So lässt sich der politische Handlungsauftrag Sozialer Arbeit auch aus ihrer gesellschaftlichen Funktion ohne Rückgriff auf spezifische Handlungstheorien ableiten. Als Reflexionstheorie steht hierfür etwa die Luhmannsche Systemtheorie zur Verfügung.

Der Wohlfahrtsstaat ist im Verständnis der soziologischen Systemtheorie eine Reaktion auf spezifische Exklusionsrisiken moderner, funktional differenzierter Gesellschaften. Funktionale Differenzierung verspricht einerseits universelle bürgerliche Inklusion. Prinzipiell steht jedem Gesellschaftsmitglied die Teilnahme an allen gesellschaftlichen Funktionssystemen (Wirtschafts-, Bildungs-, Rechtssystem usw.) offen. Der gesellschaftliche Status wird nicht mehr automatisch durch die Herkunftsfamilie zugewiesen und garantiert. Persönliche Karriere und moderne Individualität werden möglich. Moderne Vorstellungen individueller, bürgerlicher Freiheit und Gleichheit können sich entwickeln. Doch die Teilnahme an unterschiedlichsten Funktionssystemen ist voraussetzungsvoll. Hohe Anpassungsleistungen und große Selbststeuerungsfähigkeit werden erwartet.

Damit aber werden auch die Exklusionsgefahren moderner Gesellschaften sichtbar. Die Menschen in modernen Gesellschaften sind darauf angewiesen, an den meisten Funktionssystemen teilzunehmen. Bereits die Ausschließung aus *einem* Funktionssystem kann die Lebensführung erheblich beeinträchtigen – und der Ausschluss aus einem Funktionssystem zieht leicht weitere Ausschlüsse nach sich. Diese Exklusionsproblematik bildet hier das Bezugsproblem für die Entstehung des Wohlfahrtsstaats. Er ercheint als ein Lösungsversuch für die Inklusionsprobleme funktional differenzierter Gesellschaften (vgl. Bommes / Scherr 2000: 137). Der Wohlfahrtsstaat „stellt zur Bewältigung von *Inklusionsvoraussetzungen und -hindernissen* (...) Ressourcen bereit, die Voraussetzungen wie Erziehung und Ausbildung z. B. durch Ausbildungsbeihilfen absichern, Überbrückungen in Form von Versicherungsleistungen bei Krankheit, Unfall, Arbeitslosigkeit und im Alter ermöglichen, Mitgliedschaften aufrechterhalten und Exklusionsmöglichkeiten durch Kündigungsschutz einschränken (...) und Wiedereinschluss durch Recht, Geld, Beratung und Vermittlungen ermöglichen" (ebd., Herv. i. O.). Die Funktion der Sozialen Arbeit im Wohlfahrtsstaat kann dann als „Inklusionsvermittlung, Exklusionsvermeidung bzw. Exklusionsverwaltung beschrieben werden" (ebd. 107). Ihr fällt die „Zweitsicherung im Wohlfahrtsstaat" (ebd. 140) zu. Sie wird gebraucht, weil sich die Bearbeitung von Exklusionsrisiken nicht vollständig „in der Form der administrativen Zuteilung von Geld und Sachleistungen und damit auf das Vorhalten von generalisierten sozialpolitischen Maßnahmen und Programmen" (ebd. 142) reduzieren lässt. Gerade dort, wo durch den Ausschluss von für die bürgerliche Existenz zentralen Teilsystemen wie Wirtschaft und Bildung Exklusionsdynamiken in Gang gesetzt werden, die weiteren Ausschluss nach sich ziehen und die gesellschaftliche Kommunikationsfähigkeit der Personen umfassend untergraben, muss Hilfe auf die je individuellen Lebenslagen und ihre Exklusionsmuster angepasst werden. Soziale Arbeit organisiert hier Hilfe, um die Re-Inklusion in unterschiedliche gesellschaftliche Funktionssysteme zu ermöglichen. Sie erzieht, berät, unterstützt, betreut, interveniert und vertritt Personen, um ihre Inklusionschancen zu erhöhen oder Exklusion erträglicher zu machen. Sie tut dies, indem sie die Zugangsmöglichkeiten zu Ressourcen verbessert, die in anderen gesellschaftlichen Subsystemen (Wirtschafts-, Bildungs-, Gesundheitssystem, Familie usw.) vergeben werden. Soziale Arbeit ist in diesem Sinne die „Organisation unspezifischer Hilfsbereitschaft" (ebd. S. 57 ff.). Wie geholfen wird, richtet sich danach, von welchen Exklusionen der Klient bedroht oder betroffen ist[7].

In dieser Logik ist politisches Handeln der Sozialen Arbeit nicht mehr und nicht weniger als unverzichtbarer Teil der „unspezifischen Hilfe" die Soziale Arbeit zur Inklusionsvermittlung, Exklusionsvermeidung und Exklusionsverwaltung anzubieten hat. Denn zweifellos droht den Zielgruppen Sozialer Arbeit auch der Ausschluss aus dem politischen System. Einmal in Gang gesetzte Exklusionsdynamiken machen auch vor dem politischen System nicht halt. Dort, wo Menschen

---

7   Hier wird der wesentliche Unterschied zu anderen Professionen sichtbar. Während Priester, Ärzte, Rechtsanwälte oder Lehrer darauf spezialisiert sind, den Zugang der Individuen zu einzelnen gesellschaftlichen Funktionssystemen, der Religion, dem Gesundheitswesen, dem Recht oder dem Erziehungssystem zu vermitteln bzw. mit hoch spezialisierten Leistungen auf begrenzte Problemlagen reagieren, erbringt Soziale Arbeit „keine in dieser Weise hoch spezialisierte Leistungen". Wenn ihre Fachkräfte helfen, „dann geht es um die Vermittlung von Zugang zu solchen und anderen spezifischen Leistungen: Es geht um die Verschaffung oder Aufrechterhaltung von Zugang zu Geld, Recht, Gesundheit oder Erziehung (...). Die Soziale Arbeit hilft beim Zugang zu der spezifischen Hilfe, die die klassischen Professionen anbieten" (ebd. 62).

aus dem Bildungssystem herausfallen und auch der Arbeitsmarkt verschlossen bleibt, wachsen politisches Ohnmachtsgefühl, Wahlenthaltung und Extremismus wie Fundamentalismus. Ihre Interessen werden im politischen System nicht oder nicht angemessen berücksichtigt, ihre Problemlagen nicht kommuniziert. Auf die im politischen System produzierten Entscheidungen aber sind Klienten der Sozialen Arbeit aufgrund ihrer durch Exklusion verursachten Verletzlichkeit besonders angewiesen. Sie bedürfen der sozialpolitisch bereitgestellten Ressourcen in besonderem Maße. Damit befinden sie sich in einer paradoxen Situation. Einerseits zerstört Exklusion auch die Politikfähigkeit der Betroffenen. Ihre Interessen sind schlecht organisationsfähig. Es fehlt an Motivation und Ressourcen zur Interessenartikulation und Durchsetzung. Gleichzeitig gilt: Je mehr eine Gruppe von Menschen von Ausschluss bedroht oder betroffen ist, desto mehr ist sie auf Politik angewiesen. Ihre bürgerliche Existenz ist nur mit Hilfe der Politik des Wohlfahrtsstaates aufrechtzuerhalten.

Wenn Soziale Arbeit also den Auftrag hat, die Inklusion als Bürger sicherzustellen, dann muss sie sich auch um die Inklusion ihrer Klienten in das politische System kümmern. Ihr muss es darum gehen, dass die Interessen ihrer Klienten im politischen Prozess eine Rolle spielen. Sie bietet „Politik als Hilfe". Dabei gilt es die „instrumentelle" wie die „expressive" Funktion von Politik zu berücksichtigen. „Politik als Hilfe" muss einerseits dazu beitragen, die Inklusionschancen in Bezug auf andere Funktionssysteme zu erhöhen. Politische Entscheidungen sind so zu beeinflussen, dass die soziale Infrastruktur verbessert, der Zugang zu Arbeitsmarkt, Bildung usw. erleichtert wird (instrumentelle Funktion). Andererseits muss die Soziale Arbeit den Klienten als politischen Bürger achten. Klientinnen müssen befähigt werden ihre Interessen zu vertreten und durchzusetzen. Beteiligungsprozesse sind zu organisieren und zu institutionalisieren. Klientinnen sind politisch zu bilden. In diesem umfassenden Sinne ist Soziale Arbeit „Bürgerhilfe". Es geht dann darum durch politische Einmischung die Bedingungen liberaler und sozialer Bürgerschaft aufrecht zu erhalten bzw. zu verbessern und die dabei notwendige Unterstützung so zu gewähren, dass das Recht auf politische Bürgerschaft mit ihrem Anspruch auf Selbstregierung geachtet und gefördert wird. Eingebettet in den allgemeinen, unspezifischen Hilfeauftrag Sozialer Arbeit muss deshalb auch „Politik als Hilfe" am Grundsatz der „Hilfe zur Selbsthilfe" orientiert sein. KlientInnen müssen ermächtigt werden, ihre eigenen politischen Interessen zu vertreten und Soziale Arbeit muss, dort wo dies notwendig und angemessen ist, Stellvertreterpolitik betreiben. Eine solchermaßen orientierte Soziale Arbeit zielt nicht auf Systemveränderung. Aber ihr geht es um die volle Verwirklichung der Menschen- und Bürgerrechte (vgl. einführend Rieger 2005a). Sie steht auf dem Boden der Verfassung und hat dennoch genügend Spielraum für Gesellschaftskritik. Als „Bürgerprofession" wirkt Soziale Arbeit, indem sie sich politisch einmischt, ebenso systemgestaltend wie systemerhaltend.

Der hier in Anlehnung an Niklas Luhmann entfaltete politische Auftrag, lässt sich freilich auch anders herleiten. Gesellschaftliche Funktionen Sozialer Arbeit werden gerade bezogen auf In- und Exklusionen etwa nach Michel Foucault, Martha C. Nussbaum, Amartya Sen, Pierre Bourdieu oder weiteren Theoretikerinnen und Theoretikern anders zu bestimmen sein (s. hierzu Balz / Benz / Kuhlmann 2012). Deutlich geworden sein aber sollte hier bereits mit Luhmann, dass Gegnern und Skeptikerinnen nicht nur empirische, sondern auch gewichtige theoretische Argumente zugunsten eines politischen Auftrags Sozialer Arbeit entgegengehalten werden können.

1.4   Dimensionen von Sozialarbeitspolitik / politischer Sozialer Arbeit / Politik Sozialer Arbeit

Die Wissenschaft Sozialer Arbeit braucht Politikwissenschaft. Als eigenständige Disziplin findet erstere ihr Bezugsproblem in der „Analyse und Reflexion von Gesellschaft und damit verbundener (psycho-)sozialer Probleme hinsichtlich ihrer Entstehung, Vermeidung, Behebung und ihrer professionellen Bearbeitung" (Erath 2006: 25). Als Handlungswissenschaft bezieht sie transdiziplinär andere Wissenschaften so auch die Politikwissenschaft (vgl. ebd. 31/32; 219 ff.) zur Bearbeitung der eigenen Fragestellung ein. Die Politikwissenschaft muss aber für die Soziale Arbeit erst fruchtbar gemacht werden. Ihre Fragestellungen, Forschungsmethoden und Erkenntnisse müssen sozialarbeitswissenschaftlich und sozialpädagogisch ausgerichtet, geordnet und integriert werden. Dabei gibt das Bezugsproblem Sozialer Arbeit die Blickrichtung vor. Es grenzt Fragestellungen und Reichweite einer Teildisziplin „Sozialarbeitspolitik" ab. Aus dieser Perspektive gilt es festzustellen, welche Inhalte (Policy) sozialarbeitspolitisch relevant sind, wie diese Inhalte im Rahmen politischer Institutionen (Polity) und über politischen Prozesse (Politics) zustande kommen und wie sie gegebenenfalls durch die Praxen Sozialer Arbeit zu beeinflussen sind (Strategien und Methoden politischer Sozialer Arbeit).

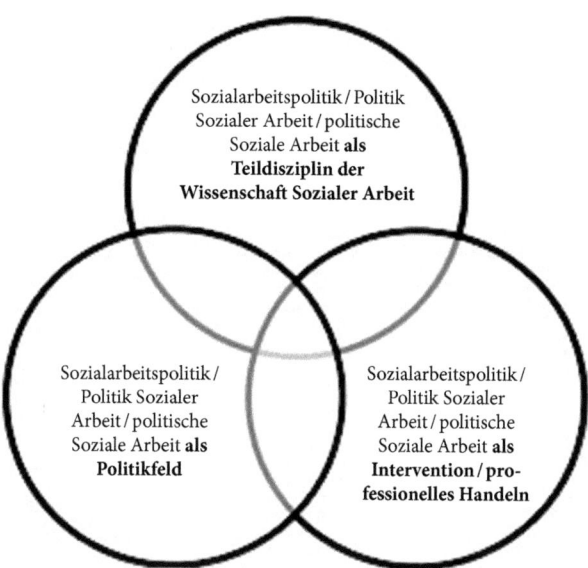

Abb. 4   Dimensionen von Sozialarbeitspolitik / politischer Sozialer Arbeit / Politik
Sozialer Arbeit
Quelle: eigene Darstellung

Sozialarbeitspolitik als Teildisziplin der Wissenschaft Soziale Arbeit muss zunächst
also ein Politikfeld Sozialarbeitspolitik definieren. Die Abgrenzung eines Politikfeldes gelingt über seinen spezifischen Inhalt. Nun sind die Gegenstände der Sozialen
Arbeit äußerst heterogen. Sie reichen von offenen sozialpädagogischen Angeboten
über unterschiedliche sozialarbeiterische Hilfen bis zu hoheitlichen Interventionen,
betreffen Gewalt, Schulden, Einkommens-, Wohnungs- und Drogenproblematiken
ebenso wie Integrationsproblematiken in den Bereichen Behinderung oder Migration
und sind mit der Bewältigung unterschiedlichster Entwicklungsaufgaben zwischen
Kindheit und Alter befasst. Das Gemeinsame sind – ganz allgemein gesprochen –
jene Politikinhalte (policies), die sich mit der Organisation Sozialer Arbeit und den
Lebenslagen der betroffenen Klientel beschäftigen. Eine systematische Abgrenzung
bieten Popple und Leighninger wenn sie definieren: „*Social welfare policy* concerns
those interrelated, but not necessarily logically consistent, principles, guidelines,
and procedures designed to deal with the problem of dependency in our society"
(*Popple / Leighninger* 1998: 33). Dabei weist das Politikfeld Sozialarbeitspolitik
Überschneidungen mit einer Vielzahl anderer Politikfelder auf (Sozialpolitik, Bil-

dungspolitik, Einwanderungs- und Staatsbürgerschaftspolitik, Kriminalpolitik usw.) und gliedert sich in inhaltlich auszuweisende Subpolitikfelder (Altenhilfepolitik, Drogen(hilfe)politik, Fremdplatzierungspolitik, Jugendhilfepolitik, Resozialisierungspolitik, Wohnungslosen(hilfe)politik usw.; s. hierzu Benz / Rieger / Schönig / Többe-Schukalla 2014). Regelungsmechanismen (z. b. distributiv, redistributiv, regulativ, selbstregulativ), Akteure (Soziale Bewegungen, Sozialverbände, Selbsthilfevereinigungen, Einrichtungen usw.; s. ebd.) und Institutionen (von politischen Entscheidungsorganen bis zu den geltenden Policy-Paradigmen) differieren je nach Subpolitikfeld erheblich. Sozialarbeitspolitik ist demnach als Metapolitikfeld zu verstehen, das den gemeinsamen Untersuchungsraum der Teildisziplin Sozialarbeitspolitik absteckt (zu Sozialarbeitspolitik als Politikfeld vgl. Rieger 2013d).

Empirische Untersuchungen werden sich in der Regel auf ein spezifisches Subpolitikfeld richten. Hier interessiert dann zunächst der Inhalt der jeweiligen Politik (Policy). Welche (sozialen) Probleme sollen durch Politik gelöst werden? Welche das sozialarbeiterische/-pädagogische Handeln prägende Regelungen, Gesetze und Programme existieren in einem spezifischen Feld? Welche Ziele werden dabei aus welchen Gründen verfolgt? Welche Folgen haben unterschiedliche Politiken? Welchen Wandlungen unterlagen sie im Laufe der Zeit und welche Reformoptionen werden aktuell diskutiert? Nach der inhaltlichen Dimension eines (Sub-)Politikfeldes interessiert dann natürlich die Frage, wie die jeweiligen Politiken in ihrer Entstehung zu erklären sind. Hier gilt es den politischen Prozess (Politics) und die institutionelle Form (Polity) eines Politikfelds als unabhängige Variable zu analysieren. Welche Akteure sind beteiligt und nehmen Einfluß? Über welche Ressourcen verfügen und welche Interessen verfolgen sie? Welche Institutionen regeln das Zusammenwirken der Akteure und welche Paradigmen prägen das Politikfeld? Darüber hinaus gilt es gegebenenfalls räumliche und zeitliche Strukturierungen zu berücksichtigen. Je nach Forschungsinteresse müssen politische Inhalte, Formen und Prozesse auf unterschiedlichen politischen Ebenen (innerorganisatorische Mikropolitik, kommunale, staatliche (Bund, Länder) oder supranationale Ebene (EU, UN)) oder mit Blick auf die Phasen des „Policy Making" untersucht werden. Dabei tritt einerseits die Bedeutung unterschiedlicher Politikebenen und deren Wechselwirkung wie Abhängigkeit in den Vordergrund und können andererseits politische Prozesse in ihrem Ablauf und den jeweiligen Herausforderungen in unterschiedlichen Stadien verfolgt werden (Policy Cycle).

	Dimension	Erscheinungsform
Policy	Inhalt	Regelungsursachen; Aufgaben und Ziele; Programme und Regelungen; Folgen und Nebenfolgen
Polity	Form	Verfassung; Politiktypen; Steuerungsarten; Normen; Paradigmen; Instututionen; Ebenen
Politics	Prozess	Akteure; Interessen; Konsens und Konflikt; Machtkämpfe

Abb. 5 Dreidimensionaler Politikbegriff
Quelle: eigene Darstellung

Sozialarbeitspolitik als Teildisziplin der Wissenschaft Sozialer Arbeit beschäftigt sich also mit Inhalten, Formen und Prozessen von Politiken (vgl. Abb. 5), die auf die Gestalt und Organisation der Sozialen Arbeit sowie die Lebenslagen der auf sie verwiesenen KlientInnen gerichtet sind. Der sozialarbeitswissenschaftlichen/-pädagogischen Politikanalyse liegt ein dreidimensionaler Politikbegriff zugrunde. Als Teil einer Handlungswissenschaft kann sich Sozialarbeitspolitik aber nicht darauf beschränken zu erforschen, welchen Inhalt Politik in ihrem Feld hat und wie sie zustande kommt, sie muss auch den Versuch unternehmen, wissenschaftliches Wissen zu generieren, das die Handlungsoptionen Sozialer Arbeit erkennt und erweitert. Selbstverständlich geschieht dies indirekt bereits durch die skizzierte mehrdimensionale Politikanalyse. Denn ein Wissen um und Verständnis von politischen Inhalten, Prozessen und Institutionen ist Voraussetzung erfolgreichen politischen Handelns. Politische Soziale Arbeit muss sich aber auch direkt die Methodik politischen Handelns zum Gegenstand machen (vgl. Rieger 2014). Hier geht es um das professionelle Handeln einer politischen Sozialen Arbeit (vgl. Güntner / Langer 2014).

Methodisch lässt sich das politische Handeln Sozialer Arbeit in vier Dimensionen auffächern: (1) Politikimplementation, (2) Politikberatung, (3) Interessenvertretung und (4) Politische Bildung.

Abb. 6   Politisches Handeln Sozialer Arbeit
Quelle: eigene Darstellung

1. Soziale Arbeit handelt politisch und gestaltet Politik zunächst und bevorzugt in der Phase der Politikimplementation. Soziale Arbeit ist insofern „angewandte Sozialpolitik" (Lorenz 2006: 261), als sie sich in ihrem professionellen Handeln stets in einem politisch gestalteten Umfeld bewegt. Ihr obliegt es, allgemeine (sozial)politische Vorgaben in Form von Gesetzen und Programmen für die individuelle Hilfe in komplexen Problemlagen anzupassen und anzuwenden. Indem sie dies tut, handelt sie, bewusst oder unbewusst, politisch. Sie trägt dazu bei, den status quo gesellschaftlicher Verhältnisse und Interessenlagen zu stabilisieren oder arbeitet an der Veränderung der Rahmenbedingungen ihres Handelns. Unvermeidlich werden bereits im „Mikrobereich persönlichen ‚Helfens' sozialpolitische Grundfragen (…) verhandelt" (ebd. 263). Denn es „macht einen fundamentalen Unterschied, ob Sozialarbeiterinnen bei einer Familie an die Tür klopfen und einen Staat repräsentieren, der im Interesse der Gleichheit und Gerechtigkeit allen Bürgerinnen und Bürgern ein bedingungsloses Recht auf Hilfe einräumt, um ungleiche Lebenschancen zu überwinden, oder einen Staat, der Individuen in Notlagen grundsätzlich mit Argwohn betrachtet und zuerst überprüfen will, ob sie auch genügend zu ihrer eigenen Vorsorge getan haben oder jetzt zu tun bereit sind" (ebd. 268). In dieser Konstellation kann Soziale Arbeit nicht nicht-politisch handeln. Sie handelt politisch dort, wo sie die sozialpolitischen Vorgaben ohne Bewusstsein ihrer sozialpolitischen Implikationen umsetzt, wie auch dort, wo sie ihren erheblichen Gestaltungsspielraum vor Ort in die ein oder andere Richtung nutzt. Der erste Schritt politischer Professionalität besteht deshalb in der Reflexion der gegebenen sozialpolitischen Handlungsbedingungen (Interpretationsaufgabe) und der Bildung eines entsprechenden politischen Bewusstseins. Erst wenn diese Interpretationsaufgabe erfüllt, diese

Aufklärungsarbeit geleistet ist, wird es möglich Handlungsspielräume zu nutzen und individuelle Hilfe und Organisationsgestaltung auch politisch professionell zu tätigen. Bewusste Politikimplementation ist die Basis weitergehenden politischen Handelns.

2. Soziale Arbeit vertritt Interessen. Soziallobbying (vgl. Rieger 2013b) meint jeden Versuch der Einflussnahme auf politische Entscheidungsträger auf unterschiedlichsten Politikebenen (Kommune, Staat, supranationale Vereinigungen), um eigene wie advokatorisch vertretene Interessen einzubringen und durchzusetzen. Monitoring, politische Netzwerk- und Öffentlichkeitsarbeit sind wesentliche Elemente eines systematischen Lobbying. Grundsätzlich ist Lobbying als Tauschgeschäft angelegt. Vereinfacht gesprochen, die Politik benötigt Informationen, Rat und Rückhalt (Legitimation) und bietet dafür Einfluss. Die Soziale Arbeit bietet – neben ihrer Bedeutung in der Ausführung von Politik – in dieser Tauschbeziehung vor allem Politikberatung. Interessenvertretung findet aber auch im politischen / gesetzlichen Auftrag dort statt, wo Soziale Arbeit Sitz und Stimme in Gremien (z. B. im Jugendhilfeausschuss) hat (zu Gremienarbeit vgl. Rieger 2013a).

3. Soziale Arbeit berät Politik. Politikberatung dient der Information, Aufklärung oder Irritation der Politik (ihrer Akteure wie Institutionen). Es geht darum, die Politik orientiert an wissenschaftlichen Standards und inspiriert durch den privilegierten Zugang zum Feld hinsichtlich Entstehungs- und Reproduktionsbedingungen sozialer Probleme sowie möglicher Interventionsansätze aufzuklären. Professionelle Politikberatung ist wissenschaftlich abgesichert, kommuniziert verständlich und knapp und reflektiert die Durchsetzungsbedingungen möglicher Lösungsansätze (vgl. Rieger 2011 und 2013c).

4. Soziale Arbeit aktiviert und bildet politisch (vgl. Többe-Schukalla 2013). Soziale Arbeit darf sich nicht mit der (fach)politischen Aufgeklärtheit ihrer Interventionen, advokatorischer Interessenvertretung und fachlicher Beratung begnügen. Gerechtfertigt als Hilfeleistung (Politik als Hilfe) für Personen und ihre Interessen, die im politischen System nicht oder nicht ausreichend wahrgenommen werden, sind Empowerment und politische Bildung wesentliche Elemente einer politischen Sozialen Arbeit. Sie muss ihr politisches Handeln grundsätzlich unter den Vorbehalt der Befähigung ihrer Klientel zu politischem Bewusstsein und Selbstorganisation wie Selbstvertretung (Self-Advocacy) und Mitbestimmung stellen. Es gilt Klienten bei der eigenständigen und selbstverantwortlichen Teilnahme an politischen Prozessen zu unterstützen. Dazu gehören pädagogische Maßnahmen zur Förderung demokratischer Einstellungen ebenso wie die Befähigung zur Artikulation der eigenen Interessen sowie die Beratung und Unterstützung bei der Organisation und Durchsetzung ihrer „schwachen

Interessen" (z. B. Beschaffung notwendiger Ressourcen (Versammlungsräume, Netzzugang usw.).

Damit wäre Sozialarbeitspolitik als Lehr- und Forschungsfeld grob umrissen, noch ausstehend aber etwa die Frage bzw. Differenzierung, zu welchem Ende (beschreiben, erklären, verstehen, verändern; s. hierzu Schneider 2009a: 48) und wie (konkret) politikwissenschatlich geschult Politik in der Sozialen Arbeit analysiert werden soll/kann. Hinweise dazu sollen die folgenden Kapitel geben.

Politikwissenschaft für die Soziale Arbeit

2

2.1 Wozu Politikwissenschaft für die Soziale Arbeit?

Soziale Arbeit ist (als Praxis) fallorientiert. Sie findet Anlass für Interventionen in den konkreten Herausforderungen und Notlagen von Individuen, Familien und Gruppen. „Soziale Arbeit als Beruf" (Heiner 2007) hat diese Interventionen professionell zu gestalten. Als Profession muss ihr Handeln systematisch geplant, wissenschaftlich basiert und ethisch orientiert sein. Soziale Arbeit (als Wissenschaft/Disziplin) soll hierfür über Forschung und Lehre notwendiges (wenn auch nicht hinreichendes) Wissen zur Verfügung stellen. Dazu gehört auch politisches Wissen. Denn einerseits ist – wie gesagt – sozialarbeiterisches/sozialpädagogisches Handeln wiewohl fallorientiert von politischen Rahmenbedingungen und Entscheidungen abhängig und andererseits versucht Soziale Arbeit ihrerseits, um der Fälle willen, Politik zu beeinflussen, damit sich Hilfe- und Lebensbedingungen für ihre Klientel verbessern. Sie leistet „[f]allbezogene und fallübergreifende Arbeit mit dem Klientensystem und mit dem Leistungssystem" (ebd. 121 ff.). Insofern aber politisches zu ihrem Auftrag zählt (vgl. Gliederungspunkt 1.3) muss ihr politisches Handeln den Kriterien/Standards professionellen Handelns genügen. Sie muss Umfeld, Bedingungen und Zusammenhänge dieses Handelns verstehen, muss Handlungsbedingungen und Konsequenzen kritisch reflektieren (können), muss Methoden wirksamer Intervention kennen und muss auch in diesem Feld entwicklungs- wie lernfähig sein. Kurz: Sie braucht politikwissenschaftliches Gegenstands- und Methodenwissen. Als Wissenschaft Sozialer Arbeit muss sie die Fähigkeit zur (empirischen, normativen wie kritisch-reflexiven) Politikanalyse ausbilden, in der Lehre vermitteln und der Praxis zur Verfügung stellen.

Bezogen auf die zentralen Funktionen politischer Sozialer Arbeit (Politikimplementation, politische Bildung und Aktivierung; politische Interessenvertretung und Politikberatung (vgl. Gliederungspunkt 1.4) geht es dabei zunächst im methodischen Sinne stets um die (Auf-)Klärung der je eigenen Handlungssituation, um politisches Bewusstsein zu schaffen, Handlungsrestriktionen wie Chancen zu erkennen und (Handlungs-)Konsequnezen abzuschätzen. Verstehen allein genügt indes nicht. Als praxisorientiert muss Soziale Arbeit über gesichertes Interventions- bzw. Methodenwissen (zu politischer Bildung, politischem Empowerment, Interessenvertretung, Politikberatung, Sozialplanung usw.) verfügen, um im Sinne ihres professionellen Auftrags für erforderlich gehaltene Veränderungen gestalten zu können. Schließlich sollte sie mit Blick auf ihre professionelle Weiterentwicklung in der Lage sein, die Qualität ihrer (politischen) Interventionen zu evaluieren. Die Fähigkeit zu entsprechender Politikanalyse sind deshalb für die Profession Sozialer Arbeit in Ausbildung, Praxis und Wissenschaft (Disziplin) unverzichtbar.

Politikanalyse meint ganz allgemein jede gedankliche Auseinandersetzung mit politischen Themen, Institutionen und Prozessen. Professionelle Politikanalyse in der Sozialen Arbeit meint die systematische, wissenschaftsbasierte Untersuchung politischer Sachverhalte (in der Polity-, Policy- und Politics-Dimension) (Prittwitz 2007: 1-28). Umfang, Systematik und Tiefenschärfe der jeweils erforderlichen Politikanalyse variieren allerdings erheblich. Grundsätzlich muss jede BürgerIn, sofern sie politisch partizipieren will, in einem gewissen Umfang Politikanalyse betreiben. Sie muss politische Themen wahrnehmen, sich informieren und sie persönlich vor dem Hintergrund je eigener politischer Sozialisation wie biographischer Erfahrung oder in der Auseinandersetzung mit anderen bewerten. Allerdings wird man dafür in der Regel nur einen geringen Teil seiner Zeit aufwenden und kaum die eignen Werturteile und Interessen systematisch hinterfragen. Von Sozialarbeiterinnen und Sozialpädagogen wird man dagegen im Grundsatz eine ausgeprägtere (professionelle) Fähigkeit zur Politikanalyse erwarten. Aber Soziale Arbeit ist wie andere Professionen arbeitsteilig organisiert und spezialisiert. Deshalb benötigt nicht jede Fachkraft Sozialer Arbeit in jeder Position die selben Fähigkeiten zur Politikanalyse. Der Umfang politischer Aufgaben und Tätigkeiten variiert stark je nachdem, ob die Fachkraft ihren Arbeitsschwerpunkt in der Einzelhilfe, Gruppenarbeit oder der Gemeinwesenarbeit hat, ob sie Soziale Arbeit in der konkreten Arbeit mit Klienten oder in Leitungsfunktionen gestaltet oder gar spezialisierte sozialplanerische, politikberatende Aufgaben erfüllt, ob sie die Position einer Referentin in einem Wohlfahrtsverband einnimmt oder in politische Gremien (Jugendhilfeausschuss, Arbeitskreise usw.) entsandt oder gewählt ist. Schließlich sind dort, wo Soziale Arbeit zu politischer Bildung aufgefordert ist, darüber hinaus spezifische politik-didaktische sowie Empowerment-Kompetenzen gefragt.

Abbildung 7 gibt einen Überblick unterschiedlicher Zugänge zur Politikanalyse in der Sozialen Arbeit. Politikanalyse als wissenschaftliche Forschung wird wesentlich an Hochschulen betrieben. Sie muss den allgemeinen wissenschaftlichen Standards genügen, streng methodenorientiert und theoriebasiert arbeiten. Ihr Ziel ist Theoriebildung und Hypothesenprüfung, um (Sozialarbeits-)Politik in ihren unterschiedlichen Dimensionen und Ebenen besser zu verstehen bzw. erklären zu können. Das Feld der Sozialarbeitspolitik ist bislang wissenschaftlich allerdings kaum beackert. Sowohl die Politikwissenschaft als auch die Wissenschaft Sozialer Arbeit entdecken ihre Problemstellungen und Inhalte, ihre Akteure und Institutionen erst allmählich als Forschungsgegenstand (vgl. Benz u. a. 2013a und 2014). Deutlich entwickelter sind dagegen die Bereiche der wissenschaftlichen Politikberatung[8] und der Sozialplanung (vgl. Maykus / Schone 2010[3]). Wissenschaftliche Politikberatung wird zumeist von an die entsprechenden Fachbereiche Sozialer Arbeit angegliederten Forschungsinstituten der Hochschulen sowie durch hochschulunabhängige Institute Sozialer Arbeit[9] angeboten. Wissenschaftliche Politikberatung bedient sich ebenfalls der Methoden empirischer Sozialforschung und ist auf die wissenschaftlichen Standards der Scientific Community verpflichtet. Mehr als die zuvor skizzierte Grundlagenforschung muss sie aber die Kommunizierbarkeit und Durch- sowie Umsetzungsfähigkeit ihrer Erkenntnisse im Blick haben. Reflektiert und transparent gilt es die im Forschungsprozess (notwendig) vorzunehmenden Wertungen offenzulegen (vgl. Rieger 2011).

---

8 „Politikberatung dient der Information, Aufklärung oder Irritation der Politik (ihrer Akteure wie Institutionen) durch andere gesellschaftliche Akteure (insbesondere des Wissenschaftssystems, der Interessenverbände usw.) mit Blick auf gesellschaftliche Veränderungen und Problemlagen, dem daraus resultierenden politischen Regelungsbedarf sowie mögliche Lösungsansätze und deren Wirkungen wie Nebenwirkungen. Stets geht es darum, politische Akteure und Institutionen mit wissenschaftsgestützten und/oder praxisrelevanten Informationen und Erkenntnissen zu versorgen, über die das politische System nicht oder nur unzureichend verfügt" (Rieger 2011: 1101).

9 Als bekannteste Institute sind zu nennen: das Deutsche Jugendinstitut e. V. (DJI) in München; das Institut für Sozialarbeit und Sozialpädagogik e. V. (ISS) in Frankfurt a. M.; das Institut für Soziale Arbeit e. V. (ISA) in Münster; das Institut des Rauen Hauses für Soziale Praxis gGmbH (isp) in Hamburg; das Institut für soziale und kulturelle Arbeit GmbH (ISKA) in Nürnberg; das Institut für Sozialpädagogische Forschung Mainz e. V. (ism); das Institut für stadtteilbezogene Soziale Arbeit und Beratung (ISSAB) in Essen und das Sozialpädagogische Institut Berlin – Walter May – Gemeinnützige Stiftung (SPI) (vgl. Hansbauer 2002: 938 f.). Die Institute sind sowohl mit Beratung und Entwicklung sozialarbeiterischer und sozialpädagogischer Praxis, mit Weiterbildung als auch mit Politikberatung befasst. Sie finanzieren sich wesentlich über die von (Bundes- und Landes-) Ministerien, Kommunen und freien Trägern erteilten Forschungsaufträge. Ihr „Einfluss (…) auf fachliche Entwicklungen und ihre Bedeutung als Motor von Praxisentwicklung wird (…) verständlich vor dem Hintergrund ihrer (sozialen) Nähe zu den politisch-administrativen ‚Machtzentren' auf Landes- und Bundesebene (ggf. auch kommunaler Ebene) und der Bereitschaft der Institute, ihr Wissen zur Bearbeitung von Problemstellungen in Politik und Verwaltung einzubringen" (ebd. 943).

Sozialplanung ist ein inzwischen hoch spezialisierter Bereich. In der Sozialplanung geht es um die Gestaltung der sozialen Infrastruktur (zumeist) auf kommunaler Ebene. Zielgruppenspezifische oder problembezogene Planungen, wie Jugend- hilfeplanung, Altenhilfeplanung, Behindertenhilfeplanung (Inklusionsplanung), Kindertagesstättenbedarfsplanung sind hier beispielhaft zu nennen. Mit Hilfe der Methoden empirischer Sozialforschung gilt es den in einem bestimmten sozial- räumlich abgrenzbaren Gebiet vorhandenen Bestand an Versorgungsstrukturen ebenso zu erheben wie die mögliche Bedarfe für den Plaungszeitraum zu unter- suchen und bezogen auf Einrichtungen und Maßnahmen zu einem Gesamtplan zusammenzufügen. Als Planungsverfahren beruht Sozialplanung nur zum Teil auf empirischer Sozialforschung. Mit der Notwendigkeit begrenzte Ressourcen für die Verwirklichung im Planungsverlauf erst zu definierender Zielvorstellungen einzusetzen, muss Sozialplanung als politischer Prozess (vgl. Bolay / Herrmann 1995) verstanden werden. SozialplanerInnen müssen also nicht nur sozialwissen- schaftlich qualifiziert, sondern ebenso in der Lage sein, ihre Erhebungen kritisch zu reflektieren und politisch einzuordnen sowie die diskursive Verarbeitung der empirischen Erhebungen und Analysen in formellen (z. B. Kreistag, Gemeinderat, Jugendhilfeausschuss usw.) wie informellen Gremien zu moderieren und Betroffe- nenbeteiligung (z. B. in Stadtteilkonferenzen, Stadtteilforen, Zukunftswerkstätten usw.) zu organisieren. Politikanalyse in den Bereichen Grundlagenforschung, wissenschaftliche Politikberatung und Sozialplanung produzieren insofern eigene Forschungsergebnisse.

Leiterinnen von Einrichtungen und Referenten der Verbände werden dage- gen kaum eigene Forschung betreiben. Vielmehr nutzen sie für die von ihnen zu erfüllenden politischen Aufgaben der Strategiebildung, Öffentlichkeitsarbeit, Interessenvertretung und (lobbyistischen) Politikberatung die über Fachliteratur und andere Medien zugänglichen Forschungsergebnisse (s. o.)[10]. Sie müssen aber fähig sein, sich diese Forschungsergebnisse anzueignen, die jeweilige politische Lage (ihrer Organisation, in einem spezifischen Politikfeld usw.) zu analysieren und daraus (mit anderen) politische Strategien zu entwickeln und umzusetzen. Dasselbe gilt im Prinzip für die Sozialarbeiterin in der „Praktische(n) Sozialarbeit" (Germain / Gitterman 1999[3]). Sie muss die politischen Zusammenhänge ihrer Arbeit verstehen können und gegebenenfalls in der Lage sein, ihr Handeln darauf auszurichten. Dies mag sich in einigen Tätigkeitsbereichen darauf beschränken überhaupt ein politisches Bewusstsein für die politische Bedingtheit und die

---

10 Eigene Daten werden aber im Rahmen von Qualitäts- und Sozialberichterstattung, in Jahres- oder Projektberichten und im Rahmen der Selbstevaluation (König 2007[2]) erhoben.

politischen Konsequenzen des eigenen professionellen Tuns zu haben, während in anderen Bereichen (beispielsweise der Gemeinwesenarbeit; vgl. Heiner 1994) weiterreichende Fähigkeiten zur Politikanalyse – wie sie in diesem Band zu vermitteln versucht werden – erforderlich sind.

Schließlich sind Sozialarbeiterinnen und Sozialpädagogen immer auch BürgerInnen. Sie halten sich mit Hilfe der frei zugänglichen Medien über das politische Geschehen auf dem Laufenden, verarbeiten das Erlebte, Gelesene, Gehörte oder Gesehene vor dem Hintergrund eigener Wertvorstellungen und Erfahrungen und tauschen sich darüber in ihrem persönlichen und fachlichen Umfeld aus. So können (sollten) sie informierte BürgerInnen sein. Als solche haben sie Interessen, die sich nicht unmittelbar mit den Interessen der von ihnen unterstützten Klientel decken (müssen; s. hierzu Benz 2013a). Die damit verbundenen Konflikte und Widersprüche zu erkennen, bedarf wiederum der professionellen Fähigkeit zur Politikanalyse.

Als Profession (Ausbildung, Praxis und Disziplin) braucht Soziale Arbeit mithin a) das durch die Politikwissenschaft bereits generierte Wissen (das aber gerade im Bereich der Sozialarbeitspolitik weiterhin defizitär ist) ebenso wie b) das Analyseinstrumentarium, die Methodologie der Politikwissenschaft um eigenes (sozialarbeits-)politikwissenschaftliches Wissen zu generieren. Deutlich dürfte aber auch geworden sein, dass nicht jedeR SozialarbeiterIn über die gleich umfänglichen Fähigkeiten zur Politikanalyse und die entsprechende Beherrschung des politikwissenschaftlichen Instrumentariums verfügen muss. Auch wird eine Fachkraft im Allgemeinen Sozialen Dienst nicht mit gleicher Intensität wie die wissenschaftliche Referentin eines Fachverbandes befragt werden, auf welche Art wissenschaftlichen Wissens sie zu welchem Ende mehr oder weniger zurückgreift (s. dazu den folgenden Gliederungspunkt). Hier gilt es u. a. in Rahmenrichtlinien und Curricula zwischen Bachelor-, Master- und Doktoratsniveau zu unterscheiden.

Zugang/ Ansatz	Durchführung	Zweck	Adressaten (primär)	Methoden
Grundlagen-forschung und (wissenschaft-liche) Politik-feldanalyse	Sozialwissenschaft-ler (Politikwissen-schaft, Soziologie, Soziale Arbeit usw.)	Theoriebildung und Überprüfung von Hypothesen, um Politik besser be-schreiben, erklären, verstehen oder ver-ändern zu können/ Erkenntnisfortschritt	Scientific Community	theoriegeleitete Anwendung der Methoden empi-rischer Sozialfor-schung; politikphilo-sophische Analyse/ Reflexion
Wissenschaft-liche Politik-beratung	Sozialwissenschaft-ler (Soziale Arbeit, Politikwissenschaft, Soziologie, Ökono-mie usw.); Politik-beratungsinsti-tutionen	Bewertung geplanter oder tatsächlicher politischer Interven-tionen, Programm-evaluation und Programmentwick-lung	EntscheiderIn-nen in Politik und Verwal-tung	Methoden empi-rischer Sozial-forschung; Planungs-methoden
Sozialplanung[11]	SozialplanerInnen mit entsprechender sozialwissenschaft-licher Qualifikation und Praxiserfah-rung	Bestands- und Bedarfsanalyse mit Blick auf spezifische sozialpolitische Herausforderungen (Jugendhilfe, Alten-hilfe usw.) und ihre politische Gestaltung	Fachöffentlich-keit	Literatur und Daten-recherche, Methoden empirischer Sozial-forschung; Umfra-gen; Planungsmetho-den (Planungszellen, Zukunftswerkstatt, Open Space usw.)
Entwicklung politischer Stra-tegien, Inter-ventionen, Programme und Initiativen (Politikmanage-ment, Verände-rungsmanage-ment; Wendt 2010)	Praktiker der Sozialen Arbeit insbesondere in Leitungsfunktionen und Referenten-positionen (Sozialarbeiterin-nen, Sozialpädago-ginnen, Betriebs-wirte, Juristen usw.)	Klärung der (poli-tischen) Ziele und Aufgaben eines Ver-bandes oder einer Einrichtung; Steige-rung der Politik-fähigkeit mit Blick auf Interessenver-tretung und Politik-beratung	Organisations-mitglieder, Netzwerk-akteure, politi-sche Entschei-derInnen	Rezeption und Aus-wertung relevanter Medien (Zeitungen, Funk- und Fernse-hen, Internet); Fachdiskussion (Bücher, Fachzeit-schriften, Foren, Tagungen usw.); Statistiken; Evaluationsstudien; Planungs- und Management-methoden; Media-tion; Gremienarbeit; Öffentlichkeitsarbeit
Politikanalyse der Praktiker[12]	SozialarbeiterIn-nen/Sozialpädago-gInnen	Verstehen der poli-tischen Zusammen-hänge des eigenen sozialarbeiterischen Handelns; Entdecken und Entwickeln des eigenen Handlungs-spielraums	die Fachkräfte selbst sowie ihre Kolle-gInnen, und Klientinnen/ Ansprechpart-nerinnen des Arbeitsfeldes	Fachdiskussion und Rezeption entspre-chender Bücher, Fachzeitschriften, Dokumente usw.

| Politikanalyse als Staatsbürger- bildung[13] | potentiell jedeR BürgerIn | politische Themen, Positionen und Interessen klären, um als BürgerIn in einer Demokratie zu partizipieren | Die (infor- mierten) BürgerInnen selbst sowie die Öffentlich- keit | Diskussion und Medienrezeption (Zeitungen, Funk, Fernsehen, Internet, Bücher usw.) |

Abb. 7   Zugänge zur Politikanalyse[14]

Quelle: eigene Darstellung, orientiert an Popple / Leiphniger 2011[5]: 35

2.2   Welche Politikwissenschaft: empirische, normative, dialektische?

Taucht man nun zu Zwecken der eigenen politischen Professionalisierung ein in den Diskurs in der und über die Wissenschaft Sozialer Arbeit, so begegnet man – wie oben bereits ansatzweise deutlich wurde – schnell dem Ringen um eine (Singular!) zutreffende Gegenstandsdefinition (etwa: soziale Probleme), Funktionsbestimmung (etwa: Inklusionsvermittlung, Exklusionsvermeidung und -verwaltung), Metatheorie (etwa: prozedural-systemisch) und – seltener explizit und stringent – Wissenschafts- auffassung (etwa: empirisch-analytisch). Das gleiche erwartet einen bei Einblicken in politikwissenschaftliche Diskurse: nur bei (originären) Forschungsmethoden

---

11   Die ersten drei, stark forschungsorientierten Zugänge sind nach wie vor von Sozial- wissenschaftlerInnen ohne grundständiges Studium der Sozialen Arbeit dominiert. Hier gilt es aus berufspolitischen wie fachlichen Gründen mit entsprechend qualifizierten SozialarbeiterInnen/SozialpädagogInnen auf Master- und Doktoratsniveau aufzuholen.

12   Spezifische Fähigkeiten zur Politikanalyse und entsprechende Kenntnisse zur politischen Bildung müssen natürlich dort gegeben sein, wo politische Bildung zum Arbeitsauftrag der Fachkräfte Sozialer Arbeit zählt.

13   Diese Ebene der (Bürger-)Politikanalyse wird einerseits deshalb mit aufgeführt, weil sie verdeutlicht, dass jedeR BürgerIn Politikanalyse betreibt, betreiben soll und auch betreiben kann, und andererseits damit der Hinweis verbunden ist, dass jedeR Sozialar- beiterIn immer auch BürgerIn ist und als solcheR eigene, womöglich von den fachlichen zu unterscheidende Interessen hat, die es reflektierend im Blick zu behalten gilt.

14   Der Begriff der Politikanalyse ist vom Begriff der Politikfeldanalyse zu unterscheiden. Während es sich bei der Politikfeldanalyse um einen spezifischen methodischen Ansatz der Politikwissenschaft handelt, wird hier mit Politikanalyse jeder mehr oder weniger systematische Versuch bezeichnet, Politik zu untersuchen, zu interpretieren und zu verstehen.

dürfen und sollen es mehr als eine sein. Bei Gegenstand, Funktion und Wissenschaftsorientierung mögen aber Positionen bitte eindeutig geklärt sein.

Dabei sind aber „Kontroversen um Gegenstandsbereich und konstitutive Fragestellungen (...) nicht Hindernis, sondern Kennzeichen einer wissenschaftlichen Disziplin" (Maier 1996: 138). Es ist notwendig, um adäquate Wissenschaftsauffassungen zu ringen. Ob dieses Ringen aber bis zur wechselseitig erklärten Exkommunikation aus dem Olymp der Wissenschaft gehen muss, darf bezweifelt werden, zumal über Anerkennung und Nichtanerkennung einer Position in der Wissenschaft nicht einzelne Autorinnen und Autoren oder Tribunale, sondern allein die wissenschaftliche Gemeinschaft als Ganzes durch Rezeption entscheidet, mit Chancen, hier zumindest von einer relevanten Minderheit Anerkennung zu erfahren. „Die Wissenschaft ist eine Schöpfung des Menschen und deshalb steht nicht ein für allemal von Natur aus fest, durch welche Merkmale sie gekennzeichnet ist, welche Aufgaben sie hat und welche Methoden angewendet werden sollen. Das alles muß vielmehr festgesetzt werden und es läßt sich von keiner Festsetzung beweisen, daß sie die einzig zulässige ist. Es handelt sich hier um Entscheidungen, für die man zwar Gründe angeben kann, die aber beim Vorliegen anderer Interessen auch anders ausfallen können." (Rössner 1973: 20) Wir müssen bzw. dürfen also mit einer Pluralität an Wissenschaftsverständnissen in der Politikwissenschaft und Wissenschaft Sozialer Arbeit leben.

Auch wenn die Repräsentativität der folgenden Umfrage (s. Abb. 8) unter Angehörigen der beiden wissenschaftlichen Gesellschaften der Politikwissenschaft in Deutschland („Deutsche Vereinigung für Politische Wissenschaft" – DVPW – und „Deutsche Gesellschaft für Politikwissenschaft" – DGfP) angesichts einer Rückmeldung von nur 135 der 1.568 Befragten (Falter / Knodt 2007: 147 f.) zweifelhaft ist, so vermittelt sie doch ein erstes Bild von dieser Pluralität der Wissenschaftsorientierungen in diesem Feld.

Auffällig ist, dass nach dieser Untersuchung (anders als in der Sozialen Arbeit, in der zumindest im deutschsprachigen Raum normativ-hermeneutisch und kritisch-dialektisch orientierte Theorien überwiegen) die als empirisch-analytisch beschriebene Wissenschaftsorientierung in der Politikwissenschaft überwiegt und ihre Dominanz in letzter Zeit noch steigern konnte. Umgekehrt kann bei einem Viertel anders orientierter WissenschaftlerInnen nicht von einem disziplinären Konsens oder einer Hegemonie gesprochen werden. Schließlich scheint angesichts der geringen Präferenzen für weitere Grundorientierungen oder die explizite Ablehnung einer Zuordnung eine Fokussierung auf diese drei Richtungen weiterhin gerechtfertigt (zu alternativen wissenschaftstheoretischen Systematisierungsversuchen sozialwissenschaftlicher Theorien siehe etwa Steffen Kailitz (2007: XXII), der Theorien auf einer Bandbreite zwischen den Polen ‚absolut wertneutraler Positivis-

	2006 %	1996 %
Empirisch-analytische Richtung	73	64
Kritisch-dialektische Richtung	10	20
Normativ-hermeneutische Richtung	8	15
Andere Grundorientierungen	9	12
Einordnung explizit abgelehnt	3	2
Keine Angaben	2	5
N	135	316
Grundgesamtheit	1.568	1.256

Abb. 8 Wissenschaftliche Grundorientierungen
Quelle: Falter / Knodt 2007: 151

mus' und ‚reiner Normativismus' verortet sieht, oder Ernst Engelke (2004²: 200 ff.), der hermeneutische, phänomenologische, kritisch-rationale, kritisch-theoretische und historisch-materialistische Ansätze unterscheidet, denen er im Anschluss an Paul Feyerabend ein anarchisches Prinzip zur Seite stellt).

Im Folgenden sollen die drei oben benannten Wissenschaftsauffassungen kurz skizziert werden (für eine eindrückliche Darstellung in Form eines Dialogs unter deutschen Politikwissenschaftlern siehe Alemann 1995²: 129 ff.). Wissenschaftsauffassungen widerstreiten in den Sozialwissenschaften (Politikwissenschaft, Soziologie, Wissenschaft Sozialer Arbeit etc.) insgesamt und prägen dabei Positionen und Argumentationsweisen. Dabei sei vorweggeschickt, dass dies nicht heißen soll,

- dass es nur diese drei Richtungen gäbe (siehe oben),
- dass diese Richtungen voneinander abgeschottet sind, vielmehr überlappen sie sich teilweise, auch wenn sie in manchen Punkten klar voneinander zu unterscheiden sind,
- dass es sich hier um Monolithen handelt, sondern vielmehr um Idealtypen, die de facto selten in Reinform vertreten werden und intern sehr ausdifferenziert sein können (Alemann 1995²: 123).

Auch werden viele Versuche scheitern, einzelne Theoriegebäude eindeutig diesen drei Richtungen zuzuordnen. So fragen etwa erkenntnistheoretisch fokussierte und dabei konstruktivistisch orientierte Theorien (siehe hierzu in der Wissenschaft Sozialer Arbeit etwa die Arbeiten von Björn Kraus) nach den Bedingungen (Restriktionen) menschlicher Erkenntnis, betreiben also zunächst Erkenntnis-, nicht

Wissenschaftstheorie. Die Systemtheorie Luhmann'scher Prägung geht weder empirisch-analytisch sozialer Wirklichkeitsfeststellung deduktiv oder induktiv nach, noch akzeptiert sie normative Wertungen. Auch Gesellschaftskritik wird man in ihr kaum finden. Vielmehr sucht sie „nach der Identität in der wirklichen Welt" (Luhmann 1973: 2, zit. nach Merten 2000: 178). Ebenfalls auf einer anderen Ebene angesiedelt sind etwa Politikfeldanalysen. Diese können sowohl mit empirisch-analytischem, normativ-hermeneutischem oder in kritisch-dialektischem Anspruch betrieben werden. Was aber zeichnet diese drei Richtungen nun aus und wo begegnen sie uns exemplarisch in Theorien der Politikwissenschaft und Sozialen Arbeit?

Hierzu drei für beide Wissenschaften relevante Beispiele, zunächst dass einer sozialen (was immer das zunächst heißen möge) Kommunalpolitik. Wenn diese wissenschaftlich thematisiert wird, wonach wird dann jeweils (noch nicht) gefragt?

- Wie sozial ist die Kommunalpolitik dieser Stadt oder verschiedener Städte und was trägt Soziale Arbeit jeweils dazu bei? Lassen sich hier Regelhaftigkeiten erkennen? Wie sehen eine effektive Kommunalpolitik und Soziale Arbeit aus, wenn (!) das Ziel eine (in ihren Kriterien vorab näher zu definierende) soziale Kommunalpolitik ist?
- Wie lässt sich der Anspruch einer sozialen Kommunalpolitik begründen; was spricht für sie im Lichte ihrer Alternativen (unsozialer Kommunalpolitik)? Wie sehen eine gute Kommunalpolitik und Soziale Arbeit in der Praxis aus?
- Von welchen ökonomischen, politischen und sozialen Interessen, Ideologien und Widersprüchen ist das Ziel einer sozialen Kommunalpolitik und ist diese Kommunalpolitik selbst geprägt? Warum und wie entwickeln sich dieses Ziel und diese Politik historisch (nicht), welchen Interessen dienen ihre Durchsetzung und ihre Verhinderung? Wie lassen sich Ziel und Praxis aus Entfaltung hemmender Abhängigkeit lösen (emanzipieren)?

Auch die – zweites Beispiel – Frage nach dem Verhältnis von Politik und Sozialer Arbeit lässt sich entlang der drei Wissenschaftsorientierungen durchaus unterschiedlich stellen. Lautet sie (zugegeben verkürzt):

- Welche *Tatsachen* liegen vor, an deren Analyse ich das Verhältnis erkennen kann? Bei dieser Frage geht es um die Beschreibung der Wirklichkeit, ihrer Gesetzmäßigkeiten, nicht um deren normative Bewertung.
- In welchem Verhältnis *sollten* Politik und Soziale Arbeit stehen? Hier wird also dezidiert wertend danach gefragt, wie in einer ‚guten Ordnung' Politik und

Soziale Arbeit hilfreich für die Erfüllung ihrer Aufgaben aufeinander bezogen sein sollten.

- Aufgrund welcher *Interessen* und damit in Verbindung stehender Bedingungen hat sich das Verhältnis historisch wie herausgebildet, von welchen *Widersprüchen* ist es damit gekennzeichnet? Nach dieser Fragevariante erscheint der Versuch, das Verhältnis von Politik und Sozialer Arbeit zu bestimmen, nicht ohne Thematisierung herrschender Verhältnisse, also allein unter Angabe konkreter Räume und Zeiten und in ihr wirksamer (widerstreitender) sozialer, ökonomischer und politischer Bedingungen (Interessen) einigermaßen Erfolg versprechend.

Als drittes Beispiel soll die Bedeutung von Wertvorstellungen für die und in der Wissenschaft dienen:

- Empirisch-analytisch ist zunächst klar, dass sich die Richtigkeit von Wertvorstellungen (etwa: „Für den Unterhalt von Studierenden *sollen* zunächst deren Eltern zuständig sein." versus „... *soll* der Staat" oder „... *sollen* erfolgreiche Alumni dieser Hochschule zuständig sein.") wissenschaftlich nicht thematisieren lässt, da sie weder zu beweisen noch widerlegbar sind. Sehr wohl seien Wertvorstellungen wichtig, nur lägen sie eben im vorwissenschaftlichen Raum und es gebe solcher Werte viele, die – ausgestattet mit derselben Legitimität – untereinander konkurrieren.
Gefragt werden konnte daher im Beispiel sozialer Kommunalpolitik nur: „Wie sehen eine gute Kommunalpolitik und Soziale Arbeit aus, wenn (!) das Ziel eine soziale Kommunalpolitik ist?" Entscheidend ist hier das die Außerwissenschaftlichkeit anzeigende „wenn". Wissenschaft werde also etwa durchaus in der Intention (mit der Funktion) betrieben, bessere Lösungen für Probleme zu entwickeln, die sich in der Wirklichkeit stellen. Nur sei die Problemdefinition selbst, ebenso wie die Qualifizierung von Lösungen als besser/schlechter, nicht wissenschaftsfähig, sondern liege im vor- oder nachwissenschaftlichen Raum. Was sich empirisch-analytisch etwa mittels demoskopischer Verfahren untersuchen lässt, sind die Verbreitung und dabei inhaltliche Füllung von Wertvorstellungen oder auch deren Qualifizierung durch die Befragten. Der oder die WissenschaftlerIn selbst aber habe in dieser Rolle keine Wertungen abzugeben. Die vor allem von Karl R. Popper (1902-1994) entwickelte wissenschaftstheoretische Konzeption des kritischen Rationalismus etwa geht davon aus, dass es letztlich keine absolut gültige, wissenschaftliche Wahrheit und Gewissheit gibt, sondern dass Wissenschaft lediglich die stete kritische Prüfung und eventuell Verbesserung notwendig partiell bleibender Problemlösungen leisten kann. Indem der kritische Rationalismus nur noch von einer Analyse realisierbarer

Alternativen spricht, reduziert er allerdings auch die Wahrnehmung sozialer
Probleme auf das, was veränderbar ist (Albert 1975: 115, 125). Eine darüber
hinausgehende Zielbestimmung und Bewertung findet nicht statt.

• Diese Exklusion von Wertvorstellungen aus der Wissenschaft und damit das
Postulat einer wertfreien Wissenschaft, ist für die normativ-hermeneutische, wie
die kritisch-dialektische Richtung unhaltbar. Wo etwa Kailitz (2007: XXII) erst
durch „Reinformen eines normativ-ontologischen und eines historisch-dialek-
tischen Ansatzes Elemente des Glaubens in die Wissenschaft herin[ge]tragen"
sieht, weist etwa Albert Mühlum darauf hin, dass Wissen und Glauben sich nicht
als Gegensätze angemessen begreifen lassen (Mühlum 2007b). Auch der sich
ausdrücklich im kritischen Rationalismus verortende Theoretiker der Sozialen
Arbeit, Lutz Rössner (1973: 21), wies darauf hin, dass selbst diese wissenschaftstheoretische Fundierung nicht ohne normative Entscheidungen und damit „ein
irrationales Moment" auskomme, in diesem Fall den Glauben (!) an die Vernunft.
Etwas praktischer: Kein Mensch würde die Entwicklung unsicherer Autos als
technologischen Fortschritt begreifen. Auch wissenschaftlicher Fortschritt
braucht Kriterien, an denen er sich festmachen lässt. Wenn Wissenschaft in
ihrer Erkenntnissuche nicht allein auf die Motivation reduziert werden kann, die
Wirklichkeit, wie sie ist, besser zu verstehen, sondern auch auf (Kriterien – etwa
„Vernunft" – der) Veränderung von Wirklichkeit zielt, sind ihr Wertvorstellungen
nicht äußerlich, sondern inhärent. Wiederum: Kein Mensch gibt ein kaputtes
Auto in eine Werkstatt, um anschließend den Fehler besser zu verstehen oder bei
Rückgabe des Autos das Problem gesteigert vorzufinden oder um Alternativen
angeboten zu bekommen, wie sein Auto durch die Aktivitäten in der Werkstatt
in alle möglichen Richtungen hin verändert werden könnte. Wird hier aber nicht
Theorie (Wissenschaft) mit Praxis (Werkstatt) verwechselt bzw. gleichgesetzt,
mag man empirisch-analytisch orientiert entgegnen?

• Nein, ließe sich widersprechen, indem argumentiert wird, dass sich zwar Theorie
und Praxis in der Tat nicht allein zu doppeln hätten, jedoch die Vorstellung,
Wissenschaft wäre nicht auch stets Welt verändernde (oder Weltveränderung
hindernde) Praxis, geradezu naiv sei. Die Ablehnung des Postulats einer wertfreien
Wissenschaft teilt also auch die kritisch-dialektische Richtung. Allerdings problematisiert sie – wie schon die empirisch-analytische Richtung – die Schwierigkeit,
die mit Wertungen verbunden sind. So stellt sie mit ihrem historisch auf Akteure
und ihre Interessen abstellenden Blick heraus, dass mit normativ-hermeneutisch
herausgearbeiteten Sollens-Vorstellungen noch nichts über deren unterschiedliche Konsequenzen für verschiedene gesellschaftliche Interessenträger ausge-
sagt ist. Erst über diese widerstreitenden Interessenträger aber können sie zur
Verwirklichung kommen. Eine etwa ausschließlich normativ argumentierende

(theoretische) Konstruktion von Sozialstaatlichkeit, Sozialpolitik oder Sozialer Arbeit im Sinne einer evolutionären bzw. revolutionären Umgestaltung bestehender Verhältnisse ist also „politisch legitim, sie verbleibt aber letztlich (…) dem (…) neukantianischen Dilemma verhaftet, ein ethisches Sollen gegenüber dem faktischen Sein zwar formulieren, aber deshalb noch keine sozialen Potentiale zu deren Umsetzung ausweisen zu können. Ihr kann zwar in der sozialen Auseinandersetzung eine Mobilisierungsfunktion zukommen, doch sie muss sich im ideologischen, politischen und sozialen Kräfteparallelogramm stets von neuem ihre eigene soziale Legitimation verschaffen." (Boeckh / Huster / Benz 2011[3]: 446)

Zwischen den drei skizzierten Sicht- und Frageweisen bestehen – wie angedeutet – unterschiedliche Schnittmengen und Differenzen. So interessiert sich die erste in Anlehnung an naturwissenschaftliche Forschung zentral dafür, wie die Wirklichkeit in ihren Gesetzmäßigkeiten tatsächlich ist, während die zweite und dritte Variante für sich in Anspruch nehmen, dass die Welt auch anders aussehen könnte bzw. sollte. Die Frage danach, wie die Welt ist, sei also notwendig, aber nicht hinreichend. Alle drei Arten von Fragestellungen können Beiträge zum Verständnis des Verhältnisses von Politik und Sozialer Arbeit bzw. der Rolle von Politik in der Sozialer Arbeit liefern. Wir können empirisch-analytisch orientiert aus realen politischen Prozessen lernen, normativ-hermeneutisch sozialpolitische Fragen in der Sozialen Arbeit und darüber hinaus als stets wertgebunden begreifen und schließlich kritisch-dialektisch den sozialen Interessenbezug und die Widersprüchlichkeit von Sozialpolitik, Sozialer Arbeit und Interpretationen sozialer Gerechtigkeit wahrnehmen. Die eine Art der Fragestellung schließt auch die je anderen nicht per se aus. Auch viele sich nicht der empirisch-analytischen Richtung zugehörig fühlende WissenschaftlerInnen teilen das durch den kritischen Rationalismus ausformulierte Falsifikationsprinzip, nachdem wir durch Untersuchungen in der gegebenen Welt zwar Hypothesen eindeutig widerlegen, nicht aber abschließend (sondern nur vorläufig) für bestätigt ansehen dürfen. Die drei Richtungen folgen allerdings zumindest zum Teil schwer bis nicht miteinander zu vereinbarenden wissenschaftstheoretischen Annahmen und ihre Unterschiedlichkeit macht deutlich, dass sie nur je nach Ausschnitten fragen, was die Bandbreite ihrer jeweils möglichen Antworten einschränkt. „Töne lassen sich (…) nicht mit dem Auge hören, und fließendes Wasser kann man nicht im Sieb auffangen." (Engelke 2004[2]: 202) Schließlich werden selbst erklärte wissenschaftstheoretische Selbstverortungen in wissenschaftlichen Arbeiten nicht stets stringent durchgehalten. So bedienen sich AutorInnen empirisch-analytisch orientierter Arbeiten immer wieder doch beiläufig normativer Setzungen und Wertungen.

Dabei können Wertungen und Setzungen zumindest dann als unproblematisch angesehen werden, solange sie offen gelegt und nicht verschwiegen oder als vermeintlich objektiver Wissensbestand verbrämt werden. Auch hierzu ein an der Schnittmenge von Sozialpolitik und Sozialer Arbeit gelegenes Beispiel: Welches soziale Bedürfnis (Interesse) von Individuen zu anerkanntem (zu befriedigendem) sozialpolitischen Bedarf wird (und auf welchem Weg dieser Bedarf von wem befriedigt werden soll), ist notwendig Gegenstand von Interessen und Werturteilen. Die „Feststellung eines sozialpolitischen Bedarfs" kann „nicht wissenschaftlich neutral erfolgen (…). Diese Werturteile sind in sozialpolitischen Werthaltungen begründet, die nur offengelegt, aber nicht bewiesen werden können." (Hauser 1994: 24)

Noch vor ihrer Verhältnisbestimmung prägen die je nach Wissenschaftsverständnis unterschiedlich angelegten Fragen das Verständnis von (Sozial-)Politik und Sozialer Arbeit selbst, mit Folgen für die dann erst mögliche Bestimmung des Verhältnisses zwischen beiden bzw. der Rolle von Politik in der Sozialen Arbeit. Wird Soziale Arbeit kritisch-rational (Rössner 1973) oder mit normativ begründetem Anspruch als Menschenrechtsprofession aufgefasst (Staub-Bernasconi 1994) oder hat sie mit emanzipatorischem Anspruch gelingenderen Alltag zum Ziel (Grunwald / Thiersch 2002)? Geht es bei Politik um sachrationale Entscheidungen, Fragen nach dem guten (Zusammen-)Leben oder um herrschende Verhältnisse?

Angesichts all dieser Spielarten professioneller Ausleuchtungen der jeweiligen oder gemeinsamen Felder von Politik und Sozialer Arbeit in Forschung, Lehre und Praxis sind Grundkonsense zur Pluralität hilfreicher Sichtweisen wünschenswert und Schutzmechanismen gegen vereinseitigende Thematisierungen wichtig. Ein Beispiel hierfür stellt der in den 1970er Jahren entwickelte „Beutelsbacher Konsens" in der politischen Bildung dar, der hier abschließend wiedergegeben wird:

Eine Entsprechung findet der dritte Punkt dieses bis heute immer wieder zitierten und problematisierten Konsenses (siehe Schiele / Schnieder 1996) etwa im § 22 Abs. 3 SGB VIII, in dem zum Förderungsauftrag zur Erziehung, Bildung und Betreuung von Kindern in Tageseinrichtungen und der Kindertagespflege ausgeführt wird, dieser schließe „die Vermittlung orientierender Werte und Regeln ein. Die Förderung soll sich am Alter und Entwicklungsstand, den sprachlichen und sonstigen Fähigkeiten, an der Lebenssituation sowie den Interessen und Bedürfnissen des einzelnen Kindes orientieren und seine ethnische Herkunft berücksichtigen."

Überwältigungsverbot (Indoktrinationsverbot)

„1. *Überwältigungsverbot*. Es ist nicht erlaubt, den Schüler – mit welchen Mitteln auch immer – im Sinn erwünschter Meinungen zu überrumpeln und damit an der ‚Gewinnung eines selbständigen Urteils' zu hindern. Hier genau verläuft nämlich die Grenze zwischen Politischer Bildung und *Indoktrination*. Indoktrination aber ist unvereinbar mit der Rolle des Lehrers in einer demokratischen Gesellschaft und der – rundum akzeptierten – Zielvorstellung von der Mündigkeit des Schülers."

Kontroversitätsgebot

„2. Was in Wissenschaft und Politik *kontrovers* ist, muß auch im Unterricht kontrovers erscheinen. Diese Forderung ist mit der vorgenannten aufs engste verknüpft, denn wenn unterschiedliche Standpunkte unter den Tisch fallen, Optionen unterschlagen werden, Alternativen unerörtert bleiben, ist der Weg zur Indoktrination beschritten. Zu fragen ist, ob der Lehrer nicht sogar eine *Korrekturfunktion* haben sollte, d. h. ob er nicht solche Standpunkte und Alternativen besonders herausarbeiten muß, die den Schülern (und anderen Teilnehmern politischer Bildungsveranstaltungen) von ihrer jeweiligen politischen und sozialen Herkunft her fremd sind.

Bei der Kontrastierung dieses zweiten Grundprinzips wird deutlich, warum der persönliche Standpunkt des Lehrers, seine wissenschaftstheoretische Herkunft und seine politische Meinung verhältnismäßig uninteressant werden. Um ein bereits genanntes Beispiel erneut aufzugreifen: Sein Demokratieverständnis stellt kein Problem dar, denn auch dem entgegenstehende andere Ansichten kommen ja zum Zuge."

Analyse- und Beeinflussungsfähigkeit (Interessenlage von SchülerInnen)

„3. Der Schüler muß in die Lage versetzt werden, eine *politische Situation* und seine *eigene Interessenlage zu analysieren*, sowie nach Mitteln und Wegen zu suchen, die vorgefundene Lage im Sinne seiner Interessen zu *beeinflussen*. Eine solche Zielsetzung schließt in sehr starkem Maße die Betonung *operationaler Fähigkeiten* ein, was aber eine logische Konsequenz aus den beiden vorgenannten Prinzipien ist. Der in diesem Zusammenhang gelegentlich – etwa gegen Herman *Giesecke* und Rolf *Schmiederer* – erhobene Vorwurf einer ‚Rückkehr zur Formalität', um die eigenen Inhalte nicht korrigieren zu müssen, trifft insofern nicht, als es hier nicht um die Suche nach einem Maximal-, sondern nach einem Minimalkonsens geht."

Abb. 9   Der Beutelsbacher Konsens in der politischen Bildung

Quelle: Wehling, Hans-Georg. 1977. Konsens á la Beutelsbach. In: Das Konsensproblem in der politischen Bildung. hrsg. Siegfried Schiele und Herbert Schneider, 179-180. Stuttgart: Ernst Klett, dokumentiert in: Schiele / Schneider 1996: 226-227 (Herv. i. O.)

Dieses Lehrbuch hat weder Kinder im Vorschulalter, noch SchülerInnen zum Adressaten, sehr wohl aber die angesprochenen anderen TeilnehmerInnen an politischen Bildungsveranstaltungen. Es versucht den hohen Ansprüchen des ersten und zweiten Grundprinzips des Beutelsbacher Konsenses gerecht zu werden und betont von seinem Konzept her das dritte Prinzip, an den Interessen von Studierenden, PraktikerInnen und WissenschaftlerInnen anknüpfend operationale Fähigkeiten entwickeln zu helfen, Politik und Interessenlagen analysieren und beeinflussen zu können.

Für die Politikwissenschaft und die Wissenschaft Sozialer Arbeit gilt etwa für ihre Beschäftigung mit Armutsphänomenen und deren Bekämpfung, dass sie dabei weder auf die Generierung und Nutzung empirischen Wissens und rationaler Erkenntnis, noch auf normative Orientierungen und die Analyse von Interessen, Wertbezügen und Widersprüchen verzichten können. Der Beutelsbacher Konsens versucht in seinem 2. Grundprinzip zu beschreiben, wie dies über das Kontroversitätsgebot gelingen kann. Eine Alternative zu diesem Gebot würde die zweifelsfrei allumfassend aussagekräftige Theorie voraussetzen, eine Weltformel nach der man suchen, vor der einem aber mit guten Gründen auch erschaudern kann. Dann aber haben wir es mit einem Pluralismus von Theorieangeboten zu tun, von denen im Folgenden für die Zwecke dieses Bandes einige skizziert werden.

2.3   Einige relevante Theorien

Will man nun von relevanten Theorien der Politikwissenschaft sprechen, so gilt es zunächst zu klären, was mit Theorie überhaupt gemeint ist. In einem weiten Verständnis, das Alltagstheorien miteinbezieht, sind Theorien allgegenwärtig. Gebildet aus Dispositionen, Vorannahmen und Erfahrungen (unmittelbare wie durch die Medien vermittelte) leiten Alltagstheorien unser Handeln – auch unser politisches. Wir verfügen über (subjektive) Bewertungssysteme und Erklärungsmuster, um Politik als links oder rechts, gut oder schlecht einzuordnen oder um uns Entstehung und Ergebnisse konkreter Politiken zu erklären. Wir glauben (zu wissen), dass Politik ein „schmutziges Geschäft" ist, dass Politik besser als Sach- denn als Machtpolitik betrieben würde, dass die Pharmaindustrie die Gesundheitspolitik dominiert oder dass sozialpolitische Leistungen Wahlgeschenke sind usw. usw.

Wir brauchen diese Hypothesen und Theorien, wie begrifflich unscharf und unzusammenhängend oder gar widersprüchlich sie auch sein mögen, um (beispielsweise bei Wahlen) unser politisches Handeln auszurichten und politische Entscheidungen zu treffen. Insofern sind Alltagstheorien und wissenschaftliche Theorien in ihrer Funktion gleich. Sie dienen dazu Zusammenhänge zu sehen, Abläufe zu erklären, Handlungsmotive und Interessen politischer Akteure zu identifizieren und Bewertungen vorzunehmen. Sie unterscheiden sich aber in ihrer Entstehung und Qualität. Wissenschaftliche Theorien sind das Ergebnis systematischer Hypothesenbildung, Forschung und argumentativer Theoriekonstruktion. Sie sind Lehrgebäude bzw. Aussagensysteme, die ausgehend von bestimmten Axiomen (unmittelbar evidenten bzw. zu Grunde gelegten, nicht weiter ableitbaren Ausgangsannahmen), Begriffe und Aussagen so miteinander verknüpfen, dass sie einen bestimmten Wirklichkeitsausschnitt (vorläufig, bis zur Konstruktion einer besseren Theorie) in seiner Bedeutung verstehbar machen bzw. in seinen Kausalitäten und Abläufen erklären. Sie müssen, eingebettet in ein metatheoretisches Verständnis davon, was Wissenschaft überhaupt ist (Wissenschaftstheorie) und was, wie erkannt werden kann (Erkenntnistheorie und Methodologie), in ihren Begriffen präzise definiert und in ihrer Argumentation logisch (widerspruchsfrei und vollständig) sein. Sie müssen intersubjektiv nachvollziehbar sein und der (normativen wie empirischen) Kritik der scientific community offen stehen (vgl. umfassend Seiffert / Radnitzky 1992).

Wie in anderen Sozialwissenschaften gibt es auch in der Politikwissenschaft nicht ,die' Theorie, sondern vielfältige teils, miteinander konkurrierende, in ihrem Erklärungsanspruch teils normativ, teils empirisch orientierte, zumeist auf bestimmte Gegenstandsbereiche beschränkte, in ihrer Reichweite (Mikro-, Meso-, Makroebene) unterscheidbare Ansätze. Nach ihrem Abstraktionsgrad können theoretische Zugänge als Konzepte, Modelle, analytische Rahmen und Theorien unterschieden werden (vgl. Blum / Schubert 2009: 35 ff.). Konzepte sind in gewissem Sinne wichtige Vorstufen für Theorien. „Ist etwa die Rede von einem ,politischen Akteur', so stellt dieser Begriff ein Konzept dar, das definiert werden muss". Wird der Begriff eng oder weit gefasst? Meint er nur individuelle oder auch komplexe Akteure? „Diese Eingrenzungen (...) sind zum wissenschaftlichen Arbeiten notwendig, aber sie stellen noch keinen theoretischen Ansatz dar. Denn für letzteren ist kennzeichnend, dass die einzelnen Konzepte und Aussagen miteinander in Beziehung gesetzt werden" (ebd. 35). Modelle und analytische Rahmen tun dies dann auf einem niedrigen Abstraktionsgrad. Den höchsten Abstraktionsgrad haben Theorien, die aber ihrerseits in Theorien geringer, mittlerer und hoher Reichweite zu unterscheiden sind. Letztlich kann zwischen den einzelnen Abstraktionsebenen aber weder trennscharf unterschieden werden, noch ist unter Relevanzaspekten eine eindeutige Hierarchisierung möglich.

Die hier zu erörternde „Relevanz" politischer Theorien ergibt sich aus den Problemstellungen und Fragen der Sozialarbeitspolitik. Relevante politische Theorien sind mithin solche, die es der Disziplin und Profession Sozialer Arbeit ermöglichen, politische Zusammenhänge und Prozesse auf dem Gebiet der Sozialarbeitspolitik besser zu verstehen, um mit Blick auf die politischen Funktionen Sozialer Arbeit (Politikimplementation, Politikberatung, Interessenvertretung, politische Bildung; vgl. Gliederungspunkt 1.4) ihr politisches Bewusstsein zu schulen und ihre Politikfähigkeit zu steigern. Zu berücksichtigen sind jene politischen Theorien, Ansätze und Modelle, die dabei helfen, Soziale Arbeit politisch einzuordnen, ihre Rolle und

Bedeutung bei der Umsetzung wie Entstehung von Politiken zu verstehen sowie ihre Abhängigkeiten und Handlungsoptionen zu klären.

Wenn von politischer Theorie die Rede ist, wird man zunächst an jene „Großtheorien"[15] denken, die versuchen, Politik als Ganzes zu begründen, zu bewerten und in ihrem Funktionieren zu erklären. Innerhalb der Politikwissenschaft haben sich hier die Teildisziplinen der Ideengeschichte, der politischen Philosophie und der politischen Theorie ausgebildet. Normative und emanzipative politische Theorien der höchsten Abstraktionsstufe zielen philosophisch orientiert auf Gesellschaftskritik bzw. kritische Ordnungsreflexion. Sie klären Grundbegriffe wie Politik, Gerechtigkeit, Gemeinwohl, Demokratie usw. (vgl. Göhler u. a. 2011). Dagegen wollen empirische politische Theorien mit ihrer gesellschaftstheoretischen Grundlegung Politik in ihrem Funktionieren verstehen bzw. erklären und damit Reflexionen zur Entwicklung, Stabilität und Krise politischer Systeme ermöglichen. Je nach erkenntnistheoretischer Verortung lassen sich Politische Theorien im allgemeinen der normativen, der empirisch-analytischen/deskriptiven oder der kritisch-dialektischen/emanzipatorischen Theoriefamilie zuordnen (vgl. Gliederungspunkt 2.2). Sozialarbeitspolitik nutzt diese Ebene politischer Theoriebildung dort, wo sie grundsätzlich das Verhältnis von Sozialer Arbeit und Politik reflektiert, wo sie ihre Rolle wie Bedeutung für Demokratie, Gerechtigkeit und Bürgerrechte herausarbeitet (Rieger 2009) und ihre Verstrickung in sowie Instrumentalisierung durch Politik analysiert (vgl. Kessl 2005; Lütke-Harmann / Kessl 2013)[16].

Unterhalb dieser Ebene der „Großtheorien" sind für die Politikanalyse durch Soziale Arbeit zunächst vor allem jene Theorien bzw. Modelle relevant, die Notwendigkeit, Entstehung, Funktionsweise und Entwicklung von Sozialpolitik zu verstehen bzw. zu erklären versuchen. Auch hier sind zunächst normative von empirischen Theorien zu unterscheiden. Normative Theorien (vgl. Kersting 2000a und b; Lessenich 2003; Nullmeier 2000; Steinforth 1999) streben danach, die Gerechtigkeit wohlfahrtsstaatlicher Sicherungssysteme zu begründen und zu hinterfragen und Legitimation wie Notwendigkeit sozialstaatlicher Sicherung und Umverteilung aus Menschen- und Bürgerrechten abzuleiten[17]. Empirische Theorien zur Sozialpolitik versuchen dage-

---

15   Einen hervorragenden Einstieg zu den unterschiedlichen Theoriemodellen der Politikwissenschaft bietet Reese-Schäfer 2006.

16   Lohnenswert ist dabei auch die neomarxistische Kritiklinie der 70er und 80er Jahre (vgl. Habermas 1973 und 1985; Hollstein / Meinhold 1973 und 1977; Offe 1972) und jüngeren Datums (etwa Dahme / Wohlfahrt 2015).

17   Ihre Wurzel und ihren Reflexionshintergrund haben diese Theorien in dem von John Rawls paradigmatischen Werk „Eine Theorie der Gerechtigkeit" ausgelösten und von Robert Nozick, Bruce Ackerman, Michael Walzer u. a. fortgesetzten Gerechtigkeitsdiskurs (vgl. Kersting 1994).

gen Erklärungen für Entstehung, Funktionsweise und Wandel von Sozialstaaten zu finden. Hier wird man einerseits bei der vergleichenden Wohlfahrtsstaatsforschung fündig (vgl. Berg-Schlosser / Müller-Rommel 2006[4]; Schmidt u.a. 2007; Schmid 2010[3]). Im Rahmen historisch wie international vergleichender Studien hat sie eine Reihe unterschiedlicher Erklärungsmodelle hervorgebracht. Zu unterscheiden sind (1) klassifikatorische Ansätze, welche unterschiedliche Typen von Wohlfahrtsstaaten herausarbeiten (Bismarck-Modell vs. Beveridge-Modell; liberales, konservatives oder sozialdemokratisches Wohlfahrtsregime nach Esping-Andersen 1990), (2) funktionalistische Ansätze, welche Entstehung und Wandel von Wohlfahrtsstaaten auf sozio-ökonomische Entwicklungen zurückführen (Industrialisierung; Veränderung der Lebensformen, Globalisierung usw.) und (3) politisch-institutionelle Ansätze, welche politische Akteure, Prozesse und Institutionen als zentrale Variablen zur Erklärung von Sozialstaat und Sozialpolitik heranziehen (Machtressourcentheorie, Parteiendifferenzansatz, Institutionentheorien usw.) sowie (4) die Ansätze der Genderforschung, welche die Wohlfahrtsstaatstypologien insbesondere mit Blick auf bislang eher vernachlässigte Themen wie Familie, Emanzipation etc. erweitern (vgl. Leitner u.a. 2004). Andererseits profitiert die Theoriebildung zur Sozialpolitik von der disziplinären Zusammenarbeit mit der Soziologie und der Volkswirtschaftslehre. So hat insbesondere Franz-Xaver Kaufmann (2009[3]) Beiträge zu einer soziologischen Theorie sozialpolitischer Intervention geliefert und zur Erklärung des Ab- und Umbaus des Sozialstaates in der Gegenwart beigetragen. Eher wirtschaftswissenschaftlich orientiert liefert Heinz Lampert in seiner Einführung in die Sozialpolitik ein eingängiges Modell für die „Grundzüge einer Theorie staatlicher Sozialpolitik" (vgl. Lampert / Althammer 2007[8]: 153-188).

Mit den Theorien und Ansätzen zur Sozialpolitik setzt sich die Forschung und Theoriebildung zur Sozialarbeitspolitik dort auseinander, wo sie das Verhältnis von Sozialpolitik und Sozialer Arbeit zu klären (vgl. Gliederungspunkt 1.2)[18] sowie Bedeutung, Wandel und Steuerung Sozialer Dienste (vgl. Evers u.a. 2011) angesichts neuer Governacestrukturen und zunehmedem Wohlfahrtspluralismus (Welfare Mix) zu verstehen sucht.

Von hoher Relevanz für die Soziale Arbeit als praxisorientierter Wissenschaft sind sodann insbesondere jene Theoriebereiche der Politikwissenschaft, die für die Politikanalyse im engeren Sinne zuständig sind. Also jene Bereichstheorien und Theorien mittlerer Reichweite, die sich mit politischen Akteuren, Institutionen, Prozessen und Inhalten beschäftigen. Von besonderem Interesse sind hier Theorien

---

18 Insbesondere in skandinavischen Wohlfahrstssystemen begreift sich sozialarbeitswissenschaftliches Denken insgesamt als „eine Folge politikwissenschaftlich definierter Problemstellungen" (Erath 2006: 31.).

(1) aus dem Bereich der Verbändeforschung, (2) aus dem Gebiet der Politikfeldanalyse, (3) der Politikberatung und der „Methoden" des Politikmachens sowie (4)
dem Feld der politischen Bildung.

1. Verbändeforschung (vgl. Rehder u. a. 2009; Sebaldt / Straßner 2006) entwickelt
   eine Reihe von Theorien (Neue Politische Ökonomie, Pluralismustheorie,
   Neokorporatismus, Dritter-Sektor-Theorie, Netzwerktheorie), um die Organi-
   sations- und Durchsetzungsfähigkeit von Interessen zu verstehen, die Funktion
   von Interessengruppen in der Demokratie zu begründen, die Entwicklung und
   den Wandel von Verbandsstrukturen zu erklären usw.. Weiterführend für die
   Sozialarbeitspolitik ist hier einerseits die in den letzten Jahren forcierte Forschung und Theoriebildung im Bereich sogenannter ‚schwacher Interessen', ihrer
   (eingeschränkten) Fähigkeit zur Selbstorganisation wie ihre Verwiesenheit auf
   advokatorische Interessenvertretung durch die Verbände und Einrichtungen
   Sozialer Arbeit (vgl. Linden / Thaa 2009; Winter 1997; Willems / Winter 2000; Ruß
   2005). Andererseits rückt Lobbying als Methode der Interessendurchsetzung ins
   Zentrum politikwissenschaftlicher Aufmerksamkeit (vgl. einführend Kleinfeld
   u. a. 2007). Für eine Sozialarbeits(politik)forschung ergäben sich hier reichlich
   Anschlussmöglichkeiten (vgl. z. B. Pabst 1996; Thielking 2005). Schließlich
   leistet Boeßenecker hervorragende Beiträge zu Geschichte, Organisation und
   Aufgaben der Wohlfahrtsverbände (Boeßenecker / Vilain 2013[2]).
2. Dort, wo es der Sozialen Arbeit darum geht, die für sie bedeutsamen politischen
   Inhalte bzw. Ergebnisse zu erfassen, die für ihr zustande kommen wesentlichen
   Einflussfaktoren herauszuarbeiten und die Möglichkeiten und Folgen politischen
   Handelns auszuloten, wird sie bei der Policy-Analyse fündig. „Politikfeldanalyse
   befasst sich mit den konkreten Inhalten, Determinanten und Wirkungen politischen Handelns" (Schubert / Bandelow 2009: 3). Zur theoretischen Orientierung
   hat diese eine Reihe von Modellen, Konzepten, Ansätzen und analytische Rahmen
   entwickelt. Dazu gehören Phasenmodelle (Policy Circle; vgl. Jann / Wegrich 2009),
   Ansätze des Policy Lernens (vgl. Bandelow 2009), der Multible-Streams-Ansatz
   (vgl. Rüb 2009) sowie Steuerungs- und Governancetheorien (Braun / Giraud
   2009[2]). Als heuristisch besonders fruchtbar gilt Fritz Scharpfs zusammen mit
   Renate Mayntz entwickelter „Akteurzentrierter Institutionalismus" (Scharpf
   2000). Als analytischer Rahmen orientiert der „Akteurzenrierte Institutionalismus" die Policy Analyse auf die notwendige, gleichzeitige Berücksichtigung
   institutioneller Rahmenbedingungen (Polity) und (beschränkt) rationalem
   Akteurshandeln (Politics), um Politikergebnisse zu erklären. Er „sieht politisches
   Handeln als Ergebnis der Interaktionen zwischen strategisch handelnden, aber
   begrenzt rationalen Akteuren, deren Handlungsmöglichkeiten, Präferenzen

und Wahrnehmungen weitgehend, aber nicht vollständig, durch die Normen des institutionellen Rahmens bestimmt werden, innerhalb dessen sie agieren" (Scharpf 2000: 319). Mit der Betonung der Verschränkung und wechselseitigen Abhängigkeit wie Beeinflussung von individuellem bzw. kollektivem, begrenzt rationalem Akteurshandeln und der strukturierenden Wirkung des institutionellen Umfelds ist der ‚Akteurzenrierte Institutionalismus' hervorragend anschlussfähig an eine am Grundaxiom Individuum-Umwelt (Person-in Environment (PIE)) orientierte Wissenschaft Sozialer Arbeit.

3. Schließlich hat die Politikwissenschaft in jüngster Zeit mit der zunehmenden Bedeutung der Politikberatung (Rieger 2011) in allen Feldern der Politik damit begonnen, sich verstärkt den methodischen Fragen des Politikmachens zu widmen. Vermehrt gibt es Forschungsarbeiten, theoretische Modelle und Ansätze zur Politikberatung (Falk u. a. 2006), zum Lobbying (s. o.), zum Campaining (Röttger 2009[4])[19], zur Strategieentntwicklung (Raschke / Tils 2007), zur Gremienarbeit (Meier 2011[3]; Nullmeier u. a. 2008) und zur Mikro-Policy-Analyse (Nullmeier u. a. 2003). Hier kann sich Soziale Arbeit bedienen, um die eigenen Methoden des Politikmachens zu evaluieren und weiterzuentwickeln. Hier hat sie aber auch die Chance zur Weiterentwicklung der Politikwissenschaft beizutragen, weil diese die kleinteilige Erforschung des Politikmachens spät entdeckt und erst allmählich intensiviert hat.

4. Das Thema politische Bildung (vgl. Detjen 2007; Hellmuth / Klepp 2010; Lösch / Thimmel 2010) wird von der Politikwissenschaft vernachlässigt (vgl. Gloe, / Reinhardt 2010). „Zwar war die *Politikwissenschaft* nach 1945 als neue wissenschaftliche Disziplin an den westdeutschen Universitäten ausdrücklich auch mit der Perspektive einer fachlichen Fundierung demokratischer politischer Bildung etabliert worden; aber als deren primärer Forschungsgegenstand erwies sich bald ‚Politik' und nicht ‚politische Bildung'" (Sander 2005: 21, Herv. i. O.). Theoriebildung auf dem Feld der politischen Bildung fand deshalb im Rahmen der „didaktischen Wende" (ebd. 22) ausschließlich in den Erziehungswissenschaften statt. „Didaktik wurde damit von einer Art Hilfswissenschaft zur ‚Umsetzung' vorgegebener Lehrgebäude zu einer ‚Theorie der Bildungsinhalte' (Gagel 1995, 132)" (ebd. 23). Vorliegende als theoretische Rahmen zu verstehende „politikdidaktische Konzeptionen" (ebd. 26) beziehen sich auf den curricularen, schulischen Politik- bzw. Sozialkundeunterricht. „Ausschließlich auf die außerschulische politische Bildung bezogene Theoriearbeiten, die in vergleichbarer Weise als fachdidaktische Konzeptionen einen theoretisch begründeten Bezugsrahmen

---

19 Mit Blick auf (politische) Öffentlichkeitsarbeit kann Soziale Arbeit auch bereits auf eigene Arbeiten zurückgreifen (vgl. einführend Puhl 2004; Schürmann 2004).

für die Lernplanung bieten wollen, liegen nicht vor" (ebd.)[20]. Soziale Arbeit muss und kann hier auf die eigene Theorieentwicklung in den Bereichen Gemeinwesenarbeit, Community Organizing und Empowerment zurückgreifen (vgl. auch Böttiger 2010; Stövesand / Stoik / Troxler 2013).

Insgesamt konnten hier nur Hinweise auf einige relevante politikwissenschaftliche Theorien für die Politikanalyse in der Sozialen Arbeit gegeben werden. Für das jeweilige Forschungsvorhaben gilt als Grundregel: Zunächst muss die je eigene, für die Soziale Arbeit relevante Fragestellung definiert werden, um vor diesem Hintergrund dann die politikwissenschaftlichen Theorien und Ansätze auf ihre Anschlussfähigkeit hin zu untersuchen. Dabei wird man feststellen, dass die Politikwissenschaft die politisch relevanten Fragestellungen der Sozialen Arbeit bislang kaum selbst aufgegriffen hat. Man wird also Theorien, analytische Rahmen, Modelle und Konzepte aus anderen Teilbereichen der Politikwissenschaft heranziehen und in Analogieschlüssen auf die eigene Arbeit übertragen müssen. Auf diese Weise kann man die eigene Forschungsarbeit orientieren, erhält einen Reflexionsrahmen und kann gegebenenfalls zur Ergänzung oder Weiterentwicklung des verwandten theoretischen Ansatzes beitragen.

2.4 Methoden der Politikwissenschaft

Stärker noch als die Politikwissenschaft ist die Soziale Arbeit anwendungsorientierte Wissenschaft. Zielt die letztere auf Erkenntnisgewinn hinsichtlich Entstehung und Dynamik Sozialer Probleme sowie der Entwicklung und Evaluierung von entsprechenden Lösungs- oder Bewältigungsstrategien im Spannungsfeld von Individuum und Umwelt, so will die erstere Inhalte, Formen und Prozesse von Politik aufklären und bewerten, sowie Ursachen, Verlauf und Wirkungen politischen Handelns erklären bzw. verstehen, um damit direkt oder indirekt Politikberatung anzubieten. Wie die Wissenschaft Sozialer Arbeit fällt es der Politikwissenschaft dabei schwer ihren Gegenstand zu definieren (vgl. Westle 2009: 10 ff.; vgl. auch Gliederungspunkt 1.1), kann sie der Spannung zwischen empirischer, normativer und emanzipativer Wissenschaft nicht entkommen (vgl. Gliederungspunkt 2.2) und erzwingt die Komplexität des Gegenstandes einen Methodenpluralismus.

---

20 Vergleiche aber die beginnende Diskussion zum Thema politische Bildung (Bundeszentrale für politische Bildung 2007). Als Überblick zum Zusammenhang von politischer Bildung und Sozialer Arbeit vgl. Többe-Schukalla 2013.

Als Wissenschaft zielt Politikwissenschaft auf Erkenntnisgewinn. Doch kann nicht jede Form des Erkenntnisgewinns (z. B. Intuition, Offenbarung usw.) das Gütesiegel wissenschaftlichen Wissens beanspruchen. Wissenschaftlichkeit verlangt ein bestimmtes Vorgehen bei der Gewinnung verallgemeinerbaren Wissens. Diese Vorgehensweise wird ganz allgemein als Methode bezeichnet. Etymologisch griechischen Ursprungs meint Methode den ‚richtigen Weg' – zur wissenschaftlichen Erkenntnis[21]. Als Methode bzw. methodisch können also alle Techniken, Verfahren, Ansätze und Konzepte wissenschaftlichen Arbeitens bezeichnet werden, die intersubjektiv nachvollziehbare, in der Gemeinschaft der WissenschaftlerInnen (scientific community) anerkannte Wege vorgeben, wie richtig geforscht werden soll (von der Forschungsfrage und Hypothesenbildung, zu Operationalisierung, Datenerhebung, Datenanalyse, Interpretation und Publikation (vgl. Abb. 10)). Entsprechend bezeichnet der Begriff Methode in seiner vielfältigen Verwendung teils grundsätzlich das systematische, regelgeleitete Vorgehen wissenschaftlichen Arbeitens, teils unterschiedliche Erhebungsmethoden bzw. Erhebungstechniken (Beobachtung, Befragung, Dokumentenanalyse), teils spezifische Forschungsdesigns bzw. Forschungsstrategien (Experiment, Fallanalyse, Vergleich), teils umfassendere, theoretisch rückgebundene Ansätze und Konzepte (z. B. Diskursanalyse (Keller u. a. 2010), Lebensweltanalyse (Rieger 2005c), Netzwerkanalyse (Jansen 2006[3]; Schneider u. a. 2009), Frame-Analyse (Goffman 2008; König 2004), Grounded Theory (Breuer 2010[2]; Glaser / Strauss 2010[3])).

Präzision, Intersubjektivität und Begründung gelten als Minimalanforderungen an eine wissenschaftliche Vorgehensweise (zum Rationalitätspostulat der Wissenschaft vgl. Westle 2009: 18). Verwendete Begriffe müssen klar definiert und die Argumentation muss logisch (z. B. widerspruchsfrei) sein (Präzisionsanspruch). Der/die WissenschaftlerIn soll seine/ihre Vorgehensweise dokumentieren und offenlegen, so dass Forschungsprozess wie Forschungsergebnis nachvollzieh-, kontrollier- und kritisierbar bleiben (Intersubjektivitätsanspruch). Begründung schließlich bedeutet, „dass Belege [Fakten, Daten, Argumente (Anm. d. A.)] für die Argumentationsführung und das Ergebnis angeführt werden müssen, die wiederum für andere Kompetente verständlich sind (also die Bedingung der Präzision erfüllen) und nachvollziehbar sowie kontrollierbar sind (also die Bedingung der Intersubjektivität erfüllen)" (ebd. 20). Die Rationalitätsanforderungen an das wissenschaftliche Arbeiten sollten grundsätzlich durch eine Haltung der „Mulitperspektivität" und des „Recherchenpluralismus" (ebd.) ergänzt werden. Es gilt, die je

---

21 Sozialwissenschaftliche Methoden sind von praktischen sozialarbeiterischen/sozialpädagogischen Methoden (z. B. der Einzelhilfe, der Gruppenarbeit, der Gemeinwesenarbeit usw.; vgl. Galuske 2009[8]; Kreft / Müller 2010), die den Weg zu einer systematischen, geplanten, wissenbasierten und ethisch orientierten, professionellen sozialarbeiterischen Hilfeleistung weisen, zu unterscheiden.

eigenen Positionen im Lichte der Erkenntnisse anderer zu diskutieren, gegebenenfalls zu ergänzen oder zu korrigieren. Dies setzt eine sorgfältige, auch widersprechende Annahmen berücksichtigende Erhebung des jeweiligen Forschungsstands voraus.

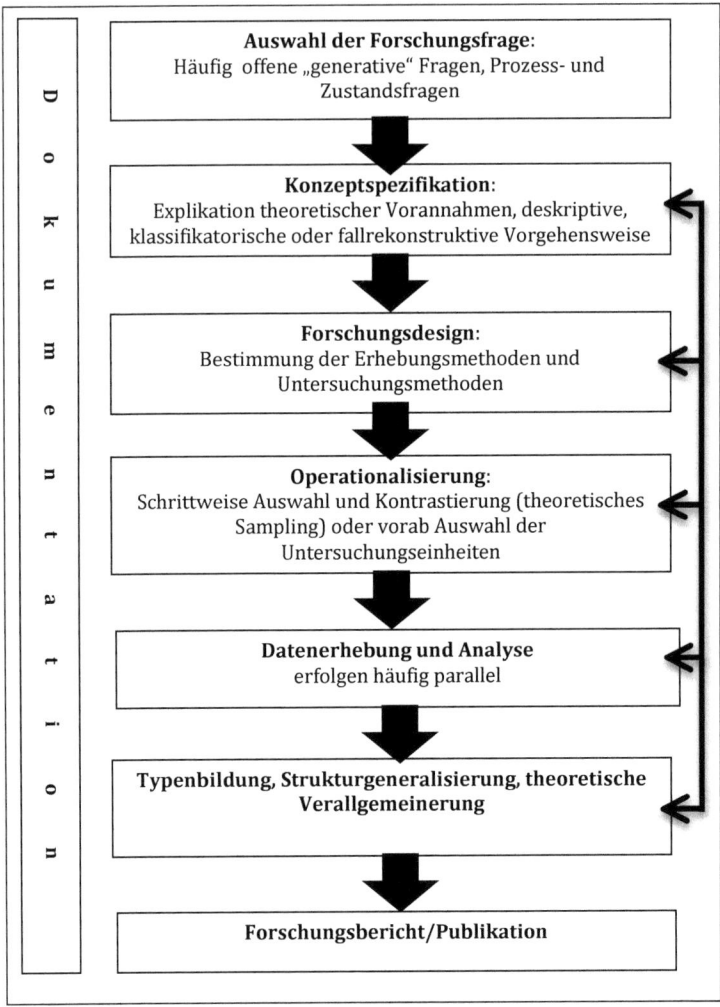

Abb. 10 Der Forschungsprozess im Rahmen qualitativer Forschung
Quelle: nach Westle 2009: 118

Politikwissenschaftliche Methoden sind Methoden der Sozial- und Geisteswissenschaften. Dem/der PolitikwissenschaftlerIn steht bei der Erhebung und Analyse von Daten grundsätzlich das gesamte sozial- wie geisteswissenschaftliche Methodenrepertoire zur Verfügung. Zu politikwissenschaftlichen Methoden werden sie erst durch den Fragekontext. Methodisches wissenschaftliches Arbeiten ist dabei gekennzeichnet a) durch die systematische Organisation des Forschungsprozesses (vgl. ebd. 115 ff.) und b) durch die Anwendung der in der Forschergemeinschaft (scientific community) anerkannten Erhebungs- und Analysemethoden. Der Forschungsprozess verläuft, bei aller Offenheit für notwendige Vor- und Rückgriffe (Rückkopplungsschleifen), grob in den Phasen „Auswahl der Forschungsfrage", Erarbeitung der „Konzeptspezifikation", Entwicklung des „Forschungsdesigns", „Operationalisierung", „Datenerhebung und -analyse", „Typenbildung"/"theoretische Verallgemeinerung", „Forschungsbericht/Publikation" (vgl. ebd. 118)[22]. Umfänglich gilt dieser Forschungsablauf natürlich insbesondere dort, wo Primärforschung betrieben wird (vgl. Abb. 10). Sekundärforschung verlangt dagegen keine eigene Datenerhebung. Hier wird unter einer neuen, eigenen Fragestellung auf vorhandene in anderem Zusammenhang erhobene Datensätze zurückgegriffen. Entsprechend entfallen die Schritte der Operationalisierung und Datenerhebung. Gleiches gilt für reine Literaturarbeiten, bei denen der Forschungsstand zu einem bestimmten Themenbereich anhand vorhandener wissenschaftlicher Publikationen recherchiert und die dort repräsentierten Forschungsergebnisse vor dem Hintergrund einer neunen Fragestellung geordnet, analysiert, interpretiert, argumentiert und bewertet werden.

Als Datenerhebungsmethoden sind für die Politikwissenschaft vor allem die Vorgehensweisen der Befragung, der Dokumentenanalyse und der Beobachtung sowie darauf bezogene Analysetechniken relevant[23]. Grundsätzlich kann, wie überall in den empirischen Sozialwissenschaften zwischen einer qualitativen und einer quantitativen Vorgehensweise unterschieden werden (vgl. einführend Atteslander 2010[13]; Behnke u. a. 2010; Diekmann 2008[19]; Kromrey 2009[12]; Schaffer 2009[2]). Qualitative Methoden „sind beispielsweise die teilnehmende Beobachtung, Interviews, Fokusgruppen oder Dokumentenanalyse: Leitfäden mit offenen Fragestrukturen werden dafür erstellt, Interviewsituationen mit Einzelpersonen oder Gruppen durchgeführt, Aufnahmen transkribiert und korrigiert und schlussendlich mit

---

22 Vgl. ebenso die detaillierte Darstellung der Durchführung qualitativer Fallstudien in Blatter u. a. 2007: 170-186.

23 Zu den Vorzügen bzw. Nachteilen unterschiedlicher Datenerhebungsmethoden und der Frage ihrer Angemessenheit für spezifische Forschungsvorhaben vgl. die gängigen Einführungen zu den Methoden der Sozialwissenschaften (Atteslander 2010[13]; Behnke u. a. 2010; Diekmann 2008[19]; Kromrey 2009[12]; Schaffer 2009[2]).

Hilfe von einfachen Codierungsschemata interpretiert" (Kritzinger / Michalowitz 2009: 250; einführend Blatter u. a. 2007; Mayring 2002[5]). „Quantitative Methoden hingegen greifen vor allem auf Instrumente wie Umfragen, statistische Verfahren, Textcodierungen etc. zurück und beschäftigen sich mit einer großen Zahl von Beobachtungen" (ebd. 251; einführend Behnke / Behnke 2006). Der Erkenntnisgewinn lässt sich steigern, wenn unterschiedliche methodische Ansätze kombiniert (zur Triangulation vgl. Flick 2008[2]) oder spezifische Instrumente und theoretische Konzepte in komplexen Analyseverfahren (z. B. „Soziale Netzwerkanalyse", „Frame-Analyse"; Lit.: s. o.) zusammengeführt werden.

Bevorzugte politikwissenschaftliche Forschungsstrategien sind die Fallstudie (case study) und der Vergleich. Fallstudie meint die Untersuchung eines spezifischen, abgrenzbaren Gegenstands: eine Institution, eine Organisation, eine politische Bewegung oder ein politisches Problem und seine Lösung (Policy). Der jeweilige Gegenstand: der Jugendhilfeausschuss (vgl. Merchel / Reismann 2004), die advokatorische Rolle eines Wohlfahrtsverbandes (Pabst 1996), die Altenhilfepolitik der Kommune X (Guggemos 1993), die Behindertenpolitik in Europa (Maschke 2008) das politische Programm Soziale Stadt (Güntner 2007) usw. soll möglichst umfänglich in all seinen Dimensionen und Zusammenhängen erfasst werden. Dabei können zunächst deskriptive von interpretativen Fallstudien unterschieden werden. Beiden Formen geht es vor allem darum, mehr über den untersuchten Einzelfall zu erfahren. Dabei beschränken sich deskriptive Fallanalysen auf eine möglichst genaue Beschreibung des Untersuchungsgegenstands, während interpretative Fallstudien eine spezifische Theorie heranziehen, mit deren Hilfe sie den Untersuchungsgegenstand zu analysieren und zu verstehen suchen. Einen theoretisch weiterreichenden Anspruch haben dagegen hypothesengenerierende (induktive Vorgehensweise) und hypothesenprüfende Fallstudien (deduktive Vorgehensweise). Erstere versuchen durch die intensive Erforschung des Einzelfalls zu allgemeinen Aussagen zu kommen, die dann die Grundlage für Folgeuntersuchungen bilden, in denen diese Hypothesen getestet werden können. Den umgekehrten Weg beschreiten dagegen hypothsenprüfende Case Studies. Ihnen geht es darum, bestehende Theorien zu überprüfen, sie zu bestätigen oder zu widerlegen. Jeder mit Blick auf Theoriebildung über die Erhellung des Einzelfalls hinausgehende Erkenntnisanspruch erfordert dann aber den Vergleich.

Dabei arbeitet die Politikwissenschaft im weiteren Sinne immer vergleichend. Vergleiche können über Analogien „Unbekanntes vom Bekannten her verständlich machen" (Nohlen 2005a: 1022). Beobachtbare Realitäten können in kritischer Absicht mit normativen Ordnungsvorstellungen verglichen werden und unterschiedlichste Erfahrungsbestände, Kommentare, Analysen, Interpretationen, Studien und Forschungsergebnisse können aufeinander bezogen und zusammengeführt, mithin verglichen werden, um zu allgemeinen Aussagen über einen breiteren Erkenntnisgegenstand zu gelangen. In diesem weiten Sinne verfahren auch reine Literaturarbeiten stets vergleichend (vgl. z B. Arbeiten zu den neueren Entwicklungen in der kommunalen Sozialpolitik; Dahme / Wohlfahrt 2011).

Die „vergleichende Methode" (vgl. Nohlen 2005a) im engeren Sinne wird oft als der Königsweg der Politikwissenschaft bezeichnet, weil sie das im Bereich der Politik kaum mögliche Experiment als Forschungsstrategie ersetzen kann. Im Rahmen der vergleichenden Methode werden zwei oder mehrere empirische Fallstudien systematisch aufeinander bezogen. Die vergleichende Untersuchung mehrerer gleicher oder ähnlicher Fälle trägt dann dazu bei, verallgemeinerbare Aussagen zu generieren und zu überprüfen. Hohen Erkenntnisgewinn versprechen insbesondere internationale Vergleiche (vgl. Fremdplatzierungspolitiken in Deutschland und England (Knuth 2008) oder Wohnungslosenpolitik in Frankreich und den USA (Ruß 2005)), weil sie dazu beitragen, nationale Engführungen bestimmter Diskurse aufzubrechen, bislang unhinterfragte Selbstverständlichkeiten zu problematisieren und neue Fragestellungen wie Lösungsmodelle in die fachliche Diskussion einzuführen.

Grundsätzlich andere Methoden müssen dort zum Einsatz kommen, wo sich die Politikwissenschaft um normative Aussagen zu Freiheit, Gerechtigkeit, Gemeinwohl oder Partizipation und Demokratie bemüht (politische Philosophie/politische Ethik). Systematisch über politische Ordnungsvorstellungen nachzudenken, kann sich Politikwissenschaft als praktische Wissenschaft nicht ersparen. Denn Ideen haben Konsequenzen. Politische Akteure richten ihr Handeln an spezifischen politischen Ordnungsvorstellungen und normativen Zielen aus. Politik ist immer auch eine Auseinandersetzung um Werte und Ideale. Allerdings entzieht sich die Richtigkeit normativer Vorstellungen empirischer Analyse. Empirisch nachzuweisen ist nur das Vorhandensein oder die Verbreitung und Stabilität bestimmter Wertvorstellungen nicht aber ihre Geltung. Die hier einzusetzenden „Methoden sind geisteswissenschaftlich geprägt, insbesondere hermeneutisch-verstehend und phänomenologisch" (Westle 2009: 23; vgl. die entsprechenden Stichwörter zu Hermeneutik und Phänomenologie in: Kriz u. a. 1994).

Als besonders fruchtbar hat sich in den letzten Jahrzehnten das in Nordamerika vorherrschende pragmatische Verständnis politischer Philosophie erwiesen. Die Aufgabe der politischen Philosophie wird als interne Kritik verstanden, die anknüpfend an die in einer Gesellschaft vorhandenen, wenngleich umstrittenen, normativen Vorstellungen, ihre systematische Erörterung beginnt. Politische Philosophie ist dann als ein an bestimmten Rationalitätsstandards (der Konsistenz, Kohärenz und Plausibilität) orientierter, auf systematischer Auswertung und Interpretation beruhender und auf Überzeugung hin angelegter Diskussionsbeitrag zu verstehen. Die Geltung ihrer Ergebnisse bleibt auf die Anerkennung durch die

Gemeinschaft der Moralbeurteiler verwiesen (vgl. Rieger 1998: 18). Auch hier wird wesentlich vergleichend gearbeitet, wenn unterschiedliche normative Theorien (vgl. Rieger 2005d) und Argumentationen aus dem Fundus der Ideengeschichte unter Rückgriff auf in einer Gesellschaft anerkannte, plausible, mithin konsensfähige ‚Gemeinplätze' (common sense) auf ihre Konsistenz, Kohärenz und Plausibilität hin überprüft, auf sich verändernde Realitäten bezogen und gegebenenfalls zu neuen Theoriegebäuden zusammengefügt und weiterentwickelt werden.

Dies alles darf aber nicht zu der Annahme verleiten, der gut bestückte Methodenkoffer sowie die geschickte, sachgerechte Anwendung der Werkzeuge würden quasi automatisch weiterführende wissenschaftliche Erkenntnisse produzieren. Wissenschaftliche Methoden und Theorien existieren nicht unabhängig voneinander. Sie stehen in engem Zusammenhang. Fast könnte man (siehe das Beispiel ‚grounded theory') von einem fließenden Übergang zwischen Theorie und Methode sprechen – und dies nach zwei Seiten. Einerseits ruhen Methoden notwendig auf einem bestimmten erkenntnistheoretischen Fundament. Methodenauswahl und -anwendung gründen in erkentnisstheoretischen Voraussetzungen. Welche Methode der Erkenntnisgewinnung präferiert wird, was für Erkenntnisse überhaupt, mit welcher Reichweite und welchem Grad der Reliabilität (Zuverlässigkeit) mit welcher Validität (Gültigkeit) möglich sind bzw. für möglich gehalten werden, ist erkenntnistheoretisch zu klären und differiert je nach Politikbegriff erheblich. Während die im Rahmen des normativ-ontologischen wie des kritisch-dialektischen Paradigmas der Politikwissenschaft eingesetzten (geisteswissenschaftlichen) Methoden hermeneutisch-verstehend und phänomenologisch sind, dominieren im Rahmen des empirisch-analytischen Paradigmas der Politikwissenschaft der kritische Rationalismus (Karl R Popper) mit seinem Leitprinzip der Falsifikation und der empirisch sozialwissenschaftliche Instrumentenkoffer. Andererseits wirken Methoden in einem theoretisch immer schon mehr oder weniger vorstrukturierten Raum. Stets ist der Forschungsgegenstand schon irgendwie theoretisch – und sei es alltagstheoretisch – gefasst, bevor er methodisch weiter aufgeschlossen und schließlich theoretisch noch besser verstanden bzw. erklärt werden kann. Noch bevor im Forschungsprozess das empirische Instrumentarium der Befragung, Beobachtung oder Textanalyse zum Einsatz kommt, müssen Entscheidungen zur Reduktion der Komplexität der zu beobachtenden Umwelt getroffen werden. Um Fragen nach relevanten Ursachen, Faktoren und Zusammenhängen zu beantworten, müssen Forscher bereits Vorannahmen hinsichtlich möglicher Ursachen, Faktoren und Zusammenhänge haben. Dies können Alltagstheorien und Hypothesen sein, die dann im Forschungsprozess erhärtet, verworfen oder weiterentwickelt werden. Dies können aber auch bereits elaborierte, in der Forschergemeinschaft (scientific community) anerkannte Theorien sein. Die Politikwissenschaft macht – wie wir in Gliederungspunkt 2.3 gesehen haben – hier vom Neo-Behaviorismus über die Handlungs- und Systemtheorien bis zum Neo-Institutionalismus und den normativen Theorien (vgl. Reese-Schäfer 2012²) eine ganze Reihe teils konkurrierender teils sich ergänzender Theorieangebote, die den Erkenntnisprozess auf unterschiedlichen Forschungsgebieten orientieren – und die bei Bedarf weiterentwickelt werden. Theorien sind in diesem Sinne – wie Methoden – Werkzeuge. Wie Scheinwerfer leuchten sie bestimmte Zonen eines Raumes aus, der dann mit Hilfe empirischer Methoden genauer untersucht werden kann – andere dagegen bleiben im Dunkeln.

In den folgenden Kapiteln werden unterschiedliche, für die Praxis und Forschung Sozialer Arbeit relevante Schwerpunkte und theoriegeleitete Verfahren der Politikanalyse vorgestellt und methodisch im Detail entfaltet.

Teil II
Politikanalyse in der Sozialen Arbeit

Politikanalyse dient hier dem Zweck, sozialarbeiterisches/sozialpädagogisches Handeln zu kontextualisieren und aufzuklären sowie ihre (der Sozialen Arbeit) Politikfähigkeit zu steigern. Politikanalyse hat also einerseits Wissen zu generieren, das es ermöglicht die Praxis Sozialer Arbeit politisch einzuordnen, zu verstehen und kritisch zu hinterfragen. Gleichzeitig und darüber hinaus soll Politikanalyse Wissen zur Verfügung stellen, das es ermöglicht, Politik mit Blick auf ihre für Soziale Arbeit relevanten Entscheidungen zu beraten sowie das eigene politische Handeln zu informieren und weiter zu entwickeln.

Die folgende Einführung in die Praxis der Politikanalyse orientiert sich hierzu an dem bereits vorgestellten dreidimensionalen Politikbegriff. Sie gliedert Politikanalyse in eine inahltliche (Policy), institutionelle (Polity) und prozessuale (Politics) Dimension.

- Die im 3. Kapitel zu behandelnde inhaltliche Dimension stellt die Untersuchung der politikauslösenden Probleme und das darauf bezogene öffentliche Handeln (public policy) in den Vordergrund. Diese Problemanalyse will (als Programmanalyse) politische Maßnahmen (Gesetzte, Programme, Aktionspläne, Regelungen usw.), die zur Lösung oder Linderung spezifischer sozialer Probleme ergriffen werden, bewerten oder (als Optionsanalyse) die Folgen möglicher Handlungsalternativen abschätzen. Problemanalyse dient mithin der Evaluation bzw. Folgenabschätzung bereits realisierter aber auch erst im

Diskussionsprozess befindlicher politischer Maßnahmen. Hier wird relevantes Wissen zur Beratung von Politik erzeugt.

Problemanalyse reicht aber nicht aus, um zu verstehen, warum bestimmte Probleme die Aufmerksamkeitsschwelle überschreiten und auf die politische Agenda kommen, während andere ignoriert bzw. als unabänderlich toleriert werden; warum sich bestimmte Lösungen durchsetzen, Alternativen aber nicht beachtet bzw. vernachlässigt werden.

- Um zu verstehen, auf welchen Wegen, wie und warum, eine bestimmte Politik (Policy) Gestalt annimmt, gilt es im 4. Kapitel die instituionellen Rahmenbedingungen (Polity) zu analysieren (die sich nach formellen wie informellen Regeln, geteilten Erklärungsmodellen, Diskursen und Werten strukturieren).
- Ebenso sind hierfür (5. Kapitel) politische Arenen und die sich dort abspielenden, konkreten politischen Auseinandersetzungen (Politics) zu untersuchen, also die Konflikte und Kämpfe zwischen den beteiligten Akteuren. Hier kann Soziale Arbeit ‚lernen', wie sie die von ihr zu vertretenden Interessen wirksamer einbringen und durchsetzen bzw. Interessenträger in ihrer Durchsetzungsfähigkeit beeinflussen kann.

Politische Problemanalyse (Policy) 3

Politikanalyse auf dem Feld der Sozialarbeitspolitik (Social Work Policy) ist zunächst und vor allem Problemanalyse. In der Praxis geht es der Sozialen Arbeit – insbesondere den Sozialarbeiterinnen und Sozialpädagogen in der unmittelbaren Fallarbeit aber nicht minder den Geschäftsführerinnen, Abteilungsleitern oder Referentinnen – darum, für ihre Arbeit und Organisationen zu erfassen, welche Probleme die sozialpolitische Agenda bestimmen, mithin der Politik zur Bearbeitung aufgegeben sind, welche sozialpolitischen Ziele im je relevanten Subpolitikfeld der Sozialarbeitspolitik verfolgt und welche Programme[24] dazu implementiert werden, wie sich diese auf ihre Dienste auswirken und welche Entwicklungen zu erwarten sind. Denn sozialarbeiterische/sozialpädagogische Fallarbeit bleibt zusammenhangslos, sozialwirtschaftliche Organisationsentwicklung agiert blind, wenn sie ihren sozialpolitischen Ort nicht kennt. Fundiertes politisches Wissen mit Blick auf politikrelevante Problemstellungen und Programme, ist nicht nur unverzichtbar, um mögliche Leistungen den jeweiligen Klienten in vollem Umfang zugänglich zu machen, sondern auch um die eigene Arbeit zu verorten. Erst eine reflexive Haltung zum politischen Kontext der eignen Arbeit trägt dazu bei, durch sozialpolitische Vorgaben eröffnete Möglichkeiten zu nutzen, zu ihrer Optimierung beizutragen oder verdeckt wie offen auf ihre Umgestaltung hinzuarbeiten. Schließlich hilft politische Problemaufklärung zu vermeiden, dass Sozialarbeiterinnen und Sozialpädagogen in bester (Hilfe-)Absicht an der Umsetzung fragwürdiger bzw. ‚falscher‘ Ziele mitwirken. Auf der Organisationsebene erlaubt das Wissen um politische Probleme und darauf bezogene Programme die strategische Ausrichtung der Einrichtungen und Verbände. Auf welche sich eröffnenden, neuen Handlungs- bzw.

---

24 Unter einem politischen Programm sind alle Maßnahmen (Gesetze, Richtlinien, Förderpläne, Konzepte usw.) zu verstehen, welche die Politik ergreift, um ein als lösungsbedürftig erkanntes (soziales) Problem zu regeln bzw. zu bewältigen.

Geschäftsbereiche will man sich einlassen, wo zieht man sich besser zurück oder verweigert die Mitarbeit?

Zu unterscheiden sind die Problemanalyse als Programmanalyse im eigentlichen Sinne (3.1.) und die Problemanalyse als Optionsanalyse (3.2.). Während erstere politische Maßnahmen analysiert, die bereits umgesetzt werden (Ex Post-Analyse), untersucht die Options- oder Alternativenanalyse in der politischen Auseinandersetzung vertretene, erst geplante, politische Maßnahmenprogramme (Ex Ante-Analyse). Programmanalysen beruhen (1) grundsätzlich auf einem deskriptiven Teil (deskriptive Programmanalyse) und können (2) im Rahmen einer vergleichend wertenden Analyse (Programmevaluation) vertieft werden. Insbesondere dort, wo seitens der Sozialen Arbeit durch Politikberatung und Lobbying der Versuch unternommen werden soll, die Notwendigkeit bestehender Programme zu begründen oder ihre Reform bzw. Abschaffung anzumahnen, bedarf es der systematischen Evaluation. Dies kann im Rahmen der Einzelfallanalyse vor dem Hintergrund ausgewiesener Vergleichsmaßstäbe (Konsistenz, Effizienz/Effektivität, fachliche/ethische Standards) und/oder durch historische Untersuchungen (diachroner Vergleich) oder den synchronen Vergleich mehrerer Fälle erfolgen.

Sozialarbeitspolitische Programmanalyse zielt auf die politischen Inhalte (Policy-Dimension). Es geht ihr darum, zu klären, durch welche „Gesetze, Verordnungen, Entscheidungen, Programme und Maßnahmen" (Schubert / Bandelow 2009: 4) die Politik (in Kommune, Land, Bund oder EU) versucht, ein bestimmtes, der politischen Gestaltung aufgegebenes Problem zu lösen und welche beabsichtigten wie unbeabsichtigten Konsequenzen dies für die Soziale Arbeit (ihre Einrichtungen und MitarbeiterInnen, Organisation und Dienstleistungen, Leitbilder, Prinzipien und Handlungen) und ihre Klientel hat. *Wozu* macht Politik *was* mit *welchen* Konsequenzen?[25]

---

25 Eine treffende Bezeichnung der hier skizzierten Analyseform zu finden, erwies sich als schwierig. Denn in den folgenden Gliederungspunkten geht es wesentlich darum, den Inhalt einer Politik zu analysieren. Es geht also um die Policy-Dimension im eigentlichen Sinne. Allerdings wäre es irreführend das Kapitel mit Policy Analyse (policy analysis) zu überschreiben, da Policy Analyse in der Politikwissenschaft in ihrem Kern danach fragt, wie eine bestimmte Policy unter bestimmten Rahmenbedingungen (polity) als Ergebnis eines politischen Prozesses (politics) zustande kommt. Der Politikinhalt bzw. das Politikergebnis ist in solchen Untersuchungen die abhängige Variable (Wirkung). Das eigentliche Forschungsinteresse gilt den unabhängigen Variablen (Ursachen), welche die policy erklären können und die in polity und politics vermutet werden. Die reine Problemanalyse ist in diesem Zusammenhang nur Vor- bzw. Zuarbeit zur eigentlichen (politikwissenschaftlichen) Policy Analyse. Für die (politikwissenschaftliche Dimension der) Wissenschaft Soziale Arbeit aber ist gerade diese Problemanalyse von entscheidender, eigenständiger Bedeutung.

3.1 Problemanalyse als Programmanalyse

Im Folgenden sollen die im Rahmen einer wissenschaftlichen Programmanalyse zu gehenden Schritte systematisch erörtert und am Beispiel veranschaulicht werden. Selbstverständlich kann der skizzierte Ablauf nicht mechanisch umgesetzt werden (gleiches gilt für die in Abb. 14 und 21 skizzierten Designs einer Polity- bzw. Politics-Analyse). Genaue Reihenfolge, Detaillierungsgrad und Ausgestaltung der jeweiligen Untersuchungsschritte hängt ab vom jeweiligen Erkenntnisinteresse und Untersuchungsgegenstand (Fall). Jede Fallanalyse fordert letztlich ihr eigenes Untersuchungsdesign! Das nachfolgende Modelldesign bietet aber Anregung und Orientierung für die eigenen Policy-Forschungen, weil es relevante Schritte einer Untersuchung skizziert und auf ihre Bedeutung im Gesamtablauf hinweist.

1. **Den Untersuchungsgegenstand abgrenzen**
   Oder „Welche Politik/welches politische Programm soll untersucht werden?"
   a) Was ist Anlass bzw. Auslöser für die Untersuchung (Erkenntnisinteresse)?

   b) Welcher thematisch abgegrenzte, politische Problemzusammenhang soll untersucht werden (Definition des Untersuchungsgegenstands)?

   c) Wie lautet/lauten die erkenntnisleitende/n Frage/n (Arbeitsauftrag)?

2. **Den Forschungsstand erheben**
   Oder „Was können wir über den Forschungsgegenstand schon wissen?"
   a) hinsichtlich des politikauslösenden Problems

   b) hinsichtlich der politischen Problembearbeitung, seiner Ziele und Konsequenzen

3. **Den Problemzusammenhang erörtern**
   Oder „Welches Problem wird im hier untersuchten Fall von der Politik bearbeitet?"
   a) Wie ist das politikauslösende soziale Problem (mit Hilfe unterschiedlicher wissenschaftlicher Zugänge) zu beschreiben?

   b) Wie unterscheiden sich die Problemwahrnehmungen? Oder: für wen (Betroffene, Klienten, Umfeld, Öffentlichkeit, Ebenen der Politik) ist es ein (welches?) Problem?

   c) Welche Problemdefinition setzt sich durch? Welche Kausalitätshypothesen werden zur Entstehung bzw. Verursachung des Problems herangezogen?

Mit Problemanalyse ist diese Analyseform dann deshalb am treffendsten bezeichnet, weil politikwissenschaftlich nicht nur das politikauslösende Problem zu untersuchen ist, sondern auch die darauf gerichteten Programme (Problemlösungsversuche) problematisiert werden. Es geht um das zu lösende Problem ebenso wie um die Problematisierung der Problemlösungsstrategie. Es geht um den Problemlösungszusammenhang.

4. Die Ziele erfassen
Oder „Welche Absichten verfolgt die Politik?"

a) In welchen größeren sozialpolitischen Kontext (Arbeitsmarktpolitik, Bildungspolitik, Familienpolitik, Rentenpolitik, Wohnungsbaupolitik usw.) ist die jeweilige Politik einzuordnen? Welche Zielhorizonte werden dabei sichtbar?

b) Wer verfolgt welche Ziele?

c) Welche Prioritäten bzw. Zielkonflikte bestehen?

5. Die Programme darstellen
Oder „Wie versucht Politik ihr Ziel zu erreichen?"

a) Welche Steuerungsmedien (Gesetze, Geld, Gute Worte / ... ökologische und pädagogische Interventionen) werden (von wem) eingesetzt?

b) Welche Rechte, Pflichten, Leistungen und Dienste werden durch welche politischen Programme implementiert?

6. Die Konsequenzen aufzeigen
Oder „Welche beabsichtigten und unbeabsichtigten Nebenfolgen hat die jeweilige Politik (insb. für die Soziale Arbeit und ihre KlientInnen)?"

a) Wie ist der Zugang (zu Leistungen und Programmen) geregelt (Antragstellung, Niederschwelligkeit, Geh-/Komm-Struktur usw.)?

b) Wer bezahlt, wer erhält (nicht) welche Leistungen?

c) Wer (welches Interesse) profitiert wie viel von der jeweiligen Politik?

[7.] [Das Programm bewerten]

[Zur abschließend möglichen Bewertung von Programmen siehe den Abschnitt „Programmanalyse als Evaluation" am Ende dieses Gliederungspunktes und den nachfolgenden Gliederungspunkt 3.2]

Abb. 11 Untersuchungsschritte einer Programmanalyse als Fallanalyse
Quelle: eigene Darstellung

1. Abgrenzung des Untersuchungsgegenstandes

Zunächst geht es darum, das jeweilige *Erkenntnisinteresse* offen zu legen (will die folgende Untersuchung das Programm beschreiben und/oder erklären oder doch tiefgründiger verstehen und/oder bewerten; s. Schneider 2009a: 48 sowie Gliederungspunkt 3.2), den *Gegenstand der Untersuchung* zu bestimmen und *erkenntnisleitende Fragen* (systematische Fragestellungen) zu formulieren. Welches ist der Anlass der Untersuchung, in welchem Kontext (Praxisreflexion, Qualifikationsarbeit im Rahmen des Studiums, Evaluations- bzw. Forschungsauftrag usw.) findet sie statt? Welche eigenen Motivationen und Betroffenheiten spielen ggf. eine Rolle? Welche Interessen (beispielsweise eines Auftraggebers) sind zu berücksichtigen? Offenlegung und Klärung des Erkenntnisinteresses dienen der wissenschaftlich geforderten Transparenz. Sie bieten Adressaten Informationen, um Perspektive wie Reichweite oder ggf. Einseitigkeiten einer Studie einzuschätzen. Ausgehend vom jeweiligen Erkenntnisinteresse gilt es dann den Untersuchungsgegenstand zu definieren. Um welches, von der Politik zu bearbeitendes, Problem handelt es sich? Welcher Fall wird hier analysiert? Was ist die erkenntnisleitende Frage (systematische Fragestellung)?[26] Soweit es sich nicht um eine umfassend alle Aspekte eines bestimmten Politikfeldes enthaltende Forschungsarbeit (zur Armutspolitik, Behindertenpolitik usw.) handelt, wird der Untersuchungsgegenstand entweder thematisch (aktuelle gesellschaftliche Herausforderungen, eine bestimmte politische Reaktion, ein neues politisches Programm usw.) oder hinsichtlich der zu untersuchenden politischen Arena (EU, Bund, Land, Kommune, Organisation) weiter eingegrenzt werden müssen. Allerdings sind die Subfelder der Sozialarbeitspolitik aufgrund der föderalen Struktur des politischen Systems der Bundesrepublik Deutschland, des subsidiär organisierten Sozialstaats sowie ihrer supranationalen Einbindung im Rahmen der Europäischen Union stets von den Entscheidungen auf unterschiedlichen Politikebenen abhängig. Konzentriert sich die jeweilige Politikanalyse auf eine bevorzugte politische Ebene, so sind die anderen politischen Ebenen immer – mehr oder weniger – als ermöglichende wie begrenzende Rahmenbedingungen einzubeziehen.

Beispielhaft soll im Folgenden eine mögliche Programmanalyse im Feld der Wohnungslosenpolitik skizziert werden. Typischer Weise reicht auch das Feld der Wohnungslosenpolitik – bei unterschiedlicher Relevanz der Ebenen – über alle politischen Ebenen. „Auf der Ebene der sozialen Arbeit in den Diensten und Einrichtungen ist (…) (fach-)politisch zu reflektieren und zu bearbeiten, ob organisatorische Abläufe, Konzepte und Methoden zum Einsatz kommen, die den Problemlagen und Bedarfen angemessen sind und den Leitideen entsprechen, ob die Zielgruppen tatsächlich ausreichend erreicht werden und welchen Nutzen (…) sie aus der Arbeit ziehen. Auf der kommunalen Ebene (…) [geht es um] (…) Ausmaß von Problemlagen, Bedarfe und Strukturen und daraus sich ergebende Entwicklungsaufgaben und Forderungen (…). Schließlich ist Kommunen übergreifend (…)" (Nagel 2009: 48 f.) insbesondere die Bundesebene mit Blick auf die entsprechende Sozial- (SGB II/XII) und Wohnungsbaupolitik von erheblicher Bedeutung. Zu berücksichtigen wäre aber auch eine durch Initiativen der Europäischen Kommission und FENATSA (Fédération Européenne des Associations Nationales Travaillant avec les Sans-Abri) an Konturen gewinnende europäische Wohnungslosenpolitik.

---

26 Was wird wozu untersucht? Auf die Beantwortung dieser Frage(n) arbeitet die Untersuchung hin. Sie ist der ‚rote Faden' der wissenschaftlichen Arbeit.

Nehmen wir eine mögliche studentische Prüfungsleistung als Forschungsanlass: Angeregt durch Artikel, Kommentare und Leserbriefe in der lokalen Presse, die Stadt müsse sich endlich um die Lösung der Probleme mit störenden Wohnungslosen auf dem Bahnhofsvorplatz kümmern, beschließt eine studentische Arbeitsgruppe im Rahmen eines Lehrforschungsprojekts die Wohnungslosenpolitik ihrer Stadt zu untersuchen. Damit sind mehrere Entscheidungen gefallen. Es handelt sich um eine Untersuchung auf dem (Subpolitik-)Feld der Wohnungslosenpolitik und die kommunale Ebene wird im Fokus der Untersuchung stehen. Die Gruppe entscheidet ferner: Es soll die Wohnungslosenpolitik der Stadt X (Fallanalyse) untersucht werden. Als deskriptive (s. Erkenntnisinteresse) systematische Fragestellung ließe sich (vorläufig) formulieren: Welche Wohnungslosenpolitik verfolgt die Stadt X?

2. Erhebung des Forschungsstandes

Vor der Engführung auf den konkreten Fall sollten *Erhebungen zum Forschungsstand* stehen. Es gilt bereits vorhandene wissenschaftliche Arbeiten zum Themengebiet zusammenzutragen und mit Blick auf die erkenntnisleitende Frage auszuwerten und darzustellen. Welche Erkenntnisse gibt es zu den infrage stehenden Problemen? Wie werden die von der Politik zu bearbeitenden Problemzusammenhänge in den Sozialwissenschaften (bisher) beschrieben, verstanden und erklärt? Was hat die Soziologie, die Kulturwissenschaft, die Ethnologie, die Ökonomie zum jeweiligen sozialen Phänomen beizutragen? Zu welchen Ergebnissen hinsichtlich der politischen Problembewältigung kommen andere politikwissenschaftlich orientierte Untersuchungen dies- und jenseits der Wissenschaft der Sozialen Arbeit? Gibt es bereits Programmanalysen der interessierenden Policy? Zu welchen Ergebnissen gelangen sie?

Die Erhebung des Forschungsstandes orientiert das weitere Arbeiten. Sie schärft die eigene Fragestellung, verhindert, dass relevante Aspekte des Themas vergessen werden, weist auf Zusammenhänge hin, bietet einen Reflexionsrahmen für die eigene Fallanalyse und trägt durch die Verarbeitung vorhandenen Wissens zum Erkenntnisfortschritt bei. Sie schafft die Grundlage für die weitere Analyse. Sie sagt, was wir wissen können und wissen sollten.

Die Qualifikationsarbeit der Studierenden wird also breit einsteigen. Es gilt zunächst Wohnungslosigkeit aus sozialwissenschaftlicher Sicht zu definieren sowie als soziales Problem einzuordnen und dann die Wohnungslosenpolitik in Bund, Land und Kommune (eventuell auch der EU) zu beschreiben. Der Forschungsstand ist mittels Literaturrecherche (Monographien, Herausgeberbände – darunter Lexika und Handwörterbücher – , Zeitschriften, Internetquellen) sorgfältig zu erheben. Mit Blick auf die anschließende konkrete Fallanalyse sollten der Erkenntnisstand zum Phänomen der Wohnungslosigkeit, die Grundzüge der Wohnungslosenpo-

litik im Allgemeinen (Bund, Land, Europa) sowie eventuell bereits vorhandene
Untersuchungen zur kommunalen Wohnungslosenpolitik im Speziellen verarbeitet
und referiert werden (vgl. beispielhaft Krummacher 2011, der einen allgemeinen
Überblick zur kommunalen Wohnungspolitik bietet, oder Lutz / Simon 2007 zur
grundlegenden Einführung in Wohnungslosenpolitik und -hilfe oder zur Situierung
von Wohnungslosenhilfepolitik im umfassenderen Kontext laufender Sozialpoli-
tikreform (vgl. Simon 2005).

3. Erörterung des Problemzusammenhangs

Im nächsten Schritt widmet sich die als Fallanalyse konzipierte, beschreibende
Programmanalyse dem konkreten, Politik auslösenden Problem. Aus bereits
vorhandenen Studien (Sekundärliteratur), durch die Zusammenstellung und
Verarbeitung vorhandenen Datenmaterials und verfügbarer Statistiken (Sekun-
däranalyse) bzw. die Erhebung eigener Daten (Primäranalyse)[27] sollte der für
die Untersuchung relevante Problemzusammenhang möglichst präzise erfasst
werden. Dabei gilt es aber auch die unterschiedlichen Facetten der politischen
Problemwahrnehmung aufzudecken. Denn das politische Handeln wird oft
weniger durch die wissenschaftliche Problemerfassung als durch die interessen-
und wertgebundene Problemverarbeitung relevanter Akteure bestimmt. Denn
grundsätzlich gilt, soziale Probleme sind (immer auch) soziale Konstruktionen.
Mit der Problemdefinition beginnt der Policy-Cycle[28]. Sie ist entscheidend dafür
wie der politische Prozess weiter verläuft, welche politischen Lösungsstrategien
und Programme implementiert werden.

> „Let's look, for exemple, at the problem of homelesssness. The problem could be
> defined in terms of the large number of people who are suffering because they have
> no permanent and decent shelter. From this definition, the obvious policy response
> would be programs to provide an increased supply of low-cost housing and supportive
> services to enable people to take advantage of the housing. (...) But what of the policy
> of the city of Phoenix where the city council dealt with the homeless by removing
> their support system, including closing shelters, alcohol treatment programs, and
> residential hotels, and ordering the public works department to spray kerosene on
> trash so as to render any leftover food inedible? Obviously, the problem for the city
> of Phoenix was not that people were suffering due to lack of shelter and needed to be
> housed, but that homeless people were cluttering up the streets and needed to move
> elsewhere" (Popple / Leighninger 2011[5]: 76).

---

27 Zum Aufbau einer qualitativen Studie/Erhebung vgl. Gliederungspunkt 2.4.
28 Zum Phasenmodell des politischen Prozesses vgl. Gliederungspunkt 5. 2. (Policy Cycle).

Leitend ist hier die Frage, wer hat welches Problem mit dem infrage stehenden Untersuchungsgegenstand. Denn – Problemwahrnehmung ist immer eine Frage der Perspektive. Aufgrund unterschiedlicher Interessenlagen und politischer Positionen werden abweichende Einschätzungen und Bewertungen des Problems vorgenommen werden. Teils nutzen die politischen Akteure sozialwissenschaftliche Erkenntnisse und interpretieren sie im Lichte ihrer Interessen und Positionen, teils ignorieren sie sie. Jedenfalls ist die Problemwahrnehmung und Definition stets verbunden mit bestimmten (Kausal-)Annahmen über die das Problem verursachenden bzw. verschärfenden Faktoren, welche ihrerseits regelmäßig mit in bestimmten Gruppen vorherrschenden Menschen- bzw. Weltbildern zusammenhängen.

Im ausgewählten Beispiel wird sich die studentische Arbeitsgruppe, informiert durch das im ersten Schritt erworbene Grundlagenwissen (Fachbegriffe, vorhandene Erkenntnisse usw.) daran machen, das Problem der Wohnungslosigkeit in ihrer Stadt zu untersuchen. Es gilt vorhandene Berichte und Statistiken (Armuts-/Sozialberichterstattung; Jahresberichte der Obdachlosenwohnheime usw.) auszuwerten und eventuell eigene Untersuchungen anzustellen (Befragung, Experteninterview, Beobachtung). Auf diese Weise soll das Ausmaß (Quantität) wie Qualität des (politischen) Problems deutlich werden. Hilfreich ist dabei die Frage, wer eigentlich welches Problem mit dem infrage stehenden sozialen Phänomen hat und wie er/sie sich dieses Problem erklärt. Sicher ist Wohnungslosigkeit ein Problem für die betroffenen KlientInnen selbst. Aber es ist auch ein Problem für betroffene Anwohner, Eigentümerinnen oder Geschäftsleute, die sich organisieren. Für die Kommunalpolitik (Rat und Sozialverwaltung) ist es ein Problem, weil Kommunalpolitik sich aller Angelegenheiten der örtlichen Gemeinschaft annehmen muss (vgl. Art 28 Abs. 2 GG), weil sie als örtlicher Sozialhilfeträger zuständig ist und weil sie sich dem Druck der Öffentlichkeit ausgesetzt sieht. Nicht zuletzt können die lokalen Medien (Presse, lokales Radio und lokales Fernsehen) auf unterschiedliche Weise mit dem Problem umgehen. Auf diese Weise erhält man ein Bild unterschiedlicher Problemdimensionen, Problemwahrnehmungen und Problemverständnisse, welche die konkrete Politik prägen. Schließlich wird das Problem zur Herausforderung für die mit dem Thema befassten sozialen Einrichtungen und Verbände.

4. Erfassung der Ziele

Nahtlos schließt sich hier die Frage nach den manifesten wie latenten (nicht veröffentlichten) Zielen und Forderungen relevanter politischer Akteure an. Denn Politik entsteht in pluralistischen Demokratien aus der Konkurrenz und Auseinandersetzung unterschiedlicher Interessen und Positionen. Ebenso wie die Problemwahrnehmung werden auch die angestrebten politischen Lösungen von den zugrundeliegenden Interessen, Wertungen und Menschenbildern bestimmt. Um die Politik in einem bestimmten Feld und auf einer bestimmten Ebene zu erfassen, ist es deshalb unverzichtbar, die Positionen der wichtigsten Akteure zu erfassen. Welche Ziele verfolgen sie? Welche Interessen, Werthaltungen, Welt-/Menschenbilder bzw. Ideologien liegen den jeweiligen Forderungen zugrunde? Wer unterstützt die jeweils implementierte Politik und wer versucht sie zu verändern? Selbstverständlich werden sich die Interessen von Klienten, Wohnungseigentümerinnen, Anwohnern und Geschäftsleuten unterscheiden. Womöglich verfolgen aber auch die Experten der Sozialverwaltung und der Ratsmehrheit unterschiedliche Zielvorstellungen? Mitunter gibt es noch nicht einmal innerhalb der Einrichtungen und Verbände Sozialer Arbeit einen Konsens über die ‚richtige' Politik in einem bestimmten Bereich. Dieser Untersuchungsschritt schafft die Voraussetzungen, um die jeweils implementierten Politiken in das Kräftefeld eines Politikfeldes einzuordnen und trägt dazu bei die Konsequenzen einer Politik für unterschiedliche Gruppen abzuschätzen. Dabei wird eine Aufgabe stets darin bestehen auf den Zusammenhang zwischen expliziten, öffentlich verkündeten und zumeist ebenso vorhandenen impliziten, verdeckten Zielen zu reflektieren.

5. Darstellung der Programme

Im Zentrum der Programmanalyse aber steht die Darstellung und Untersuchung des von den politischen Entscheidern in Legislative und Administration dann tatsächlich beschlossenen Politikprogramms. Welches Programmpaket wurde/ wird zur Lösung des politikauslösenden Problems geschnürt (Politikformulierung vgl. Gliederungspunkt 5. 2.). Nun gilt es die jeweiligen ‚materiellen' Politikinhalte zu beschreiben. Mit welchen ‚Mitteln' versucht Politik (hier Rat und (Sozial-) Verwaltung) ihre Ziele zu erreichen? Welche Regelungen, Verordnungen, Gesetze, Programme und Stellungnahmen gibt es, mit deren Hilfe das jeweilige Problem angegangen wird? Welche formellen gesetzlichen Grundlagen existieren? Welche informellen Regelungen sind auszumachen? Welche Leistungen werden unter welchen Umständen gewährt und in welchem Umfang wird wie (Zuschüsse, Entgelte) soziale Infrastruktur finanziert und organisiert?

Besonders aufschlussreich ist es dabei (erneut), (a) aufzudecken, welche Wertegrundlage (menschliche Würde, Freiheit, Leistung, Gleichheit, Brüderlichkeit, Arbeit, Sorge usw.) die jeweils forcierten Maßnahmen haben und (b) die zugrundeliegenden theoretischen Annahmen zu menschlichem Verhalten (Opfer der Gesellschaft vs. individuelles Scheitern, Sozialisationstheorien usw.) und gesellschaftlicher Entwicklung (von der Individualisierungstheorie bis zum broken-windows Ansatz) herauszuarbeiten.

Wie sieht die Wohnungslosenpolitik der Stadt X aus? Welche Maßnahmen ergreift sie? Wie geht sie mit Wohnungsnotfällen um? Wie versucht sie zu steuern?

Wie gestaltet sie die Nutzung öffentlicher Räume (vgl. bspw. Simon 2001)?[29] Insgesamt entsteht auf diese Weise (Schritte 2-5) ein detailliertes Bild der kommunalen Wohnungslosenpolitik einer konkreten Stadt.

6. Aufzeigen der Konsequenzen

Schließlich gilt es mit Hilfe von Literaturrecherche und Dokumentenanalyse womöglich aber auch über Experteninterviews, Umfragen und Beobachtungen die Ergebnisse und Konsequenzen einer Politik zu referieren. Welche statistischen Daten zur Entwicklung der Wohnungsnotfälle in einer Stadt gibt es? Was sagen die Jahresberichte der Wohnungslosenhilfe zur Nutzung bestimmter Angebote und zur Bewilligung bestimmter Hilfen? Welche Probleme ergeben sich hinsichtlich des Zugangs zu bestimmten Hilfen? Hat sich der Versorgungsgrad bestimmter Zielgruppen durch ein neu implementiertes Programm verändert? Welche Folgen haben ausgesprochene Platzverweise? Welche unbeabsichtigten Nebenfolgen und Mitnahmeeffekte ergeben sich beispielsweise für den lokalen Wohnungsmarkt bei der Übernahme von Mietrückständen durch die Kommune oder die Einweisung von Wohnungsnotfällen in Pensionen? Oder welche Folgen hat der Rückzug des Bundes, der Länder und der Kommunen aus dem Sozialen Wohnungsbau (vgl. Krummacher 2011)? Im Rahmen dieses Untersuchungsschritts werden die Umsetzung (Implementation) einer bestimmten Politik (Phase der Implementation) und die sich zeigenden, konkreten Ergebnisse dieser Politik untersucht.

Die skizzierte deskriptive Politikanalyse liefert erste, gerade mit Blick auf die Praxis Sozialer Arbeit wichtige Erkenntnisse zum untersuchten Politikfeld. „Während die Deskription in soziologischen Lehrbüchern häufig äußerst nebensächlich behandelt wird, ist in der Politikwissenschaft und insbesondere in der Politik selbst die genaue Erfassung und Beschreibung nicht selten das Hauptziel der Untersuchung" (Westle 2009: 79). Sorgfältig durchgeführt verschafft sie detaillierte und strukturierte Kenntnisse zum auslösenden (politischen) Regelungsbedarf (jeweiliges

---

29 Wie unterschiedlich kommunale Politik gestaltet sein kann, lässt sich beispielsweise am Umgang mit dem für viele Obdachlose existenziellen Betteln zeigen. Während manche (weniger werdende) Städte das Betteln auf öffentlichen Plätzen grundsätzlich tolerieren, gehen fast alle bayerischen Großstädte seit Jahren massiv gegen jede Form des Bettelns vor. Dabei folgen sie zumeist dem Münchner Beispiel. Weil Kommunen nach geltender Rechtsprechung des Bundesverfassungsgerichts „die bloße Konfrontation mit dem Anblick von Armut nicht kriminalisieren dürfen, mithin Betteln als solches nicht verbieten dürfen, kam die Stadt München 1980 auf die Idee oder besser den juristischen Trick Betteln als Gewerbe zu betrachten, für das man eine Genehmigung braucht, die dann nicht erteilt wird. Betteln wird so per kommunaler Satzung zur genehmigungspflichtigen Sondernutzung. Zuwiderhandlung wird als Ordnungswidrigkeit verfolgt" (vgl. SZ Nr. 257 vom 8. November 2011: 33).

‚Soziales Problem'), erzeugt fundiertes Wissen über die gesetzlichen, verwaltungstechnischen oder organisatorischen Regelungen und Programme und macht die
beabsichtigten und unbeabsichtigten Konsequenzen einer Politik deutlich. Insofern
hat die deskriptive Vorgehensweise ihren eigenen Wert.

Eine kritische Reflexion der zur Untersuchung anstehenden Politik ist damit aber
noch nicht gegeben. Und eine vollständige sozialarbeiterische/sozialpädagogische
Soziale Diagnose kommt ohne Problem- und Programm*bewertung* nicht aus (vgl.
Staub-Bernasconi 2007: 288 ff.).

Programmanalyse als Evaluation

Auch die je eigene sozialarbeiterische/sozialpädagogische Tätigkeit oder Organisation
einzuordnen, erfordert eine explizite Bewertung der jeweiligen Politik. Wertungen
werden sich zwar auch auf der Ebene der bisher erörterten deskriptiven Analyse
nicht völlig vermeiden lassen. Auch das bloße Sammeln und Strukturieren der Daten
und Aussagen folgt Wertungen und führt zu Wertungen. Diese Wertungen bleiben
aber vor dem Hintergrund der Bemühungen um möglichst korrekte Darstellung
implizit. Die wissenschaftliche Bewertung allerdings verlangt die Offenlegung und
systematische Anwendung der verwandten Maßstäbe. Für die Politikevaluation
können drei Bewertungsmaßstäbe bzw. Bewertungsdimensionen unterschieden
werden: (I) Logik, (II) Effektivität und Effizienz (Funktionalität und Ökonomie) und
schließlich (III) Legitimität (vgl. zum Folgenden Popple / Leighninger 2011[5], 46-49)
und muss nach den Konsequenzen mit Blick auf die unterschiedlichen Stakeholder
(die Öffentlichkeit/Gesellschaft, die Soziale Arbeit (als Profession und Disziplin),
die Träger und Einrichtungen Sozialer Arbeit, die Klientel) gefragt werden.

Zur logischen Stringenz einer Politik

* Zunächst kann jede Politik an ihren eigenen Zielen gemessen werden. Erreicht
  die Politik mit den von ihr beschlossenen Maßnahmen und zur Verfügung
  gestellten Mitteln, die selbst gesteckten und mit dem jeweiligen Programm
  verkündeten Ziele? Hier müssen entsprechende Daten (vorzugsweise im Längs-
  schnitt) herangezogen oder erhoben werden, um die durch eine bestimmte
  Politik verursachten Veränderungen zu erfassen.
* Eine jede Politik kann und sollte auf ihre innere Konsistenz bzw. Stimmigkeit
  überprüft werden. Diesem Bewertungsschritt liegt die Annahme zugrunde,
  dass eine in sich widersprüchliche Politik (a) schlechter zu vermitteln ist und
  (b) nicht zu den gewünschten Ergebnissen führen kann. Zu unterscheiden sind
  im Wesentlichen drei Dimensionen in denen eine Politik widersprüchlich sein
  kann: Politik kann erstens in ihren Zielen, zweitens in der Ziel-Mittel Relation

und drittens mit Blick auf Folgen und Nebenfolgen der jeweiligen Politik Inkonsistenzen aufweisen.

a. Politiken verfolgen in der Regel mehrere Ziele gleichzeitig. So wird die Obdachlosenpolitik einer Kommune einerseits stets darauf gerichtet sein, Sicherheit und Ordnung in öffentlichen Räumen zu gewährleisten. Gleichzeitig gilt es die Obdachlosen in ihrem Recht als BürgerInnen, sich in diesen öffentlichen Räumen aufzuhalten, zu respektieren. Hier treten Zielkonflikte zutage. Es wird deutlich, dass nicht beide Ziele in gleichem Maße zu erreichen sind bzw. welches Ziel nur auf Kosten anderer Ziele zu verwirklichen ist.

b. Zur Verwirklichung von Zielen werden bestimmte Mittel eingesetzt. Dabei geht es hier noch nicht um eine Überprüfung der Effektivität der Mittel (s. u.), sondern um die logische Stimmigkeit oder Passung des Ziel-Mittelverhältnisse. Anders gesagt: Passen die angewandten Mittel zu den angestrebten Zielen? Eine Politik, die vorgibt die Selbständigkeit der Klienten zu fördern, dabei aber ausschließlich oder überwiegend auf Zwang und Kontrolle setzt, ist offensichtlich widersprüchlich.

c. Aber: „Even when goals are consistent and there is a clear logical relationship between ends and means, public policies may have unintended consequeces that can be worse than the original problem" (Pal zitiert nach Popple / Leighninger 2011[5]: 47). Hier geht es darum, beabsichtigte Folgen und unbeabsichtigte Nebenfolgen vergleichend nebeneinander zu stellen. Unbeabsichtigte Nebenfolgen können den Erfolg einer Politik konterkarieren oder sogar in sein Gegenteil verkehren. Dann führt beispielsweise eine Politik, die darauf zielt, Menschen mit Hilfe öffentlich geförderter Arbeit in den Arbeitsmarkt zu reintegrieren dazu, dass reguläre Arbeitsplätze vernichtet werden und damit bislang integrierte Arbeitnehmer in die Arbeitslosigkeit gedrängt werden.

Zur Effektivität und Effizienz einer Politik

(Neoliberale) Kritik an der Leistungsfähigkeit und den Kosten des Sozialstaats hat in den letzten Dekaden zu Rufen nach systematischer empirischer Überprüfung der Effektivität und Effizienz (politischer) Maßnahmen auf den Feldern der Sozialpolitik wie der Sozialarbeitspolitik geführt. Auch legt die zunehmende Komplexität gesellschaftlicher Problemzusammenhänge nahe, mögliche politische Reformen zunächst in Modelprojekten auszuprobieren, die dann sorgfältig evaluiert werden müssen, um angemessene Folgerungen für die Umsetzung flächendeckender Programme zu ziehen. Evaluationsstudien, welche die Effektivität einer Politik untersuchen, versuchen mit den Mitteln empirischer Sozialforschung herauszufinden, ob und inwieweit eine Politik ihre vorgegebenen Ziele erreicht: Konnte die Zahl der Wohnungsnotfälle durch eine spezifische sozialpolitische Intervention tatsächlich gesenkt werden? Wurde das subjektive Sicherheitsgefühl der BewohnerInnen eines Stadtteils durch städtebauliche Maßnahmen erhöht? Effizienzanalysen fragen dagegen nach der Kosten-Nutzen-Relation. Wie hoch sind die Kosten eines Programms und welcher „Social Return of Investment" (SROI) lässt sich messen. Zu unterscheiden ist natürlich stets zwischen Primärstudien und Sekundärstudien. Im Rahmen der oben erwähnten studentischen Qualifikationsarbeit wird man in der Regel keine Primärstudie mit eigenen sozial- und wirtschaftswissenschaftlichen Erhebungen und Analysen durchführen können, sondern vorhandene Primärstudien auswerten und falls möglich vergleichen.

Zur Legitimität einer Politik

Schließlich kann Politik auf ihre ethische Qualität hin überprüft werden. Zu fragen ist hier, allgemein, inwieweit Ziele und Mittel der Politik den Menschen-/Bürgerrechten (wie sie im Grundgesetz verankert sind) entsprechen, und speziell, inwieweit die durch die Politik implementierte Soziale Arbeit den berufsethischen Standards Sozialer Arbeit (Codes of Ethics des DBSH bzw. von IFSW und IASSW) genügt. Hier spielen grundsätzliche Erwägungen mit Blick darauf, ob eine bestimmte Politik die Würde betroffener Personen achtet oder ihr Recht auf Freiheit und Selbstbestimmung missachtet ebenso eine Rolle, wie die Überprüfung ob und inwiefern Richtlinien und Vorgaben die Grundsätze des Datenschutzes verletzen. Wird in den Unterstützungsleistungen für Wohnungslose ihr Recht auf Privatsphäre geachtet? Sind die ergriffenen Maßnahmen geeignet ihr Recht auf ein Leben in Würde zu gewährleisten? Achtet die umgesetzte Wohnungslosenpolitik die Wohnungslosen als Burger der Stadt? Soziale Arbeit muss Politik ethisch bewerten, denn sie ist handlungsorientiert und muss Ziele setzten. Sie darf dabei aber nicht vergessen, dass auch ethische Grundsätze nicht in jeder Situation gleichermaßen widerspruchslos zu verwirklichen sind. Es gilt, reflektierend unterschiedliche normative Ansprüche casuistisch gegeneinander abzuwägen und Einschränkungen zu begründen.

Historischer (diachroner) und räumlicher (synchroner) Vergleich

Ferner kann der Erkenntnisgewinn von Evaluationen durch den historischen (diachronen) und/oder den synchronen Vergleich gesteigert werden.

- Historischer (diachroner) Vergleich: In Andeutungen wird in der Regel bereits die deskriptive Analyse historische Bezüge aufweisen. „It is difficult, if not impossible, to analyse any current policy without at least a brief review of preceding events. Historical analysis, as a policy analysis type, goes well beyond this and is based on the assumption that current policies can be fully understood only

if we have a thorough understanding of their evolution" (Popple / Leighninger
2011[5]: 45). Historische Politikanalyse zeigt, wie eine bestimmte Politik über
einen längeren Zeitraum hinweg entstanden, vielleicht gereift, ist. Dabei kann
einerseits deutlich werden, dass die gegenwärtige Politik im Sinne der „Pfadabhängigkeit" die Fortsetzung eines einmal eingeschlagenen Lösungsweges ist.
Die historische Analyse trägt dann dazu bei, „to explicate that trend and to
understand why it has continued" (ebd.). Andererseits kann die historische
Analyse auch einen radikalen Wandel des politischen Handelns in einem Feld
aufdecken und Hinweise auf dessen Ursachen liefern (vgl. ebd.). Oft wird die
historische Politikanalyse als lästige Pflicht im Rahmen einleitender Kapitel
abgehandelt. „This brief introduction often does little to demonstrate the evolution of policies over time, the similarities and differences between policies of
different periods, the criticisms levied against particular approaches, the strategies
used by policymakers in the past, their underlying assumptions about causes
of social problems, and the impact of social, political, and economic factors on
the policies they promoted and the programs they designed. Yet knowledge of
all these factors is relevant to understanding, evaluation and even changing
current policies" (ebd. 56). Die (Interessen-)Geschichte einer Politik zu kennen,
hilft sie zu verstehen, zu bewerten und zu verändern. Dies gilt für alle Ebenen
des politischen Handelns. Auch dort wo man daran geht, die Politik einer
Organisation, ihre geschriebenen und ungeschriebenen Regeln zu verändern,
muss man sich mit ihrer Entstehung beschäftigen. Ansonsten läuft man Gefahr,
alte Gräben aufzureißen und starke beharrende Kräfte zu übersehen (vgl. ebd.
57). Selbstverständlich bedarf auch die historische Analyse forschungsleitender
Fragen. Ohne eine gewisse Orientierung, wonach man im Meer historischer
Fakten sucht, wird die Forscherin in der Flut gesammelter Daten untergehen.

Bezogen auf das oben gewählte Beispiel der Wohnungslosenpolitik wird man
in ihrer historischen Analyse ihren Wandel zu beschreiben versuchen und sich
Fragen: Unter welchen sozialen, kulturellen und ökonomischen Bedingungen
wurde welche Wohnungslosenpolitik verfolgt, wer hat zu ihrer Gestaltung beigetragen und welche Interessen haben sich durchgesetzt usw. (vgl. als Beispiel die
historische Analyse zur Wohnungslosenpolitik von Preußer 1993). Anschließend
gilt es mit Blick auf die forschungsleitenden Fragen Daten (historische Fakten)
zu sammeln. Daten können bereits vorhandene und veröffentlichte Untersuchungen (Sekundärquellen) oder Primärquellen wie Protokolle, Gesetzestexte,
Zeitungsartikel, Ton-, Bild- und Filmdokumente, Reden, Zeitzeugeninterviews
usw. sein. Selbstverständlich gehört zur wissenschaftlichen historischen Analyse
die Einordnung und Einschätzung der Quellen (Quellenkritik). Es gilt die Echtheit
und den Entstehungskontext zu prüfen sowie die Absichten der Textproduzen-

tInnen einzuschätzen. Schließlich gilt es die Daten sorgfältig und systematisch zu interpretieren und zu einem Gesamtbild zur Beantwortung der aufgeworfenen Fragen zusammen zu fügen. „[T]he historian uses the evidence with 'informed common sense' to demonstrate the probability that a certain event occurred for particular reasons and with particular results" (ebd. 64)[30]. Zur Vermeidung systematischer Fehler muss dabei kritisch reflektierend der jeweilige kulturelle wie zeitgeschichtliche Kontext beachtet werden. Kurzschlüssige egozentrische bzw. ethnozentrische Übertragungen sind zu vermeiden (vgl. insgesamt ebd. 54-71).

- Synchroner Vergleich meint hier die vergleichende Analyse zweier oder mehrerer Fälle. Der Vergleich wird oftmals als der „Königsweg der Politikwissenschaft" (vgl. Berg-Schlosser 2005: 170) bezeichnet. Er ersetzt das regelmäßig für die Politikwissenschaft nicht mögliche Experiment[31]. Mit Blick auf das hier gewählte Beispiel der Obdachlosenpolitik ließe sich beispielsweise die Obdachlosenpolitik der Kommune X mit der Obdachlosenpolitik der Kommune Y vergleichen oder im Rahmen einer internationalen Vergleichsstudie die Obdachlosenpolitik Frankreichs und der USA vergleichen, wie das Sabine Ruß (2005) mit Blick auf die sehr spezifische Fragestellung der (zumeist advokatorischen) Interessenvertretung Wohnungsloser in ihrer als Qualifikationsarbeit (hier: Habilitationsschrift) gefertigten Studie „Interessenvertretung als Problemkonstruktion" getan hat[32]. Der auch über qualitative Einzelfallanalysen mögliche Erkenntnisgewinn (Zusammenhänge zu verstehen und Einflussfaktoren zu identifizieren; vgl. Westle 2009: 99) wird durch den Fallvergleich gesteigert. Grundsätzlich gilt es die Fallauswahl mit Blick auf die Forschungsfrage zu begründen. Dabei kann sich „[d]ie Auswahl der Fälle (...) am Prinzip des maximalen Kontrastes oder der maximalen Ähnlichkeit orientieren" (ebd. 100; ausführlich Blatter u. a. 2007: 140 ff.). Für das hier gewählte Beispiel einer studentischen Forschungsgruppe wäre

---

30 Ein herausragendes Beispiel wie historische (Politik-)analyse und Theoriebildung ineinander fließen können, stellt die posthum erschienene Studie von Hans Scherpner (1962) dar. Dieser entwickelt aus einer sozial- und ideengeschichtlichen Analyse zum Thema Armut und Almosenwesen seine „Theorie der Fürsorge".

31 Wenngleich es hier festzuhalten gilt, dass die Politik selbst – angesichts der Komplexität moderner Gesellschaften und ihrer Sozialpolitik – in Form sogenannter Modellprojekte und gesetzlich verankerter Experimentierklauseln zunehmend die Form des Experiments verwendet, um politische Interventionen zu erproben und weiter zu entwickeln.

32 Gerade internationale Vergleiche können die Fachdiskussion anregen, weil sie vor dem Hintergrund abweichender Sozialstaatsmodelle und politischer Kulturen oftmals Lösungsalternativen aufzeigen, die im eigenen nationalen Diskurs nicht wahrgenommen oder allzu leicht als nicht umsetzbar denunziert werden. Schließlich werden die eigenen Möglichkeiten und Begrenzungen in der Verfremdung durch die internationale Perspektive deutlicher.

es – falls mit vertretbarem Aufwand leistbar – sicher sehr aufschlussreich zwei
nach ihre Größe, Sozialstruktur und Wohnungsproblematik sehr ähnliche mit
Blick auf die entsprechenden Programme und Ziele der Wohnungslosenpolitik
aber möglichst unterschiedliche Städte gegeneinander zu stellen, um die Effekte
bestimmter Politiken herauszuarbeiten und bewerten zu können. Dabei gilt es
alle relevanten Aspekte der in den Vergleich einbezogenen Fälle herauszuarbeiten
und sie damit dem Vergleich zugänglich zu machen. Worin gleichen sich die
analysierten Fälle? Inwiefern weichen sie voneinander ab? Lassen sich aus den
festgestellten Ähnlichkeiten oder Abweichungen begründete Hypothesen über
Zusammenhänge zwischen Kontextbedingungen (Sozialstruktur, Wirtschaft,
Parteienkonkurrenz, Akteursinteressen usw.), politischen Programmen und
ihren Konsequenzen entwickeln? Schließlich ist für die Soziale Arbeit von
besonderem Interessen: Welche unterschiedlichen Konsequenzen (für die
Klienten wie für die Fachkräfte und Organisationen Sozialer Arbeit) haben
unterschiedliche Programme?

3.2   Problemanalyse als Alternativen-/Optionenanalyse

PraktikerInnen der Sozialen Arbeit müssen nicht nur daran interessiert sein, laufende
Politikprogramme (ex post) zu analysieren. Mindestens ebenso wichtig ist es, in
politischen Auseinandersetzungen (ex ante) Alternativen gegeneinander abwägen
zu können. Was wird eine Reform in einem bestimmten Politikbereich bringen?
Was bedeuten eventuelle Gesetzesänderungen für die Organisation sozialer Dienste
und die Lage der KlientInnen? Welche Konsequenzen sind bei Einführung neuer
Finanzierungsmodelle oder alternativer Programme zu erwarten? Oder – ganz
grundsätzlich: Welche Alternativen stehen eigentlich zur Verfügung, um ein bestimmtes soziales Problem zu lösen oder zu lindern (vgl. „Choice Analysis" Popple /
Leighninger 2011[5]: 37-44)? Solche und ähnliche Fragen versucht man mit Hilfe einer
Options- / Alternativenanalyse zu beantworten. Es geht darum, Reformvorschläge
auf ihre möglichen positiven wie negativen Folgen im Vergleich zur bisherigen Politik
abzuschätzen oder mehrere Reformalternativen in ihren möglichen Konsequenzen
zu bewerten. Ziel ist es, sich (mit guten Gründen, verantwortungsvoll) im Streit um
politische Alternativen zu positionieren. Dabei entspricht der Forschungsprozess
in seiner Systematik der bereits vorgestellten Programmanalyse. Inhaltlich sind
insbesondere folgende Dimensionen zu analysieren:

Situationsanalyse
- Problemzusammenhang (aus unterschiedlichen wiss. Perspektiven: sozial, ökonomisch, rechtlich, ethisch, politisch usw.)
- Entwicklung und historischer Hintergrund des Problemzusammenhangs
- Problemwahrnehmung in der öffentlichen, politischen Diskussion (z. B. leitende, das Feld charakterisierende Diskurse und Paradigmen; abweichende Einschätzungen usw.)
- bestehende Problemlösungen (status quo)

Programmbeschreibungen (Vorstellung der (Lösungs-) Alternativen)
- Programmziele
- geplante(r) Programmschritte / -ablauf
- Programmcharakter (universal/selektiv)
- Leistungsprinzipien (z. B.: Subjekt-/Objektförderung usw.)
- Leistungsarten (z. B.: Rechte, Geld, Soziale Dienste)
- Finanzierung (z. B.: Steuern, Abgaben, Leistungsentgelte, Pauschalfinanzierung usw.)
- usw.

Bewertung der Alternativen
- Rekonstruktion der (kritischen) Fachdiskussion/Positionen relevanter politischer Akteure (Inhaltsanalyse von Dokumenten, Aussagen usw.)
- Folgenabschätzung mit Blick auf
  - Klientel
  - Profession (die fachliche Perspektive)
  - Organisationen Sozialer Arbeit
  - Gesamtgesellschaft (ökonomisch, sozial, ethisch ...)
- Verwirklichungschancen

Abwägendes Urteilen (eigene Position)

Abb. 12 Alternativen- bzw. Optionenanalyse
Quelle: eigene Dastellung

Die Vorgehensweise entspricht – wie bereits festgestellt – in ihrer Grundstruktur der geschilderten Programmanalyse. Sie steht aber im Übergang von der Deskription der Programmatiken zur Bewertung der Alternativen vor besonderen Herausforderungen, weil die Folgen einer erst im Diskussions- bzw. Planungsstadium befindlichen Politik ja nicht beobachtbar sind[33]. Die Forscherin muss hier also eine Folgenabschätzung vornehmen. Sie muss wissenschaftlich geleitete Vermutungen (scientific guesses) anstellen. Sie wird dies tun, indem Sie (mehr oder weniger)

---

33 Der Alltag politischen Räsonierens wird durchgängig durch entsprechende ad hoc Bewertungen bestimmt. Wir hören oder lesen von Vorschlägen und Planungen wie sie von unterschiedlichen Akteuren in die politische Auseinandersetzung geworfen werden, wir nehmen Teile des Vorschlags wahr, befürchten oder hoffen vor dem Reflexionshintergrund unseres erworbenen politischen und sozialen Wissens und nehmen aufgrund dieser Bewertungen eine ablehnende oder befürwortende Haltung ein.

gesicherte Erkenntnisse über die Wirkzusammenhänge im fraglichen Politikfeld ebenso heranzieht wie sie Analogieschlüsse mit Blick auf andere Politikbereiche herstellt und allgemeine sozial- sowie politikwissenschaftliche Erkenntnisse aber auch erneut historische und ethische Überlegungen einbezieht. Zentral ist, dass die angelegten Bewertungsmaßstäbe wie die vermuteten Folgen in Argumentation und Begründung transparent und nachvollziehbar sind.

Mit Blick auf die Folgenabschätzung steht der Forscherin grundsätzlich das Methodenspektrum empirischer Sozialforschung (vgl. Gliederungspunkt 2.4) zur Verfügung. Dort, wo es darum geht, die Folgen für konkrete Stakeholder (Klientinnen, Einrichtungen und Träger Sozialer Arbeit usw.) abzuschätzen, erscheint es angemessen, diese in der Studie selbst zu Wort kommen zu lassen. Dies kann einerseits mit Hilfe von Befragungen (Betroffenen-, Experteninterviews (qualitativ/quantitativ)) geschehen oder muss über die systematische Sammlung und Auswertung ((qualitative) Inhaltsanalyse) vorliegender Stellungnahmen zum Thema (Texte, Ton-, Bild- und Filmdokumente) erfolgen. Bei vorliegenden Stellungnahmen gilt es offenzulegen und zu berücksichtigen, um welche Textsorte es sich handelt (Gutachten, Expertise, Stellungnahme, Interview, Zeitungsartikel usw.) und wer den Text aus welchem Anlass, mit welcher Absicht verfasst hat (Quellenkritik). Bei der Abschätzung allgemeiner gesellschaftlicher (ökonomischer, ökologischer, sozialer) Folgen bestimmter Handlungsoptionen wird man dagegen in der Regel auf bereits vorhandene wissenschaftliche Literatur zurückgreifen, um die dort entfalteten Erkenntnisse zur Einschätzung der in Frage stehenden Handlungsoptionen heranzuziehen.

Eine besonders wichtige Frage des analytischen Teils einer Optionsanalyse ist die Frage nach den Verwirklichungschancen einer bestimmten Politik. Denn politisches Handeln kann sich nicht auf die Konstruktion von Ideallösungen versteifen, sondern muss auch auf die Durchsetzungs- und Umsetzungsfähigkeit einer Politik achten. Bei der Abschätzung von Verwirklichungschancen spielen die anzunehmenden Kosten im Kontext gegebener Haushaltsdefizite ebenso wie allgemeine Erkenntnisse zu sozialpolitischen Reformen (bspw. Pfadabhängigkeit) oder Prognosen zu relevanten gesellschaftlichen Entwicklungen (bspw. Demographischer Wandel, Wertewandel, Wandel der Arbeitsverhältnisse, Wandel familiärer Lebensformen usw.) wie auch Mehrheits- und Machtverhältnisse eine Rolle. Letztlich kann die Sozialwissenschaftlerin auch bei Einbeziehung möglichst vieler relevanter Faktoren und Erkenntnisse immer nur Wahrscheinlichkeitsaussagen treffen und damit mögliche Verwirklichungschancen abschätzen, denn die Zukunft ist offen und Politik ist nicht nur von Strukturen und systemischen Zusammenhängen abhängig sondern wird auch von handelnden Akteuren gestaltet.

Institutionenanalyse (Polity)

4

Oben wurde deutlich, dass eine Policy (etwa Wohnungslosenhilfepolitik) in ihren Alternativen und Varianten nicht bereits aus sich heraus (anerkanntem Problemdruck und sachlichen Lösungsmöglichkeiten) verstehbar ist. Denn zum einen hängt sie an konkretem Engagement individueller und institutioneller Akteure für oder gegen eine Lösung (Politics). Zweitens spielt sich dieser Politikprozess, in dem über die inhaltliche Ausgestaltung eines Politikfeldes gerungen und entschieden wird, stets in einem spezifischen formalen Rahmen von Spielregeln der Politik ab, der Akteurskonstellationen, deren Problemsichten und Lösungsmöglichkeiten mit prägt.

Warum wird etwa bei Jugendhilfeplanung sofort an die kommunale Ebene und den nötigen Einbezug des Jugendhilfeausschusses gedacht, bei der Asylpolitik hingegen an die Bundespolitik und vielleicht auch daran, dass Asylbewerber als potentielle Wähler mangels Stimmrecht uninteressant sind? Politikfelder sind in unterschiedlicher Art und Weise verbunden mit bestimmten Handlungsebenen und Regeln des Politikprozesses im Mehrebenensozialstaat.

4.1 Handlungsebenen, Institutionen und Kompetenzen in Gesellschaft und Staat

Dabei ist diese Mehrebenenhaftigkeit gleich eine doppelte: vertikale (staatlicher Ebenen) und horizontale (staatlicher und nichtstaatlicher Akteure). Nicht umsonst etwa wählten die Herausgeber eines bedeutenden politikwissenschaftlichen Lexikons (Drechsler / Hilligen / Neumann 2003[10]) den Titel und dabei die Reihung „Gesellschaft und Staat". Auch die Geschichte der Armenhilfepolitik etwa beginnt nicht-staatlich und zudem lokal, statt als zentralstaatliche Armenhilfepolitik.

		horizontal		
		gesellschaftlich	staatlich	betrieblich
		(Selbsthilfe / freie Wohlfahrt)	(Soziale Sicherung)	(betriebliche / tarifliche Sozialpolitik)
vertikal	lokal	existenzunterstützende Angebote (z. B. Tafeln)	Notunterkünfte	Werkswohnungen
	regional	Einrichtungen der Behindertenhilfe	Landesjugendpläne	Tarifurlaub
	national	BAG Wohnungslosenhilfe	Asylbewerberleistungsgesetz	Mindestlohnvereinbarungen
	makroregional (europäisch)	European Anti Poverty Network	Europäische Asylpolitik (Dublin II)	Europäische Betriebsräte
	international	Katastrophenhilfe	UN-Kinderrechtskonvention	IAO-Konventionen[34]

Abb. 13 Handlungsebenen im Sozialstaat anhand von Beispielen
Quelle: eigene Darstellung

Im Rahmen des im letzten Kapitel angesprochenen synchronen Vergleichs von (Sub-)Politikfeldern wird deutlich, dass die hierfür einschlägigen Regeln der Kompetenzordnung, der Entscheidungsfindung und der Beteiligung daran bestimmte Akteure zu schwachen Interessenträgern oder umgekehrt ungewöhnlich einflussreich machen. Der Staatsaufbau und der Modus, in dem öffentliche, frei-gemeinnützige und privat-gewerbliche Akteure aufeinander bezogen sind, ist folgenreich für Policy-Alternativen, die (nicht) in den Blick geraten.

Kompetenzordnungen statten bestimmte individuelle Akteure und Organisationen (komplexe Akteure) mit exklusiven Zuständigkeiten aus (siehe Petitionsrechte, das Recht auf kommunale Selbstverwaltung oder Politiken in Hoheit der Bundesländer, etwa die Kultur- und Bildungspolitik), oder auch nicht. Sie repräsentieren bestimmte grundlegende Leitbilder (zum Beispiel die Prinzipien der Eigenverantwortung, Subsidiarität oder Solidarität) und Garantien (etwa Menschen-/Grundrechte auf Eigentum und/oder sozialen Schutz), buchstabieren sie in bestimmter Weise aus und setzen sie auf spezifischen Wegen durch (etwa mittels erzielter oder behaupteter Konsense, mittels positiver und negativer Sanktionen, individuellem Klagerecht etc.).

Die Bedeutung und Dialektik dieser formalen Seite der Politik findet sich im professionellen und disziplinären Diskurs der Sozialen Arbeit (meist implizit) an vielen Stellen wieder. So basiert nach der internationalen Definition und dem

---

34 Internationale Arbeitsorganisation (IAO), siehe: www.ilo.org.

internationalen Ethikkodex der Sozialen Arbeit professionelle Soziale Arbeit auf dem Postulat der Menschenwürde und den aus ihr folgenden Rechten, auf den Prinzipien der Menschenrechte und der sozialen Gerechtigkeit sowie auf humanitären und demokratischen Idealen (IFSW 2000; IFSW / IASSW 2004 und 2014). Dies ernst genommen, können Fachkräfte und Organisationen der Sozialen Arbeit sich gegenüber gesellschaftlichen und staatlichen Herrschafts- und Mitbestimmungsstrukturen sowie menschenrechtlichen Garantien insgesamt nicht auf eine Position professioneller Neutralität oder Indifferenz zurückziehen.

Hans Thiersch (1971) etwa thematisiert problematische Formen von Institutionalisierungen im Sinne von Adressen (etwa stationären Einrichtungen der Heimerziehung), wie im Sinne von Normen (etwa im Leitbild und Hilfekanon des ehemaligen Jugendwohlfahrtsgesetzes, inklusive mangelnder Mitspracherechte). Damit weiß er umgekehrt um die positive Bedeutung von Institutionalisierungen und Institutionenordnungen als Ressource für Klienten, Fachkräfte und Organisationen in der Sozialen Arbeit. Silvia Staub-Bernasconi (1994: 414) weist auf das Kriterienproblem hin, dass geschichtlich mit Hilfe des Naturrechts sowohl im Sinne von negativer Behinderungsmacht Sklaverei (und die auf sie bezogenen entrechtenden Normen) legitimiert wurden, wie im Sinne von positiver Begrenzungsmacht für deren Abschaffung gekämpft wurde. Institutionen und Institutionenordnungen können also problematische (bis hin zur Ohnmacht) wie hilfreiche Wirkung (Ermächtigung und Machtbegrenzung) entfalten. Björn Kraus (2013: 126 f.) unterscheidet (nicht normativ) zwischen instruktiver und destruktiver Macht. Letztere Form von Macht entfalten (weil sie Handlungsoptionen von Menschen begrenzen) etwa auch Hausverweise gewalttätiger Ehepartner oder kindesentziehende Maßnahmen (Inobhutnahmen) bei akuter Kindeswohlgefährdung. All diese gesamtgesellschaftlichen und Detailfragen der Rechtsstellung von Menschen, institutionellen Akteuren, Ordnungen und Verfahren, sind – zumindest soweit sie sich explizit auf das politische System beziehen – Gegenstand der Polity-Dimension von Politik (auch wenn sie in inhaltlicher Hinsicht Policies darstellen und um sie im Sinne von Politics stets gerungen wird).

Bevor im fünften Kapitel auf die Bedeutung von Politik als Prozess und in ihm des Verhaltens von individuellen und komplexen Akteuren näher eingegangen wird, sollen daher ergänzend zu den inhaltlichen Policy-Fragen des letzten Kapitels diese formalen Aspekte, Rahmenbedingungen und Spielregeln der Politik thematisiert werden, um ihre Bedeutung für die Politikanalyse besser verstehen zu können. Dahinter steht wie gesagt die Einsicht, dass sich Erklärungen von Policy-Varianten gerade auf Unterschiede in den unter den Begriffen Polity und Poltics thematisierten Aspekten von Politik stützen lassen (siehe hierzu etwa Blum / Schubert 2009: 32 ff.). Die Analyse von Polity-Fragen kann dabei methodisch weitgehend anhand der im letzten Kapitel eingeführten Schritte erfolgen, so dass diese hier nicht erneut näher entfaltet werden sollen.

1. **Den Untersuchungsgegenstand abgrenzen** Welche Institution (etwa: Kompetenzordnung in der Wohnungslosenhilfepolitik) soll untersucht werden?
2. **Den Forschungsstand erheben** Welche Erkenntnisse liegen bezogen auf den Untersuchungsgegenstand zum politischen System, seinen Akteursgruppen, Kompetenzordnungen und Spielregeln vor?
3. **Den Problemzusammenhang erörtern** Wo und unter welchen Regeln wird das Problem beschrieben und wie beeinflusst das die Problemwahrnehmungen?
4. **Die Ziele erfassen** Welche Absichten, Ziele und Prioritäten verfolgt welcher Akteur bezogen auf relevante Kompetenzordnungen und Garantien? Welche Zielkonflikte zeigen sich hierbei?
5. **Die Kompetenzordnungen, Garantien und ihre Begründungszusammenhänge darstellen** Wie sehen diese aus, etwa als Begründungen und Konkretionen subsidiär, individualistisch oder solidarisch orientierter Leitbilder sozialer Gerechtigkeit?
6. **Die Konsequenzen abwägen** Welche (un-)beabsichtigten (Neben-)Folgen haben diese Politikstrukturen für wen?

Abb. 14   Untersuchungsschritte einer Polity-Analyse
Quelle: eigene Dastellung

Institutionen

Klärungsbedüftig scheint dabei insbesondere der eben und nachfolgend immer wieder auftauchende Institutionenbegriff. Mit ihm sind (wie oben bereits kurz erwähnt) zum einen institutionelle Akteure – also Institutionen – im Sinne von ,Adressen' gemeint (Staatsoberhaupt, Parteien, Parlament, Gerichte, Verbände etc.), wesentlich daneben jedoch auch grundlegende Normen (etwa grundrechtliche Verfassungsbestimmungen) und Regeln der Willensbildung, Entscheidungsfindung sowie der Durchsetzung und Überprüfung politischer Entscheidungen (etwa über Gerichte), die diese Akteure und deren Zusammenspiel insgesamt prägen (Kaiser 2001: 255 f.; Hilligen 2003; Schmidt / Ostheim 2007: 63; Blum / Schubert 2009: 68).

Besonders deutlich wird die Bedeutung der Polity-Dimension und damit der Institutionen dabei zum einen ganz konkret anhand von Entscheidungen von nationalen (und ggf. regionalen) Verfassungsgerichten (sowohl bei Kompetenzstreitigkeiten zwischen Organen einer Ebene und zwischen verschiedenen politischen Ebenen, als auch bei einzelnen Sachentscheidungen, etwa zum Familien- und

Sozialrecht), zum anderen im historischen und räumlichen (innerstaatlichen und internationalen) Vergleich. Denn die konkreten Spielregeln der Politik variieren hier erheblich. Die ganze Komplexität des hier relevanten Institutionenbegriffs veranschaulicht Abb. 15, in der etwa auch auf die Bedeutung informeller Regeln und Konventionen hingewiesen wird.

Art/Ebene der Institution	im Rechtssystem	in der Gesellschaft
konkrete Vereinbarungen, die das Verhalten spezifischer sozialer Akteure regeln	Verordnung	Vereinbarungen bezüglich Interaktion mit bestimmten Individuen (Ehegatte, Vorgesetzter)
formale und *konkrete* Regeln, die Interaktionen steuern	Fallentscheidungen, Verwaltungsverfahren der Behörden	interne Anweisungen von Organisationen, soziale Etikette
formale und *abstrakte* Regeln, die Interaktionen steuern	bürgerliches Recht, Verwaltungsrecht	Arbeitsbeziehungen, Nomen des Flirtens, Sprache
konstituierende Organisationen	Verwaltungsrecht, das öffentliche Organisationen (Behörden, Universitäten) definiert	Organisationen, wie Vereine, Verbände, Unternehmen
konstituierende Netzwerke von Organisationen	Verfassungsrecht, das die Gesamtheit der „Polity" definiert	Wirtschaft, Wissenschaft, Ausbildungssystem, Gesundheitssektor
informelle Regeln und Vereinbarungen, Konventionen	informelle interne Regeln der Gerichte	Regeln der Burschenschaften, Regeln, die Tausch, Schenkung oder Einladungen definieren
Grundrechte	Demokratie, Gleichheit vor dem Gesetz, Rechtssicherheit	Eigentumsrechte, Respekt und Toleranz gegenüber anderen
Meta-Regeln	Rechtsprinzipien (Prinzip der Rechtsstaatlichkeit, Vorherrschaft des Parlaments, Prinzipien einer ordentlichen Regierung)	Märkte, Hierarchien, Machtabstand in Organisationen, der Notwendigkeit die Situation zu definieren
Grundwerte	Menschenrechte	Individualismus vs. Kollektivismus, Universalismus vs. Partikularismus, Adversarialismus[35] vs. Konsensualismus usw.

Abb. 15 Verschiedene Ebenen von Regeln in Regelsystemen
Quelle: Waarden 2009: 277 (Hervorhebungen im Original)

---

35 Siehe adversativ (lat.): einen Gegensatz bildend.

Kompetenzen

Eine zweite Klärung vorab soll verdeutlichen, was im Folgenden mit Kompetenzen (nicht) beschrieben werden soll. Für Kompetenzen a) im Sinne eines Vermögens oder einer Fähigkeit, wie b) im formalen Sinne von Zuständigkeit oder Befugnis stellt Inkompetenz den Gegenbegriff dar. Unter dem Polity-Gesichtspunkt soll im Folgenden nur der stärker auf formale Fragen bezogene Kompetenzbegriff thematisiert werden.

Er verbindet sich für Fachkräfte und Organisationen der Sozialen Arbeit allerdings insofern mit dem auf Fähigkeiten bezogenen, als es zu den notwendigen professionellen Kompetenzen gehört, zu „wissen, wie Politik und Staat organisiert sind und in welchen Abhängigkeiten sie zueinander stehen" (Maus / Nodes / Röh 2008: 27), ebenso „die Kompetenz, AdressatInnen Sozialer Arbeit zu ermutigen und zu befähigen, sich auf lokaler, nationaler und internationaler Ebene zu engagieren" (DGfS 2005: 19). Dazu gilt es freilich u. a. zu wissen, nach welchen Regeln Akteure dieser Ebenen agieren bzw. interagieren. Ebenso notwendig sind hierzu Einsichten in die personenbezogene (etwa eigene, professionelle) sowie organisationsgebundene Macht (und ihre Grenzen) von komplexen Akteuren dies- und jenseits der Sozialen Arbeit.

Mit welchen Mitsprache- und Entscheidungsrechten (etwa „Bewilligung nach pflichtgemäßem Ermessen" oder Anhörungsrechten) ist meine professionelle Rolle ausgestattet? Ist meine Organisation kampagnefähig und/oder in den politischen Meinungsbildungs- bzw. Entscheidungsprozess formell (etwa über Mitsprache- und Stimmrechte) eingebunden? Welche Kompetenzen besitzt das kommunale Amt für Wohnungswesen, welche der Deutsche Verein für öffentliche und private Fürsorge? Welche Kompetenzen bzw. politischen Partizipationsmöglichkeiten haben schließlich KlientInnen der Sozialen Arbeit?

Fremdbestimmung (als Plakatträger bei einer Erwachsenen-Demonstration)

Dekoration (wirken mit, ohne zu wissen, worum es geht)

Alibi-Teilhabe (nehmen teil, keine Stimme, unvorbereitet)

Teilhabe (dürfen begrenzt sporadisch mithandeln)

zugewiesen aber informiert (Projekt eines Erwachsenen)

Mitwirkung (ausführen, evaluieren, nicht planen)

Mitbestimmung (mitverantwortlich, nicht Ideengeber)

Selbstbestimmung (von Kindern initiiert)

Selbstverwaltung (völlige Selbstorganisation)

Abb. 16 Stufen der Partizipation von Kindern in Aktionen und Einrichtungen

Quelle: eigene Darstellung, in Anlehnung an Hart, Roger / Schröder, Richard, nach: Koopmann 2008

Es macht also einen Unterschied für Fragen der (politischen) Partizipation von Kindern und Jugendlichen, ob sie sich im Rahmen der Ganztagsschule unter dem Hausrecht der Schulleitung treffen oder im (weitgehend) selbstverwalteten Jugendzentrum. Daneben spielen aber auch (häufig von konkreten Personen abhängige) informelle politische Regeln und Kulturen eine Rolle, in deren Rahmen etwa formal mit wenig Kompetenzen ausgestattete Subeinheiten einer Organisation (etwa ein Schülertreff im Schulgebäude, ein Jugendtreff der Kirchengemeinde oder die Beratungsstelle eines Amtes oder Wohlfahrtsverbandes) weitgehende Autonomie zugestanden wird.

In einer weiteren hilfreichen Systematisierung lässt sich bezogen auf einen formalen Kompetenzbegriff unterscheiden, zwischen:

1. (örtlicher / sachlicher) Zuständigkeits- und Verantwortungsregelung,
2. Ausführungskompetenz und dabei der Wahl der Art und Weise der Ausführung,
3. Verfügungskompetenz über Objekte, Mittel und Informationen,
4. Entscheidungskompetenz in der Auswahl von Handlungsalternativen,
5. Ressourcenkompetenz im Sinne des Rechts, über Ressourceneinsatz zu entscheiden,
6. Führungskompetenz (innerorganisatorisch) und der
7. Vertretungskompetenz (nach außen) sowie schließlich der
8. Kompetenz-Kompetenz, im Sinne Kompetenz reklamieren oder zusprechen zu können (Groell 1993: 574 f.). Unter Reklamation kann dabei die Befugnis gefasst werden, über die eigene Zuständigkeit verbindlich entscheiden zu können. Zuspruch von Kompetenz hingegen kann etwa die besondere Zuständigkeit eines Staatsorganes (insbesondere des Verfassungsgerichtes) darstellen, bei Kompetenzkonflikten letztinstanzlich die Entscheidungsmacht zu besitzen (Nohlen 2005b: 456 f.).

Auch zur Bedeutung dieser formalen Kompetenzdimensionen liefern historische und räumliche Vergleiche hilfreiche Einsichten, die nachfolgend exemplarisch aufgezeigt werden sollen.

4.2   Politik im bürgerlichen Rechtsstaat

Was machen wir mit einem identifizierten sozialen Problem in einem Land, in dem Herrschaft sich auf vermeintlich göttlichen Willen statt auf demokratische Wahl durch StaatsbürgerInnen stützt und in dem statt der Idee der Menschenrechte (nur) die Idee differierender sozialer Statusrechte und -pflichten (von Männern, Zunftangehörigen, Klerus, Adel etc.) institutionell verankert und durchgesetzt ist?

„Wir Wilhelm, von Gottes Gnaden Deutscher Kaiser, König von Preußen etc., thun kund und fügen hiermit zu wissen: (...)"

Einleitung der Kaiserlichen Botschaft zur Einführung von Sozialversicherungen im Deutschen Reich von 1881, zit. nach BMAS 1997: 53.

„Im Bewußtsein seiner Verantwortung vor Gott und den Menschen, (...) hat sich das Deutsche Volk kraft seiner verfassungsgebenden Gewalt dieses Grundgesetz gegeben."

Präambel, Satz 1 Grundgesetz

Abb. 17 Herrschaftslegitimation in der Kaiserlichen Botschaft und im Grundgesetz

Ohne die aufgeworfene Frage genau beantworten zu müssen wird klar, dass die Anerkennung eines Sachverhaltes als soziales Problem (Policy) wie auch die politisch erfolgreiche Artikulation des Problems (Politics) entlang dieser unterschiedlichen Charakteristika des politischen Systems (seiner Adressaten, Wege und ihrer Legitimationen) verschieden sein werden. Wie aber ist das politische System der Bundesrepublik (oder anderer Staaten) grundlegend zu charakterisieren und welche Folgen hat dies für Fragen der Politik Sozialer Arbeit?

Primat der Politik im globalen Kapitalismus?

Ökonomisch betrachtet haben die Bundesrepublik und mit ihr nach dem Zusammenbruch des ‚Ostblocks' 1989/1990 auch alle ihre europäischen Nachbarländer zunächst (mehr oder weniger modifizierte) kapitalistische Wirtschaftsordnungen. In ihnen verfügt der Staat durchaus über Grundbesitz (etwa kommunales Bauland und Staatswälder) sowie Wirtschaftsbetriebe (siehe kommunale Ver- und Entsorgungsbetriebe oder – noch – die bundeseigene Deutsche Bahn AG). Wesentlich hat der Staat seine Einnahmen (und damit Ausgaben) aber über Steuern und Abgaben auf Konsum sowie Einkommen und Gewinne aus wirtschaftlicher Tätigkeit Dritter zu bestreiten. Wie sehr er mit der zu Steuern und Abgaben alternativen Finanzierungsart der Kreditaufnahme in Abhängigkeit von (politisch deregulierten, also auch für Reregulierungen prinzipiell offenen!) Finanzmärkten gerät, ist seit der 2008 als US-Immobilienmarktkrise gestarteten, sodann in eine realwirtschaftliche und schließlich in eine Währungs- und Haushaltskrise zahlreicher Staaten mutierten Weltwirtschaftskrise eindrücklich zu beobachten.

Der bürgerliche Staat ist also wesentlich Steuerstaat und als solcher privatem Kommerz sowohl vor- als auch nachgelagert (Boeckh / Huster / Benz 2011[3]: 446). Er kann und muss dem Marktgeschehen einen ordnungspolitischen Rahmen geben (etwa über die Ausformulierung und Durchsetzung eines Vertragsrechts, über Monopolkontrollen, die Geld- und Außenhandelspolitik etc.). Ferner muss er Steuern erheben und darf dem Primat der Politik folgend sogar unter dem Vorbehalt der Entschädigung im Interesse eines übergeordneten Allgemeinwohls Privateigentum enteignen (etwa Landbesitz, um Autobahnen zu bauen). Umgekehrt darf er – hier ist er dem Kommerz nachgeordnet – erstens als Steuerstaat unter Strafe des Verlusts der eigenen wirtschaftlichen Basis dem primär privatwirtschaftlich organisierten Wirtschaftsprozess nicht mehr Mittel entziehen, als zu dessen Erhalt (und Wachstum) nötig erscheinen. Diese Einschränkung teilt der bürgerliche Staat zwar im Prinzip mit seinem Vorläufer, dem feudalen Staat. Über die Frage, wo die Grenze zu übermäßigem Mittelentzug zu ziehen ist, entscheiden im demokratischen Staat – und hier unterscheidet er sich vom feudalen Staat, wie von seinem Kontrahenten, dem staatssozialistischen Staat – (zumindest auch) demokratische Wahlen.

Denn zweitens ist die Bundesrepublik (wie ihre Nachbarn) als repräsentative (parlamentarische) Demokratie konstituiert, deren Repräsentantinnen und Repräsentanten eben nicht von Gottes Gnaden, sondern aufgrund von Wahlakten (und unter glaubwürdiger Drohung möglicher Abwahl) staatliche Herrschaft ausüben. Beides, marktwirtschaftliche und demokratische Verfasstheit, besitzen keine Ewigkeitsgarantien, sondern beruhen auf Anerkennung und Durchsetzung. Diese scheinen derzeit im Wesentlichen gesichert, auch wenn es durchaus Anzeichen legitimatorischer Krisen gibt (siehe Kapitalismuskritiken und sinkende Wahlbeteiligungen). Noch vor der möglichen Erörterung ggf. grundsätzlicher Alternativen zur bürgerlich-demokratischen Verfasstheit und deren möglichen Einfluss auf Fragen der Politik Sozialer Arbeit (etwa in anderen Ländern), sind hier die empirisch vorfindlichen Varianten dieser Verfasstheit in westlichen Ländern relevant für die Analyse von Politiken Sozialer Arbeit. Auf diese allein soll sich im Folgenden beschränkt werden.

Varianten der Demokratie

Unterschieden werden können hier etwa Parlamentarismus und Präsidentialismus. Es macht einen Unterschied, ob Staatsoberhäupter und Regierungschefs vom Parlament gewählt (und ggf. abgewählt) werden oder ob sie ihr Amt einer Direktwahl durch das Volk verdanken. In der Bundesrepublik sind die Ämter des Staatsoberhaupts (Bundespräsident/in, von der Bundesversammlung gewählt) und Regierungschefs (Bundeskanzler/in, vom Parlament gewählt) getrennt. In den USA hingegen fallen beide Positionen im Präsidenten der USA (Wahl mittelbar durch das Volk über ein kompliziertes System aus nach Größe der Bundesstaaten gewichteten Wahlmännerstimmen). In Frankreich wiederum gibt es zwar eine Trennung zwischen dem Präsidenten der Republik (direkt vom Volk gewählt) und dem Regierungschef (vom Präsidenten ernannt), aber auch hier fallen letztlich beide Funktionen zusammen. Die Schweiz schließlich kennt weder Staatsoberhaupt, noch Regierungschef, sondern nur das Kollegialorgan des Bundesrates (Regierung), dessen Vorsitz (Bundespräsident/in) unter den Regierungsmitgliedern jährlich nach einem Wahlverfahren wechselt.

Was interessieren solche Unterschiede in der Analyse von Politiken Sozialer Arbeit? Sie können die Wege und Erfolgsaussichten politischer Interessenvertretung in und über einzelne Organisationen und ihre Funktionsträger beeinflussen. Überdies finden sich die beschriebenen und weitere zu unterscheidende Kulturen ebenso in den Verfassungen, Grundordnungen und Satzungen von Kirchen (etwa synodales versus episcopal-konsistoriales System in evangelischen Landeskirchen), Hochschulen (Rektorats- versus Präsidialverfassung, mit und ohne verfasster Studierendenschaft), Kommunen (ehedem: süddeutsche versus norddeutsche Ratsverfassung, Magistrats- und Bürgermeisterverfassung), schließlich zwischen und zum Teil innerhalb der Organisationsformen von Behörden (siehe die Besonderheit der Zweigliedrigkeit des Jugendamtes), rechtlich unselbständigen Anstalten und rechtlich selbständigen Körperschaften öffentlichen Rechts, Stiftungen, Vereinen, Verbänden und Unternehmensformen (AG, GbR etc.; mit und ohne Montanmitbestimmung), also letztlich bei allen Anstellungsträgern und möglichen Koalitionspartnern in der Sozialen Arbeit.

Ferner lassen sich innerhalb der repräsentativen Demokratie Konsens- und Mehrheitsmodelle unterscheiden. Auch hier sind etwa die Wege und Erfolgsaussichten kommunaler Sozialarbeitspolitik dadurch mitbestimmt, ob sich über Gemeinderatswahlen nach dem Verhältniswahlrecht (generell in Deutschland) verschiedene (auch kleinere) politische Gruppierungen im Rat einer Stadt und seiner politisch-administrativen Spitze wieder finden, oder ob aufgrund eines Mehrheitswahlrechts (zentralstaatlich, zum Teil aber auch auf kommunaler Ebene im Vereinigten Königreich) die größte politische Kraft in einer Kommune den Rat dominiert.

Schließlich unterscheiden sich westliche Demokratien hinsichtlich ihrer Anteile repräsentativer und direkter Demokratie. Letztere eröffnet in der Bundesrepublik über Bürger- oder Volksbegehren und -entscheide auf kommunaler und Landesebene (bislang aber nicht auf Bundesebene) Einflussmöglichkeiten auch für Fachkräfte und Organisationen der Sozialen Arbeit. Mit lokalen Initiativen zur Wohnungspolitik, Verhinderung von Abschiebungen oder der Einführung von Sozialtickets im öffentlichen Personennahverkehr sowie landesweiten Aktionen etwa zur Schulreform in Hamburg und zum Erhalt der Jugendarbeit in Nordrhein-Westfalen finden sich hier zahlreiche – sowohl erfolgreiche, als auch (bislang) gescheiterte – Beispiele. Manche Abstimmungsgegenstände und -ergebnisse provozieren dabei auch kritische Fragen nach den Grenzen (siehe das lange Zeit im schweizer Kanton Appenzell Innerrhoden verhinderte Frauenwahlrecht) und den sozial ungleich verteilten Chancen in direktdemokratischen Entscheidungsprozessen (siehe den gescheiterten Hamburger Schulentscheid). Und auch in einer arbeitsteilig verstandenen, repräsentativen Demokratie kommt der Mobilisierung öffentlicher Meinung eine politische Korrekturfunktion zu (siehe hierzu Dahrendorf 1967).

Verwiesen ist mit der ebenenspezifischen Gewichtung direkt- und repräsentativ-demokratischer Elemente auf die Bedeutung des Staatsaufbaus sowie des Verhältnisses zwischen Staat, Bürger/innen und gesellschaftlichen Interessengruppen. Beiden Aspekten soll nachfolgend näher nachgegangen werden.

4.3 Politik im neokorporatistischen Nationalstaat und pluralistischen EU-Mehrebenensystem

Die größten Bedenken gegen substantielle Regelsatzerhöhungen in der Sozialhilfe kamen stets von Seiten der drei kommunalen Spitzenverbände (Deutscher Städte- und Gemeindebund, Deutscher Städtetag, Deutscher Landkreistag). Die Überwindung der deutschen Vorbehaltserklärung gegenüber der UN-Kinderrechtskonvention wurde jahrelang von Bundesländern blockiert. Umgekehrt richten sich Ausstiegsforderungen aus der Kernenergie stets an den Bund, nicht Länder und Kommunen oder die Europäische Union. Wer als Fachkraft oder Organisation im Feld der Sozialen Arbeit hingegen Klienten von Bildungskosten entlasten will und ihnen Zugang zu Bildungsangeboten von der Kleinkindbetreuung bis zur Familienbildung erhalten oder schaffen möchte, braucht dazu nicht auf die Bundesebene zu gehen, Erfolge und Misserfolge werden hier vor allem auf örtlicher und Landesebene erzielt bzw. erlitten. Policy-Fragen werden also häufig fast schon unbewusst fest gemacht (ressortiert) bei bestimmten politischen Ebenen (vertikale Kompetenzordnung) bzw. gesellschaftlichen Akteuren oder Akteursgruppen, etwa dem Staat oder Wirtschaftsunternehmen (horizontale Kompetenzordnung).

Vertikale Kompetenzordnung politischer Ebenen

Politische Sachfragen (Policy) sind also unmittelbar verknüpft mit Kompetenzordnungen politischer Ebenen. Diese können sehr unterschiedlich gestaltet und
gesellschafts- bzw. staatstheoretisch fundiert sein. Unterschieden werden können
hier etwa nach Udo Bullmann, John Loughlin und Guy Peters (Bullmann 1994;
Loughlin / Peters 1996; Loughlin 1999) bundesstaatliche (föderale) und einheits-
staatliche (unitarische) Staatsformen, die sich weiter differenzieren lassen in

a. unitarisch
    1. zentralisiert unitarisch (Bsp.: Irland, mit Gebietskörperschaften ohne Ver-
        fassungsrang und zum Teil nur auf lokaler Ebene.)
    2. regionalisiert unitarisch (Bsp.: Frankreich, mit Regional- und Gemeinde-
        ebenen, die aber etwa fiskalpolitisch und gesetzgeberisch kaum oder nicht
        eigenständig agieren können und – wie im dualen Föderalismus – unabhängig
        voneinander agieren, also etwa keine Rechtsaufsicht übereinander ausüben.)
    3. dezentralisiert unitarisch (Bsp.: Schweden, mit starker Stellung der Kom-
        munen und Kreise.)
b. föderal
    1. dual (Bsp. Belgien und die USA, in denen verschiedene staatliche Ebenen
        unabhängig voneinander handeln.)
    2. kooperativ (Bsp. Deutschland, mit verfassungsrechtlichem Status der Ge-
        bietskörperschaften und wechselseitiger Verflechtung der Ebenen, etwa in
        der ‚konkurrierenden Gesetzgebung'.)

Folgen haben diese unterschiedlichen vertikalen Kompetenzordnungen in der Politik
Sozialer Arbeit nicht nur etwa für die Regelung (Zuschreibung) von Zuständigkeiten
und Verantwortungen, sondern auch etwa für Fragen der Kompetenzkompetenz
(siehe das unabhängige versus verflochtene Handeln politischer Ebenen im dualen
und kooperativen Föderalismus). Hierzu ein Beispiel: Während in den USA die
Bundesebene nur über finanzielle Anreize (weiche politische Steuerung) die Sozialhilfepolitik der Bundesstaaten zu beeinflussen suchen kann (s. hierzu Kaufmann
2003: 99 ff.), administrieren in Deutschland stets die Kommunen und Kreise (örtlicher
Träger) sowie Regionalebenen (Bezirke, Landschaftsverbände etc.; überörtlicher
Träger) die Sozialhilfe. Deren Rechtgrundlagen werden hingegen zwischen Bund
und Ländern als im Bundesrat zustimmungspflichtige Bundesgesetze gesetzt. Wollen also Akteure der Sozialen Arbeit die Sozialhilfepolitik beeinflussen, müssen sie
dies in den USA und der Bundesrepublik vor dem Hintergrund unterschiedlicher
Kompetenzordnungen tun, die ihnen (und anderen Interessenträgern) an unterschiedlichen Stellen und in unterschiedlichem Maße Einflussmöglichkeiten bieten.

Zur vertikalen Kompetenzordnung gehört auch die Einbindung in übernationale politische Strukturen, im Falle der USA etwa die Vereinten Nationen (UNO), im Falle der meisten europäischen Staaten inzwischen zusätzlich die Europäische Union (EU). Während die UNO eine klassische internationale Organisation ist, die keine neue staatliche Ebene begründet, muss im Falle der EU von einer neuen politischen Ebene eigener Art gesprochen werden, die aufgrund ihres Eingriffs in die Souveränität ihrer Mitgliedstaaten weit mehr darstellt, als einen losen Staatenbund, und doch weniger als eine weitere (höchste) Ebene innerhalb einer bundesstaatlichen Ordnung. Die Bedeutung dieser Einbindung Deutschlands in die weltweit am weitesten entwickelte marko-regionale Struktur oberhalb der nationalen und unterhalb der globalen, kann hier wiederum nur anhand von Beispielen angerissen werden (näheres siehe etwa bei Boeckh / Huster / Benz 2011[3]: 373 ff.). So unterwerfen inzwischen die wettbewerbsrechtlichen Bestimmungen der EU auch soziale Träger einer Kontrolle und Beschränkung staatlicher Beihilfen. Umgekehrt eröffnet sich ‚in Brüssel‘ ein neues Feld auch verbands- und sozialpolitischer Interessenvertretung, sowohl für und durch Klientinnen und Klienten Sozialer Arbeit selbst (etwa über Demonstrationen, jährliche „Treffen der Armen" und Klagemöglichkeiten vor dem Europäischen Gerichtshof), als auch stellvertretend (etwa über die europäischen Büros der Wohlfahrts- und kommunalen Spitzenverbände).

Horizontale Kompetenzordnung innerhalb von und zwischen gesellschaftlichen Instanzen

Neben dieser inzwischen als europäisches Mehrebenensystem zu beschreibenden vertikalen Kompetenzordnung bestehen wie gesagt weitere horizontale Kompetenzordnungen, die staatliche Akteure einer politischen Ebene untereinander (etwa Parlament, Regierung und ihre Ressorts) sowie staatliche und nicht-staatliche Akteure gegeneinander abgrenzen und ihr Zusammenwirken regeln.

Das Urteil vom 9. Februar 2010 zur Verfassungswidrigkeit der bisherigen Regelsatzbemessung im SGB II (Arbeitslosengeld II/Sozialgeld) liefert ein eindrückliches Beispiel für die Strittigkeit und letztverbindliche Entscheidunggewalt (Kompetenzkompetenz) über die horizontale Kompetenzordnung zwischen allesamt staatlichen institutionellen Akteuren einer Ebene: Was darf im Verordnungswege von der Exekutive (Regierung, Ministerium) entschieden werden? Welchen Entscheidungsspielraum hat die Legislative (Parlament) und wo ist sie per höchstrichterlicher Rechtssprechung (Judikative) auf die Achtung von Verfassungsgrundsätzen (Menschenwürdeverpflichtung und Sozialstaatsgebot) verwiesen? Dass es in Deutschland (anders als in manch anderen Ländern) ein solches nicht nur institutionell (bei Streitfragen zwischen Verfassungsorganen), sondern auch individuell durch Bürger anrufbares Verfassungsgericht gibt, hat sich nicht nur bei der Frage einer

menschenwürdigen Ausgestaltung von Fürsorgesystemen bereits mehrfach als im
Feld der Politik Sozialer Arbeit wichtiges Polity-Element erwiesen.

Für konkrete Politikprogramme und -prozesse kann es erheblich sein, wo genau diese auf einer bestimmten politischen Ebene kompetenzmäßig verortet sind.
Eindrückliche Beispiele liefern hier Diskussionen um die Schulsozialarbeit, um
die nicht nur auf und zwischen verschiedenen politischen Ebenen gerungen wird,
sondern mitunter auch zwischen verschiedenen Ressorts einer Ebene. Gehört sie
als sozialarbeiterische/sozialpädagogische Fürsorgeleistung in den Rechtskreis
des SGB VIII und damit zum für Jugendpolitik zuständigen Ministerium und
Landesjugendhilfeausschuss oder als Bestandteil des Schulsystems zum Bildungs-
ministerium und unter die Schulaufsicht der Bezirksregierung? Ein Blick in die
Schulgesetze und Landesausführungsgesetze zum Jugendhilferecht hilft hier bislang
oft nur begrenzt weiter. Oder sind beide Politikbereiche gar in einem Ministerium
(Parlamentsausschuss usw.) zusammengefasst? Auf welcher hierarchischen Ebene
des Ministeriums laufen sie hier erstmals zusammen? Welche Rolle spielen schließlich die Sozialministerien, hat doch zuletzt erst das Bildungs- und Teilhabepaket
des Bundes für Hartz IV-Empfänger die Schaffung zahlreicher neuer Stellen für
die Schulsozialarbeit möglich gemacht?

Das Bildungs- und Teilhabepaket selbst weist mit seinen Refinanzierungsmög-
lichkeiten etwa für die Inanspruchnahme gewerblich angebotenen Nachhilfeunter-
richts oder gemeinnützig organisierter Angebote von Sportvereinen weit über diese
Kompetenzfragen zwischen staatlichen Akteuren hinaus. Aus Klientenperspektive
(= 0.) betrachtet, können dabei vier Akteursgruppen (Instanzen) unterschieden
werden, die für die Politik Sozialer Arbeit insgesamt relevant sind:

1. Familie (und privat-persönliche Netzwerke; etwa Herkunftsfamilie, Freunde)
2. Gesellschaft (nicht institutionalisiert, etwa: Spender, soziale Netzwerke und soziale
   Bewegungen sowie institutionalisiert, etwa: Selbsthilfegruppen und Verbände)
3. Markt (Arbeits- und Konsummärkte, gemein- und gewinnwirtschaftliche
   Unternehmen)
4. Staat (inklusive Staatenverbund und Gebietskörperschaften; insbesondere EU,
   Bund, Länder und Kommunen).

Selbstverständlich nehmen individuelle Akteure hier meist mehrere Rollen in
unterschiedlichen Instanzen an (Vater, Spendengeber, Arbeitnehmer, Konsu-
ment, Wahlbürger) und gibt es Zwitter, etwa zwischen privater Freundschaft und
nichtinstitutionalisierter Gesellschaft liegende Nachbarschaftsbeziehungen sowie
Sozialversicherungen und Parteien, die an der Schnittstelle zwischen Gesellschaft
und Staat operieren. Die Systematisierung von Instanzen ist also eine analytische,

die helfen soll, Verantwortungszuschreibungen und Beziehungen zwischen gesellschaftlichen Teilbereichen zu thematisieren.

An die obigen Sozialhilfebeispiele anknüpfend, wird diese Systematisierung etwa
in allen politischen Auseinandersetzungen um die Existenzsicherung bestimmter
Bevölkerungsgruppen relevant: obliegt sie (soll sie obliegen?) im einen oder anderen Fall der Person selbst oder der Familie, wird auf Spenden verwiesen (siehe die
mittelalterliche Armenhilfe oder die derzeitige Tafelpraxis), sollen (können) die
Betroffenen ihren Einkommensbedarf über eigene wirtschaftliche Tätigkeit (Erwerbsarbeit) decken oder greifen hier staatliche Unterhaltsleistungen (Kindergeld,
Sozialhilfe, BAföG etc.)?

Über horizontale Kompetenzordnungen stehen Akteure der gesellschaftlichen
Bereiche nicht in irgendeinem beliebigen oder unbestimmten Verhältnis zueinander, vielmehr ist dies häufig über Institutionen (im Sinne von Normen) mehr oder
weniger klar definiert. Eindrückliches Beispiel für das Verhältnis von Familie und
Staat sind hier etwa die Bestimmungen des Art. 6 Abs. 2 Grundgesetz: „Pflege und
Erziehung der Kinder sind das natürliche Recht der Eltern und die zuvörderst ihnen
obliegende Pflicht. Über ihre Betätigung wacht die staatliche Gemeinschaft." Wer
im Rahmen der Jugendhilfe über Policy-Fragen nachdenkt, weiß, wie prägend
diese Grundnorm für Lösungsmöglichkeiten und -restriktionen ist.

Zwei weitere Beispiele: Bezüglich gesellschaftlicher und staatlicher Akteure regelt
etwa § 5 SGB XII das Verhältnis der öffentlichen Träger der Sozialhilfe (Staat) zur
freien Wohlfahrtspflege (Gesellschaft) über Soll-Vorschriften zur Zusammenarbeit,
zur Achtung der Selbständigkeit freier Träger (s. Ressourcenkompetenz) und ihrer
Unterstützung sowie zum Nachrang des öffentlichen Trägers bei Sach- und Dienstleistungen (s. Kompetenzkompetenz); eine Kann-Vorschrift sieht die Möglichkeit
zur Aufgabenübertragung an frei-gemeinnützige Träger bei deren Einverständnis
vor. Die §§ 3 (freie und öffentliche Jugendhilfe), § 4 (Zusammenarbeit) und § 74
SGB VIII (Förderung der freien Jugendhilfe) normieren dies für den Bereich der
Jugendhilfe. Diese starke Rechtsstellung staatlich anerkannter freier Träger in den
beiden großen Fürsorgegesetzen findet sich so in kaum einem anderen europäischen Land. Sie stellen – je nach Standpunkt – eine wichtige politische Ressource
bzw. Restriktion für Fachkräfte und Träger öffentlicher, frei-gemeinnütziger bzw.
privatwirtschaftlich organisierter Sozialer Arbeit dar.

Solche institutionellen Garantien stellen meist geronnene Relikte früherer
sozialer Auseinandersetzung zwischen Akteuren und Akteursgruppen um Beteiligung und Einfluss in politischen Strukturen, Sachfragen und Prozessen dar. Diese
unterscheiden sich in Intensität und Ergebnis von Land zu Land und sind nicht
als bereits abgeschlossen zu begreifen. Beispiele hierfür geben etwa der seit Jahren
laufende (und für die anwaltschaftliche Rolle der Verbände folgenreiche) Prozess der

politisch betriebenen Vermarktlichung der Wohlfahrtsverbände (siehe hierzu pars pro toto Bode 2009; Benz 2014c) im Bereich horizontaler Kompetenzordnung oder die jüngsten Föderalismusreformen in Deutschland (vertikale Kompetenzordnung). Wo immer wieder Klärungsbedarfe innerhalb und zwischen gesellschaftlichen Akteursgruppen bestehen, sind Kompetenzordnungen nicht völlig starr, sondern auslegungsbedürftig (und damit strittig) und begrenzt wandelbar. Allerdings ändern sich Institutionengefüge kaum über Nacht, vielmehr haben sie eine hohe Persistenz und Prägekraft auch für aktuelle und künftige Auseinandersetzungen. Sogenannte „Pfadabhängigkeiten" (Fritz W. Scharpf) lassen sich also nicht allein für Policy-Lösungen, sondern gerade auch im Hinblick auf Polity-Strukturen und daraus folgend Politics-Prozesse erkennen. Alle drei stehen im Zusammenhang miteinander.

So führen national unterschiedliche Normen zur Konfliktregulierung (Polity) zwischen Arbeitgeber- und Arbeitnehmerseite zu unterschiedlichen Praktiken (Tarifverhandlungen, Aussperrungen, betriebs- und branchenbezogenen Streiks sowie politischen Generalstreiks etc.) und deren Häufigkeit (Politics) in verschiedenen europäischen Ländern. Politiken (Policy) zur Stärkung zivilgesellschaftlicher Akteure (etwa in Form der institutionellen Förderung des Europäischen Armutsnetzwerkes EAPN durch die EU-Kommission oder von Wohlfahrtsverbänden und Ressortforschungsinstituten der Bundesministerien durch die Bundesregierung, s. das Deutsche Jugendinstitut in München oder das Institut für Sozialarbeit und Sozialpädagogik in Frankfurt am Main) können die Akteurslandschaft in Politics-Prozessen verändern.

Zusammenfassend können sich also Institutionengefüge im Verhältnis staatlicher Akteure und Ebenen zueinander sowie staatlicher und nichtstaatlicher Akteure zueinander erheblich unterscheiden (und verändern). Dabei wird im historischen und internationalen Vergleich das Verhältnis von Gesellschaft und Staat, das Verständnis von (teil-)gesellschaftlicher Selbststeuerung und die Legitimation staatlicher Herrschaft (gesamtgesellschaftlicher Steuerung) sowie schließlich die Zuschreibung von Zuständigkeiten zur Lösung sozialer Probleme an Individuen, Familien, die Gesellschaft, den Markt und den Staat deutlich unterschiedlich akzentuiert.

Etatismus, (Neo-)Korporatismus und Pluralismus

So lässt sich in unterschiedlichen westlichen Staaten eine signifikant unterschiedliche Bedeutung staatlicher Stellen, freier-gemeinnütziger und privat-gewerblicher Träger im Bereich sozialer Dienste erkennen. Während etwa in Australien inzwischen Marktstrukturen und -regeln inklusive börsennotierter Kinderbetreuungskonzerne dominieren, prägen in Skandinavien kommunale und in Deutschland frei-gemeinnützige Angebote sowie bundeslandspezifische Rechtsgrundlagen den Elementarbereich. Diese Unterschiede verweisen auf differente institutionelle Regelungen und damit auf ein je spezifisches Verständnis des Verhältnisses von Familie, Markt, Staat und drittem Sektor (nicht-staatlicher und nicht-marktlicher gesellschaftliche Akteure).

So spielen etwa frei-gemeinnützige Anbieter sozialer Dienste auch in den Niederlanden und im Vereinigten Königreich eine prominente Rolle, hier allerdings nicht in Form korporatistisch sondern pluralistisch geprägter Beziehungen zwischen staatlichen und gesellschaftlichen Akteuren. Nicht ein mehr oder weniger geschlossener und in sechs Spitzenverbänden der freien Wohlfahrtspflege gipfelnder Kreis wertgebundener Akteure prägen hier das Bild (Korporatismus) sondern eine auf Pluralismus der Akteure zielende Beziehung von Staat und Verbänden in Form einer Vielzahl von kommunal bis international operierenden Charities (Wohltätigkeitsorganisationen und -veranstaltungen mit Spendensammelaktionen unter der Schrimherrschaft prominenter Persönlichkeiten) bzw. ebenso zahlreicher wie themenselektiver Stichtings (Stiftungen).

Hinter dem (bis in die 1960er Jahre unter dem Stichwort der „Versäulung" der Gesellschaft auch in den Niederlanden prägenden) Bild einer (neo-)korporatistischen Staat-Verbände-Beziehung steht die Idee, dass es in der Gesellschaft eine begrenzte Anzahl besonders bedeutender sozialer, wertgebundener Milieus (etwa: Arbeiterbewegung, Freisinnige, evangelische und katholische soziale Bewegung) gibt, die eigene Organisationen (Korporationen) ausbilden. Der Staat versucht hier anders als im Etatismus (= Staatszentrierung) nicht, Leistungen dieser Korporationen an sich zu ziehen (zu verstaatlichen), sondern diese begrenzte Anzahl nicht-staatlicher Akteure in deren Aufgabenwahrnehmung aktiv zu unterstützen und zu privilegieren (siehe die oben angeführten Regelungen im SGB VIII und SGB XII oder die sog. Verbändelisten in Ministerien zur Konsultation einer begrenzten Anzahl von Organisationen in Gesetzgebungsprozessen). In die Kritik kommt das korporatistische Gefüge insbesondere dann, wenn Zweifel an der Relevanz der privilegierten Milieus aufkommen (s. die Diskussion um Individualisierungstendenzen und um schwindende Bindekräfte sozialer Großorganisationen) oder unter dem Stichwort der korporatistischen Schließung in Frage steht, ob alle aktuell relevanten Milieus auch repräsentiert sind (s. Diskussionen um die Etablierung eines siebten, muslimischen Wohlfahrtsverbandes).

Der (neo-)pluralistische Ansatz geht hingegen davon aus, dass sich die Träger jeglichen gewichtigen sozialen Interesses mehr oder weniger selbstläufig und mit gleichen Chancen auf die Ausbildung von Organisationen formieren können. Der Staat will und soll hier keine Privilegierung einzelner Akteure vornehmen. In der sozialen und politischen Praxis schlägt sich dies etwa in offenen Ausschreibungen sozialer Dienstleistungen oder offenen Konsultationsprozessen zu Gesetzgebungsvorhaben (etwa auf EU-Ebene) nieder. Kritik erfährt die pluralistische Konzeption und Praxis insbesondere dort, wo deutlich wird, dass ein Interesse oder Milieu sich erst unter gezielter staatlicher Förderung oder Protektion gleichberechtigt entwickeln (organisieren) kann bzw. wo einzelne Akteure sich als in dominierender Weise organisierungsfähig und durchsetzungsstark erweisen.

Zusammenführung der Perspektiven und Typenbildung

Clusterbildungen von Ländern und die Skizzierung von Idealtypen sind immer riskant. Denn sie vereinfachen Wirklichkeit im negativen Fall über Gebühr oder anhand letztlich wenig Erkenntnisse versprechender Kriterien. Umgekehrt ermöglichen sie im positiven Fall durch Kompexitätsreduktion die Freilegung von Wesentlichem, anhand dessen man einen klareren Eindruck von Gemeinsamkeiten und Unterschieden zwischen Einzelfällen entdecken kann. In dieser Hoffnung soll nachfolgend eine Verdichtungsmöglichkeit der oben diskutierten Unterscheidungsmerkmale vorgestellt werden, die diese um eine genauere Analyse von Ähnlichkeiten und Unterschieden im Staatsverständnis und der Staatsstruktur ergänzt.

Feature	Tradition			
	Anglo-Saxon	Germanic	French	Scandinavian
Is there a legal basis for the state	No	Yes	Yes	Yes
State-society relations	pluralistic	organicist	antagonistic	organicist
Form of political organization	union state / limited federalist	integral / organic federalist	Jacobean, 'one and indivisible'	decentralized unitary
Basis of policy style	incrementalist 'muddling through'	legal corporatist	legal technocratic	consensual
Form of decentralization	'State power' (USA), devolution / local government (UK)	cooperative federalism	regionalized unitary state	strong local autonomy
Dominant approach to discipline of public administration	political science / sociology	public law	public law	public law (Sweden), organization theory (Norway)
Countries	UK, US, Canada (not Quebec), Ireland	Germany, Austria, Netherlands, Spain (post 1978), Belgium (post 1988)	France, Italy, Spain (pre-1978), Portugal, Quebec, Greece, Belgium (pre-1988)	Sweden, Norway, Denmark, Finland

Abb. 18 State Traditions
Quelle: Loughlin 1999: 4

John Loughlin und Guy Peters (Loughlin / Peters 1996: 45 ff.; Loughlin 1999: 3 ff.) identifizieren in Westeuropa und Nordamerika vier Staatstraditionen, die sich beschreiben lassen, als

a. angelsächsich (Regierung statt Staat): Hier wird – quasi als Antithese zur nachfolgenden deutschen Tradition – nicht ein Staat als Rechtssubjekt gedacht, sondern vielmehr von Regierungen, Ministerien und Agenturen gesprochen. So schließt hier dem Gedanken nach etwa nicht etwa ‚das Land' (über sein betreffendes Ministerium) mit einer nichtstaatlichen Jugendhilfeeinrichtung einen Vertrag (etwa zur Refinanzierung), sondern schlicht das betreffende Ministerium.

„The fundamental difference to be noted is between the Anglo-Saxon and the continental European tradition. In the former, the state as such does not exist as a legal entity but rather one speaks of ‚government' or ‚government departments'. In the latter, by contrast, the State (with a capital letter: l'Etat, lo Stato, el Estado, de Staat, der Staat, etc.) is an overarching entity capable of entering into legal contracts with other moral persons (such as regions, communes, universities). It is true that a weak form of this exists in the Anglo-Saxon tradition in the form of the ‚Crown' (states in the British tradition) or the ‚Constitution' (United States). But this is very different from the continental European State." (Loughlin / Peters 1996: 47f).

Die rechtliche Basis und Intention ggf. vorhandener föderaler Elemente in Staaten angelsächsischer Tradition ist föderal geprägten Kontinentaleuropäern nicht minder fremd: Während nach deutschem Verfassungsrecht die Gliederung des Bundesgebietes in Länder nicht einmal per Verfassungsänderung aufhebbar wäre, sondern wegen der Eingriffstiefe in das Grundgesetz seiner Ablösung durch eine neue Verfassung bedürfte (Art. 79 Abs. 3 GG), genießen die Selbstverwaltungsrechte von Wales und Schottland keinerlei verfassungsrechtlichen Schutz und können durch einfachen Parlamentsbeschluss in London wieder aufgehoben werden (Loughlin / Peters 1996: 51). Föderale Elemente in angelsächsischen Ländern erlauben bis zu einem gewissen Grad Dezentralisierung, unterscheiden sich aber in ihrer Funktion deutlich von föderalen Systemen in Kontinentaleuropa. „Basically, in the Anglo-Saxon tradition, federalism is a method by which government is limited and the rights of individuals and groups in society are protected against government." (Loughlin / Peters 1996: 51) Föderalismus lässt sich hier also als Element im mit ‚checks and balances' umschriebenen US-amerikanischen Institutionengefüge verstehen, zu dessen Hauptaufgaben es gehört, politische Macht zu begrenzen (s.Schüttemeyer 2005; Kaufmann 2003: 85).

b. deutsch (der Staat als organisches Gebilde): Kennzeichnend sind hier die subsidiären und korporatistischen Gedanken hierarchischer Ordnung kleinerer und größerer (staatlicher und nichtstaatlicher) Einheiten sowie das Rechtsstaatsprinzip, das den Staat selbst semi-souverän (gebunden an sein eigenes Recht) sein lässt. Markantes Beispiel für die Legalitätsfixierung ist die Fundierung selbst nationalsozialistischer Gräueltaten durch Gesetze, Verordnungen und Erlasse. Umgekehrt wäre es in Deutschland schlicht unvorstellbar, wie im britischen Fall wesentliche Normen des Verfassungsrechts (etwa die Möglichkeit der Begnadigung durch die Krone bzw. das Staatsoberhaupt oder die Unterzeichnung aller vom Parlament beschlossenen Gesetze durch dieses) statt durch Verfassungstexte zu legitimieren lediglich aus ungeschriebenem ‚common law' abzuleiten (s. Kimmel / Kimmel 2000[5]: 561). Die von deutschen Sozialarbeiterinnen und Sozialpädagogen mit Recht häufig (sich selbst und Dritten gegenüber) kritisch eingesetzte Frage nach der Rechtsgrundlage für Sachentscheidungen und (Nicht-) Zuständigkeitsbehauptungen, dürfte im Fall britischer Professionskolleginnen und -kollegen bisweilen also etwas anders gestellt oder beantwortet werden.

c. französich (napoleonisch-jakobinischer Staat, gedacht als unteilbare Nation): Vom Gedanken der Überwindung von Spaltungen in der Gesellschaft getragen ist dieser Typ dem Prinzip der einen und unteilbaren Nation verpflichtet, dem selbst Regionalisierungen und Dezentralisierungen folgen, indem sie die Funktionsfähigkeit der Nation unterstützen, nicht aber etwa Schritte in Richtung hin auf eine Föderation bedeuten sollen. Plastisch ausgedrückt: Die Eingriffsmöglichkeiten von ‚Paris' reichen bis tief in die Jugendhilfestruktur und -praxis am südlichen Oberrhein. Auch der französische Staat ist ausdrücklich Rechtsstaat. Anders als in der als organisch beschriebenen deutschen Tradition ist es hier aber nicht intendiert, über eine wechselseitige (und auch rechtlich abgesicherte) Verwebung, gesellschaftliche Gruppen und den Staat bis zu einem gewissen Grad zu integrieren (siehe die Rechtstellung der freien Wohlfahrt in Deutschland). Staat und Gesellschaft kennzeichnen vielmehr antagonistische Beziehungen.

d. skandinavisch (als Verbindung von angelsächsischer und deutscher Tradition): Hier verbindet sich die Rechtsstaattradition mit einem stark dezentralisierten Einheitsstaat, in dem den Kommunen eine Schlüsselrolle zukommt. Das organische Element in der Gesellschaft-Staat-Beziehung kommt hier nicht im engen Zusammenwirken etwa von staatlichen und frei-gemeinnützigen sozialen Dienstleistern (Wohlfahrtsverbänden) zum Ausdruck (vielmehr befinden sich soziale und gesundheitsbezogene Dienste wesentlich in kommunaler Trägerschaft), sondern etwa in der schwedischen Praxis, die Arbeitslosenversicherung durch Gewerkschaften organisieren zu lassen (mit positiven Effekten auf deren Organisationsgrad).

Die hervortretenden Charakteristika sind über die genannten Beispiele hinaus relevant für unterschiedliche Politikfelder, Kompetenzgefüge und Politikprozesse in der Sozialen Arbeit. Sie werfen ein Licht auf das Kompetenzgefüge eines Staates, sein Selbstverständnis und sein Verhältnis zu gesellschaftlichen Gruppen und (teil-) gesellschaftlicher Selbststeuerung. Am Beispiel der Berufspolitik Sozialer Arbeit verdeutlicht: Versinnbildlicht bislang die staatliche Anerkennung in Deutschland die Güte einer Ausbildung zum Sozialarbeiter oder zur Sozialpädagogin, so besorgen dies in angelsächsischen Ländern häufig Atteste berufsständischer Organisationen.

Bezogen auf (sozial-)politische Anliegen der Sozialen Arbeit unterstreicht die Systematisierung gerade für die Bundesrepublik die nötige Rechtsgrundlage, um seitens der öffentlichen Verwaltung handeln zu können, aber auch die Möglichkeit, im kooperativen Föderalismus Chancen zu entdecken, politische (programmatische, gesetzgeberische, administrative) Spielräume auf kommunaler und regionaler Ebene zu nutzen. Über das Asylbewerberleistungsgesetz wird auf Bundesebene befunden, in seinem Rahmen aber obliegt die Entscheidung, ob Asylbewerber Gutscheine oder Barleistungen erhalten, den einzelnen Bundesländern, teils sogar deren örtlichen Gemeinden. Über die Einführung und Ausgestaltung sozialer und ökologischer Mindeststandards bei der Vergabe ihrer öffentlichen Aufträge (auch im Sozialbereich) entscheiden die Bundesländer (unter Beachtung des europäischen Wettbewerbsrechts und bundesstaatlicher Gesetze) selbst.

Zusammenfassend lässt sich sagen, dass internationale Vergleiche und Systematisierungen nicht nur auf den ersten Blick insofern erhellend sein können, als sie verdeutlichen, dass (wie hier) etwa Staatsgefüge und Gesellschaft Staat-Beziehungen in anderen Ländern durchaus anders gestaltet sein können, als (derzeit) in Deutschland (man also neues entdeckt und Selbstverständlichkeiten in Frage stellt). Sie können auch auf einen zweiten Blick lehrreich sein, indem sie Muster und Pfadabhängigkeiten im eigenen Land verdeutlichen (man das Eigene neu entdecken kann).

Es lässt sich in Deutschland keine Politik zur Jugendarbeit erfolgreich völlig jenseits der staatlich anerkannten (!) Träger der Freien Jugendhilfe konzipieren, in Schweden hingegen nehmen die Kommunen hier eine zentrale Position ein, in Frankreich die Zentralregierung. In angelsächsischen Ländern schließlich wäre die Frage, ob es überhaupt Sache lokaler oder überörtlicher Administrationen und Regierungen wäre, eine extensive öffentliche Politik in diesem Bereich zu formulieren. Jedenfalls widerspricht das korporatistische Konstrukt der staatlichen Anerkennung von Ausbildungen und gemeinnützigen Trägern und ihre damit verbundene Privilegierung in Deutschland der pluralistischen Orientierung dieser Länder.

Jenseits des Blicks in andere Länder zeigt sich allerdings bereits innerhalb Deutschlands, dass der institutionelle Rahmen für Politiken im Feld der Sozialen

Arbeit weder homogen (siehe auf kommunaler und Landesebene unterschiedlich ausgestaltete direktdemokratische Elemente), noch unwandelbar ist (siehe die Föderalismusreform oder die in mehreren Wohlfahrtsverbänden betriebenen Organisationsreformen).

4.4   Politik im sozialer Gerechtigkeit verpflichteten Staat

Rechtsstaatlichkeit, Föderalismus, Etatismus, Korporatismus und Pluralismus lassen sich in ihren Begründungen und Beurteilungsmaßstäben nicht auf ihren Bezug zu Fragen sozialer Gerechtigkeit reduzieren (so bezieht sich Rechtsstaatlichkeit etwa auf Rechtssicherheit und Verfahrensgerechtigkeit, sei es im Verkehrs- oder Strafrecht). Gleichwohl lassen sie sich auch auf diese Fragen hin zugespitzt fruchtbar thematisieren.

Zum Konnex zwischen Recht- und Sozialstaatlichkeit

So schreiben etwa Ernst-Ulrich Huster und Kay Bourcarde zur Verbindung zwischen dem Rechtsstaats- und dem Sozialstaatsprinzip: „Der Sozialstaatsgrundsatz ist (…) nicht Additiv (…) zur Rechtsstaatlichkeit, (…) sondern er verbindet unauflösbar die liberal-republikanischen [sic] Tradition mit der der pluralistischen Demokratie. Die Bestimmung von Grund- und Menschenrechten durch Thomas Marshall (1893–1981) in wirtschaftliche, politische und soziale hebt in gleicher Weise hervor, dass Rechtsstaatlichkeit nicht ohne demokratische Legitimation und dass der Erfolg wirtschaftlicher Interessen nicht ohne den Schutz der sozialen Interessen breiter Bevölkerungskreise verwirklichbar ist (Marshall 1992)." (Huster / Bourcarde 2012: 13 f.) So versöhnt nach Marshall erst Wohlfahrt (die mit ihrer Logik „tun, was die Minderheit braucht" auf soziale Gerechtigkeit zielt) den marktwirtschaftlichen Mechanismus der Anerkennung und Belohnung von Ungleichheiten mit dem Anspruch der Demokratie (Gleichheit staatsbürgerlicher Rechte und Entscheid qua Mehrheitswillen); eine fragile Emulsion konkurrierender Prinzipien im Rahmen einer „Bindestrichgesellschaft" (Marshall 1972: 127, ders. 1981: 132, 134).

Im Rahmen einer Polity-Analyse lässt sich daran anschließend etwa danach fragen, welche Institutionen in einer bestimmten Organisation oder Gebietskörperschaft in welchem Umfang Rechtsstaatlichkeit sowie ökonomische, politische und soziale Rationalitäten repräsentieren und so das Bild und den Charakter dieses Untersuchungsgegenstandes prägen. So unterscheiden sich sicherlich innere Verfasstheit, Selbstbild und Fremdwahrnehmung privatwirtschaftlicher, frei-gemeinnütziger und staatlicher Sozialer Dienste (auch in Abhängigkeit davon, in welchem Land – also institutionellen Kontext – diese untersucht werden, etwa in Skandinavien, Deutschland oder den USA). Gleiches dürfte auch auf Städte und Gemeinden zutreffen, die sich verschiedenen Leitbildern („Neuen Steuerung", „Bürgerkommune" usw.) verschrieben haben.

„Soziale Gerechtigkeit" als Argument und Analysekriterium auf einer Makro-, Meso- und Mikroebene

Neben der Rechtsstaatlichkeit stehen weitere Merkmale der Staatsstruktur und des Sozialstaates im Zusammenhang mit Vorstellungen von sozialer Gerechtigkeit. So knüpfen etwa kooperativer Föderalismus (Schultze 2005a; vgl. auch den Subsidiaritätsbezug in den EU-Verträgen) und Korporatismus an Vorstellungen von sozialer Gerechtigkeit als subsidiärer Gerechtigkeit an. Das Leitbild stellt hier eine hierarchisch geordnete und horizontal gegliederte Gemeinschaft dar, in der sich der Gedanke „hilfreichen Beistands" (Nell-Breuning 1976) sowohl im Vorrang (der Verpflichtung) der je kleineren Einheit für die Lösung eines sozialen, ökonomischen und/oder politischen Problems äußert, als auch in der Unterstützungspflicht der je größeren Einheit, die der kleineren Einheit mitunter erst die Bedingungen gewährleistet, vorrangig handeln zu können.

Ebenfalls auf der Makroebene werden ganze Sozialstaatskonzeptionen über das Argument sozialer Gerechtigkeit (de-)legitimiert, so etwa der liberale „Minimal State" oder der schwedische Wohlfahrtsstaat unter dem Begriff des „Volksheims". Untersucht wird dies im Rahmen der vergleichenden Wohlfahrtsstaatsforschung, deren wohl prominentester Vertreter Gøsta Esping-Andersen dies machtressourcentheoretisch fundiert tut. In den Blick genommen werden hier Polity-Prinzipien sowie wertbezogene Intentionen von Policy-Entscheidungen, über deren Kombination sich unterschiedliche Regime (Leitbilder) von Wohlfahrtsarrangements identifizieren lassen (siehe hierzu ausführlich Gøsta Esping-Andersen 1990 bzw. 1998). So wird auch hier nach den Bedeutungszuschreibungen an die Instanzen Individuum, Familie, Gesellschaft, Markt und Staat (siehe u. a. die Kriterien „Privatisierung" und „Korporatismus/Etatismus" in Abb. 19) für die Lösung sozialer Probleme gefragt, weshalb Esping-Andersen auch von „Wohlfahrtsregimen" und nicht allein von Regimen des Wohlfahrts*staates* spricht.

Typus des Wohlfahrtsstaates	liberal	konservativ	sozial-demokratisch
Klassische Vertreter	Großbritannien	Deutschland	Schweden
Dekommodifizierung: Schutz gegen Marktkräfte und Einkommensausfälle • Einkommensersatzquote • Anteil individueller Finanzierungsbeiträge	schwach	mittel	stark
Residualismus • Anteil von Fürsorgeleistungen an gesamten Sozialausgaben	stark	stark	schwach
Privatisierung • Anteil privater Ausgaben für Alter bzw. Gesundheit an den Gesamtausgaben	hoch	niedrig	niedrig
Korporatismus/Etatismus • Anzahl von nach Berufsgruppen differenzierten Sicherungssystemen • Anteil der Ausgaben für Beamtenversorgung	schwach	stark	schwach
Umverteilungskapazität • Progressionsgrad des Steuersystems • Gleichheit der Leistungen	schwach	schwach	stark
Vollbeschäftigungsgarantie • Ausgaben für aktive Arbeitsmarktpolitik • Arbeitslosenquoten, gewichtet mit Erwerbsbeteiligung • Staat als Arbeitgeber	schwach	mittel	stark

Abb. 19 Wohfahrtsregime nach Gøsta Esping-Andersen
Quelle: Heinze/Schmid/Strünck 1999: 103

Die Machtressourcentheorie arbeitet dabei auch die Bedeutung einzelner Machtressourcen (ökonomischer, politischer, personal gebundener und Gewalt) sowie deren Transformation für den Charakter verschiedener Wohlfahrtsarrangements heraus (siehe hierzu Benz 2014a). So wird in unterschiedlicher Art und Weise versucht, auf der Polity-Ebene die Stärke bestimmter Positionen in (latenten) Konflikten durch die Schaffung von Institutionen im Sinne von Adressen zu stärken. Beispiel hierfür sind etwa bei Verbraucherinteressen gegenüber Produzenteninteressen die Gründung und öffentliche Förderung von Verbraucherzentralen und der Stiftung Warentest. Im Bereich Sozialer Arbeit sollen dies etwa berufspolitisch der Deutsche Berufsverband für Soziale Arbeit (DBSH) und wissenschaftspolitisch die Deutsche Gesellschaft für Soziale Arbeit (DGSA) leisten.

Transformiert werden Machtressourcen etwa, um manifeste Konflikte zu vermeiden. Klassisches Beispiel hierfür sind Konflikte um den individuell wie sozial gerechten Lohn. Um diese nicht ständig über die ökonomische Machtressource ‚Besitz an Produktionsmitteln' (s. Aussperrungsrecht) sowie die (individuell wenig Erfolg versprechend einsetzbare) personal gebundene Machtressource der Verweigerung von ‚Arbeitskraft' (Streik) austragen zu müssen, versuchen beide Seiten zunächst, sich zu organisieren. Wie bedeutend dabei Polity- und Policy-Entscheidungen auf der Markoebene sind, belegt bereits der wirtschaftswissenschaftliche Klassiker Adam Smith (1723-1790): So billigte zu seiner Zeit das Gesetz in Großbritannien Vereinigungen von Arbeitgebern, „zumindest verbietet es sie nicht wie die der Arbeiter. Wir haben keine Parlamentsbeschlüsse gegen Vereinbarungen, die das Ziel verfolgen, den Lohn zu senken, wohl aber zahlreiche gegen Zusammenschlüsse, die ihn erhöhen wollen." (Smith 1776/2005[11]: 58) Artikel 9 Absatz 3 des Grundgesetzes garantiert in Deutschland heute die Vereinigungsfreiheit als Grundrecht ausdrücklich auch „zur Wahrung und Förderung der Arbeits- und Wirtschaftsbedingungen". Ist beiden Seiten also schließlich die Organisierung erlaubt und gelungen (wurde dies erkämpft), so lassen sich Polity-Entscheidungen für überindividuelle Verhandlungsverfahren schaffen und weiterentwickeln (so Friedenspflichten und Schlichtungsverfahren in Tarifkonflikten), die an die Stelle individueller Arbeitsverweigerung und Aussperrung treten.

Daneben werden Forderungen nach sozialer Gerechtigkeit auf einer Mesoebene zur (De-)Legitimation einzelner sozialleistungsrechtlicher Prinzipien und Strukturen herangezogen (Gestaltung einzelner Versicherungszweige als Privat- versus Sozialversicherung, Versicherungs- versus Fürsorgeprinzip etc.). Beispiele hierfür geben etwa die Auseinandersetzungen um die gesetzliche und/oder private Kranken-, Renten- und Pflegeversicherung. Bei der Stärkung fachpolitischer Interessen, Konfliktlösungen und Suche nach Konsensen spielen auf der Mesoebene im Bereich Sozialer Arbeit heute etwa der Deutsche Verein für öffentliche und private Fürsorge sowie zahlreiche Fachverbände, Landes- und Bundesarbeitsgemeinschaften eine bedeutende Rolle.

Schließlich werden Gerechtigkeitsargumente im kleinteiligen sozialpolitischen Streit um Anspruchsrechte und ggf. Gegenleistungspflichten bemüht (Mikroebe-

ne). Soll etwa das versorgungsrechtliche Erziehungsgeld bzw. Mindestelterngeld
von 300 € das Fürsorgeprinzip (Leistungen allein in Höhe des soziokulturellen
Existenzminimums) bei Hartz IV-Leistungen durchbrechen oder nicht? Sollen
Hartz IV-Empfänger zu gemeinnütziger Arbeit verpflichtet werden? Ist die Woh-
nungslosenberatung in einer Stadt besser in öffentlicher, frei-gemeinnütziger
oder privat-gewerblicher Trägerschaft einzurichten oder soll hierüber gar nicht
verbindlich entschieden werden, sondern ihre Etablierung besser Marktkräften
oder potentiellen Spendengebern überlassen werden?

Was ist sozial gerecht? Lesarten sozialer Gerechtigkeit

Antworten auf die Frage (und wissenschaftliche Reflektionen der Antworten auf
die Frage), was als sozial gerecht angesehen werden kann, verlangen letztlich nach
über empirisch-analytische Untersuchungen hinausreichenden normativ-herme-
neutischen bzw. kritisch-dialektischen, politikphilosophischen Perspektiven (siehe
hierzu Gliederungspunkt 2.2). Denn hier spielen Wertorientierungen eine zentrale
Rolle, die als solche nicht bewiesen, widerlegt oder als objektiv richtig behauptet,
sondern nur offen gelegt und in ihrem Interessenbezug diskutiert werden können
und müssen.

Hierfür ein (um-)verteilungspolitisches Beispiel: „Gerechtigkeit setzt als Wert
ihr Gegenteil voraus: Ungerechtigkeit also. Was ist nun ungerecht? Wenn der
eine fünf Hummerschwänze abknabbern darf, ich selbst aber nur einen? Wenn
der eine verhungert, während der andere im Reichtum schwelgt? Wenn der eine
trotz Gesundheit ständig vom Arzt fürsorglich behandelt wird, während der
alleinstehende Wohnungslose trotz offener Wunden keine ärztliche Versorgung
findet? (…) Dies stößt auf den Kernbereich des sozialpädagogischen Denkens,
nämlich auf dessen Auseinandersetzung mit Wertentscheidungen. (…) Letztlich
bedarf es eines Wissenschaftsverständnisses, das ad hominem geht, das bewusst
Werte und Normen aus dem Interesse zieht, dem Menschen zu der ihm eigenen
Menschlichkeit zu verhelfen (…).“ (Huster 2005: 57) Verwiesen ist man hier schnell
auf die Schnittstellen der Polity-Dimension von Politik (Träger sozialer Interessen
und die Frage nach einer guten politischen Ordnung) mit der von Policy (sozial
gerechte Lösung politischer Probleme) und Politics (politischem Einsatz für soziale
Interessen im Prozess des Politikmachens). Am Schluss dieses Kapitels soll jedoch
zunächst weiter die Polity-Dimension zentral bleiben.

Dabei gilt: Damit aus einem individuellen Bedürfnis anerkannter sozialpolitischer Bedarf wird, braucht es eine doppelte Transformationsleistung: zunächst der
Prüfung des Bedürfnisses am (strittigen) Leitbild sozialer Gerechtigkeit und – so
diese Hürde genommen ist – seine konkrete sozialpolitische Übersetzung. Bereits
die erste Prüfung kann nicht wertneutral erfolgen, da sie darin besteht, individu-

elle Bedürfnisse an für wesentlich angesehenen Kriterien sozialer Gerechtigkeit zu messen, etwa:

- Sozial gerecht ist, was der menschlichen Natur und Würde entspricht (subsidiäre Gerechtigkeit). Hier geht es – wie oben angesprochen – darum, dass Beistand tatsächlich hilfreich sein muss. Menschliche Würde äußert sich dabei insbesondere darin, sozial eingebundenes *Subjekt* des eigenen Lebens zu sein. Zu sozialer Ungerechtigkeit kommt es umgekehrt dann, wenn diese Balance und wechselseitige Bedingtheit von Freiheit und Bindung verletzt wird. Dies geschieht zum einen bei bloß selbstbezüglichem Verhalten und darauf zielenden Lösungen/Lösungsvorschlägen für soziale Probleme, zum anderen dann, wenn Lösungen/Lösungsvorschläge Menschen und ihre sozialen Kontexte in deren eigenen Lösungsmöglichkeiten entmündigen und zum bloßen Hilfe*objekt* anderer degradieren. Politische Entscheidungen sollen folglich möglichst dezentral, nötigenfalls aber auch auf Zwischenebenen und zentral erfolgen und dabei soziale Korporationen (der Berufe, Stände und sozialen Milieus) ausdrücklich – zumindest anhörend – beteiligen.
- Sozial gerecht ist, was der individuellen Leistung von Menschen entspricht und deren Übernahme von Verantwortung für ihr Tun fördert, statt es zu untergraben (Leistungsgerechtigkeit). Sozial ungerecht sind demnach etwa ständische Privilegien, die mit der Zugehörigkeit zu Klerus, Adel oder Zunft verbunden sein sollen, sowie kollektive Lösungen, die Anreize zur Eigeninitiative und individuellen Verantwortungsübernahme mindern können. Als Polity-relevante Spielregeln werden hier Marktmechanismen von Angebot und Nachfrage sowie pluralistisch offene Anhörungsverfahren favorisiert.
- Sozial gerecht ist, was Selbstbestimmungsmöglichkeiten von Menschen achtet bzw. schafft, wo klassen- und schichtbezogene Ungleichheiten zu Unfreiheiten führen (solidarische Gerechtigkeit). Diese werden auch hier als sozial ungerecht angesehen, so sie aus Klerus-, Adels- oder Zunftzugehörigkeiten resultieren, daneben aber insbesondere auch dort, wo hinter Ungleichheiten, die mit Leistungsgerechtigkeit legitimiert werden sollen, antagonistische Interessen von Arbeit und Kapital sowie ererbte Vor- und Nachteile aufscheinen, also verbliebene soziale Klassen. Als Polity-Regeln wird hier etwa auf die (unterstützte) aktive Organisierung von Interessen gesetzt, deren Ressourcen hierzu (Geld, Identifikation mit der sozialen Gruppe, Drohpotentiale etc.) systematisch unterentwickelt sind, sowie auf eine Demokratisierung aller Gesellschaftsbereiche, auch im Bereich der Ökonomie. Etatistische Strukturen spielen hier eine prominente Rolle, daneben aber auch die Selbstorganisation insbesondere der Arbeitnehmer und Konsumenten in Gewerkschaften, Genossenschaften und sozialen Hilfskassen.

Aus sozialen Ideen und mit ihrer Hilfe Bewertungen individueller Bedürfnisanzeigen resultiert noch keine sozialpolitische Wirklichkeit. Erst durch die angesprochene zweite Transformationsleistung wird aus individuellen Bedürfnissen anerkannter sozialpolitischer Bedarf.

So scheint derzeit ein breiter politischer Konsens dazu zu bestehen, dass an Demenz erkrankten Menschen sozialstaatlich besser geholfen werden muss (ein Konsens, den es bezogen etwa auf die problematischen Lebensbedingungen von Asylbewerbern in Deutschland derzeit nicht gibt). Wie aber soll nun dementen Menschen besser geholfen werden? Hier handelt es sich um eine Policy-Frage, doch werden mit ihr (wie in anderen Beispielen) Veränderungen von Polity-Strukturen gleich mit verhandelt. Braucht es angesichts des offensichtlich gestiegenen und weiter ansteigenden Pflegebedarfs künftig eine am Gedanken der Leistungsgerechtigkeit orientierte kapitalgedeckte, privatwirtschaftlich organisierte (Zusatz-)Pflegeversicherung (eine Stärkung von individuellen Lösungen über Markmechanismen) oder orientiert an solidarischer Gerechtigkeit einen Ausbau des umlagefinanzierten, nicht-profitorienterten Systems gesetzlicher Pflegekassen, etwa über eine Bürgerversicherung (Kollektivierung des Risikos)? Wie kann im Rahmen subsidiärer Gerechtigkeit zugleich der individuelle Bedarf gedeckt, die Selbsthilfekraft über Familienangehörige gefördert und die im Zweifel zur Leistung verpflichtete kommunale Sozialkasse wirksam entlastet werden (subsidiärer Beistand)?

Es lassen sich zahlreiche andere Beispiele im Feld der Politik Sozialer Arbeit finden, die unter Polity-analytischen Gesichtspunkten fruchtbar hinterfragt werden können. Generalisiert lassen sich dabei Kontroversen häufig zurückführen und zuspitzen auf die in Abb. 20 dargestellten Ansichten über und Ableitungen aus subsidiären, liberalen und solidarischen Vorstellungen sozialer Gerechtigkeit. Diese sind hier allerdings – zu einer ersten Orientierung – notwendig vereinfachend (unterkomplex und etwa den Streit innerhalb verschiedener Richtungen um hilfreiche Operationalisierungen sozialer Gerechtigkeit im konkreten Fall nicht deutlich machend) dargestellt. Auf den Inhalt der benannten einzelnen Prinzipien und Termini wurde dabei zum Teil bereits hingewiesen, teils ergeben sie sich aus den Anmerkungen in der Abbildung 20, ergänzend dazu sei hier auf Boeckh / Huster / Benz 2011[3] sowie auf Bäcker u. a. 2010[5] verwiesen.

	Soziale Gerechtigkeit		
Grundnorm	subsidiäre Gerechtigkeit	Leistungsgerechtigkeit	solidarische Gerechtigkeit
klassische soziale Träger des Wertes (Interesses)	christliche Kirchen	(Besitz-)Bürgertum	(sozialistische) Arbeiterbewegung
klassische Beispiele (Deutschland)	Kombination von Elternunterhalt (Vorrang), Kindergeld (Unterstützung des Vorrangs) und ggf. BAföG (nachrangig, final)	private Renten-, Kranken- und Pflegeversicherung (Äquivalenzprinzip: Beitrag je nach Risiko; Leistung je nach Beitrag)	gesetzliche Krankenversicherung (Solidarprinzip: einkommensbezogener Beitrag bei gleichen Leistungen; Finalprinzip: Leistung je nach Bedarf)
Zentralvokabeln	Gemeinschaft in hierarchischer Ordnung	Freiheit, Eigenverantwortung, Gleichheit (vor dem Gesetz), Ungleichheit (Anerkennung und Belohnung)	Ungleichheit (aufgrund von Klasse, Schicht und Status), Gleichheit (als Anspruch und aktive Herstellungsleistung)
Zielperspektive	Sicherung der Menschenwürde aller Gesellschaftsglieder Schutz der Familie als Unterhaltsverband sowie von Korporationen; Sanktion individualistischen Verhaltens Schutz der bürgerlichen Gesellschafts- und Besitzordnung	Überwindung von ständischen Privilegien Sicherung von individuellen Freiheitsrechten und des privaten Eigentums	Überwindung von Klassengegensätzen Sicherung der Teilhabe der lohnabhängigen Bevölkerung mittels evolutionärer Gesellschaftspolitik
Mittel / Instrumente	primärer Verweis auf familiären Unterhalt sowie Einkommenserzielung mittels Erwerbsarbeit berufsständische Lebensstandardsicherung (Versicherungs- und Versorgungssysteme) ggf. Mindestsicherung	primärer Verweis auf Einkommenserzielung mittels Erwerbsarbeit Individualisierung, Anwendung von Marktmechanismen (Versicherungen) ggf. Mindestsicherung	primärer Verweis auf Einkommenserzielung mittels Erwerbsarbeit solidarische Lebensstandard- und Mindestsicherung über gesamtgesellschaftliche Versicherungs- und Versorgungssysteme Entmarktlichung (etwa über Genossenschaften und Lohnersatz)

	Soziale Gerechtigkeit		
Grundnorm	subsidiäre Gerechtigkeit	Leistungsgerechtigkeit	solidarische Gerechtigkeit
Leistungs-systeme (Fokus)	statusabhängig: Arbeiter/Angestellte: gesetzliche Pflicht-versicherungen freie Berufe: berufs-ständische Versor-gungs- und / Versicherungswerke Beamte: Versorgung	eigenes Einkommen und Vermögen Privatversicherungen (teils freiwillig, teils verpflichtend)	obligatorische Solidar-kassen und staatliche Volksversicherungs-und -versorgungs-systeme
Finanzie-rung sozialer Leistungen primär über	Arbeiter (Sozialversi-cherungen): Beiträge Angestellte (Sozialver-sicherungen): Beiträge freie Berufe (Versor-gungswerke): Beiträge Beamte (Versorgung): Steuern Randgruppen (Für-sorgesysteme): Steuern	Privathaushalte: Rech-nungen und/oder Ver-sicherungsbeiträge	Solidarkassen: Beiträge Volksversicherungs-und -versorgungs-systeme: Steuern
Gewährung sozialer Leistungen primär nach den Prinzi-pien	Äquivalenzprinzip Kausalprinzip	Äquivalenzprinzip Kausalprinzip	Solidarprinzip Finalprinzip

Abb. 20   Was ist sozial gerecht? Eigenverantwortung, Solidarität und Subsidiarität als Grundnormen der Sozialpolitik
Quelle: eigene Darstellung

In den beschriebenen Gerechtigkeitskriterien und Operationalisierungen wird also in der Tat auf Werthaltungen rekurriert, die lediglich offen gelegt werden können (und im Falle wissenschaftlicher Auseinandersetzung auch müssen), die sich aber nicht beweisen lassen. Oder genauer: Ihre Verbreitung in der Bevölkerung etwa lässt sich empirisch-analytisch erforschen und beschreiben. Dies ist auch hilfreich, brauchen doch soziale Ideen zu ihrer Wirkmächtigkeit stets soziale Träger, die es zu kennen gilt, will man etwa Erkenntnisse über den Interessenbezug von Wert-vorstellungen und Lösungsvorschlägen für soziale Probleme gewinnen.

Aus diesem *Sein* (der empirischen Verbreitung von Einstellungen) lässt sich aber kein *Sollen* (oder ein Beurteilungsmaßstab konkurrierender Sollensvorstellungen) ableiten. Fragen nach der normativen Kraft von Werthaltungen und -entscheidungen als Sollensaussagen, ihrer Nützlichkeit oder Verfehltheit, lässt sich nicht über alle von einer Politik Betroffenen hinweg nachgehen – nicht ohne die politikwissenschaftlich zentrale Frage *Cui bono?* (Wer profitiert?). Auch hier gilt: Wer profitiert, ist eine empirische Frage. Wer (nicht) profitieren *soll*, ist keine empirisch zu beantwortende Frage. Schließlich: Die Auswegsuche über die Aussage „alle sollen profitieren", ist eine vielleicht in politischer Kommunikation geschulte, meist aber politikwissenschaftlich ziemlich unaufgeklärte.

Noch einmal an einem Beispiel durchgespielt bedeutet dies etwa: Jemand hat das Bedürfnis, seine/ihre ruinierten und schmerzenden Zähne medizinisch versorgen zu lassen. Bevor hieraus anerkannter sozialpolitischer Bedarf wird, werden legitime, wert- und interessengeleitete Fragen gestellt: Kannst (sollst) Du dieses Bedürfnis mithilfe Deines eigenen materiellen Vermögens stillen oder ggf. dem Deines privates Umfeldes? Nein? Wer sollte dann zuständig sein (bezogen auf das horizontale Kompetenzgefüge): Weiterhin Du selbst, indem Du Dir die Kosten, wie Deinen Lebensunterhalt insgesamt, selbst erwirtschaftest? Oder wären Spendengeber gefragt, seien sie humanistisch oder religiös motiviert oder auch bloß auf die Abwehr einer Bedürfnisbefriedigung mit kriminellen Mitteln oder von Aufständen von Dir und Deinesgleichen bedacht? Soll der Staat (bzw. die Regierung) bezahlen, mit welchem Grad an Verbindlichkeit und Nachrang? Schließlich stellt sich auch hier die Frage nach der vertikalen Kompetenzordnung: Welche staatliche Ebene soll (bei welcher Art von Fällen) zuständig sein, unter welchen Voraussetzungen und mit welchen (Neben-)Folgen?

Erst diese Fragen und obigen Hinweise ermöglichen es vielleicht zu verstehen, warum in den USA die Einführung einer allgemeinen sozialen Krankenversicherung unter US-Präsident Barack Obama einflussreichen konservativen Kreisen wahlweise als Ausdruck faschistischer oder staatssozialistischer Ideologie gilt, in Europa hingegen über mehrere Parteigrenzen hinweg als soziale Errungenschaft. Hier sind Grundfragen des Verhältnisses der oben skizzierten Instanzen Individuum, Familie, Staat, Markt und Gesellschaft für die Lösung sozialer Probleme und die Befriedigung sozialer Bedürfnisse angesprochen. Die letzten beiden Instanzen sind mit Privatversicherungen und profitorientierten Leistungserbringern sowie mildtätigen Massennotversorgungen (siehe jährliche zahnmedizinischen Hilfsaktionen im Turnhallenformat) im US-Gesundheitswesen besonders bedeutsam – auch aufgrund von Polity-Charakteristika in diesem Land. Wer sich professionell oder als Staatsbürger hiermit nicht abfinden mag, muss sich in den politischen Streit um als (un-)gerecht empfundene Lösungen sozialer Probleme begeben: in die Politics-Dimension von Politik.

Prozessanalyse (Politics) 5

Sozialarbeitspolitik in der Perspektive der Politkfeldanalyse zu begreifen, bedeutet auch, Soziale Arbeit als aktiven, politisch handelnden Akteur zu verstehen. Wenn das professionelle Mandat Sozialer Arbeit einen politischen Auftrag mit einschließt (vgl. Rieger 2007), dann braucht die Soziale Arbeit auf dem Gebiet der Politik nicht nur Wissen um die politischen Inhalte sowie Institutionenwissen sondern auch Handlungswissen. Um eigene wie advokatorisch vertretene Interessen artikulieren und durchsetzten zu können, müssen ihre individuellen wie komplexen Akteure (politik-)wissenschaftliches Wissen zur Ausübung von Macht und Einfluss, zu politischen Abläufen sowie möglichen Methoden zur Mitgestaltung und Beeinflussung politischer Entscheidungen erwerben. Ein Wohlfahrtsverband der den Versuch unternimmt, die Landespolitik für das Thema der Kinderarmut zu sensibilisieren und mittelfristig regelmäßige Armutsberichterstattung durch die Landesregierung zu institutionalisieren, muss seine eigenen Ressourcen (Geld, Organisation, Wissen usw.) sowie seine Position im Netzwerk der Politikakteure zuverlässig einschätzen können. Er sollte sich bewusst sein, in welche Phase des politischen Prozesses sein Unterfangen einzuordnen ist (hier: Agenda Setting), welche verlässlichen Erkenntnisse mit Blick auf die Handlungsoptionen, Chancen und Probleme es in dieser Phase gibt. Schließlich sollte das ‚Handwerkszeug' der Politikberatung und Öffentlichkeitsarbeit bzw. Kampagnenführung beherrscht werden.

Das Spielfeld und die Regeln (Polity) zu kennen sind ebenso wie das Wissen um Einsatz und Ziel des Spiels (Policy) wichtige Voraussetzungen, um das Spiel erfolgreich zu spielen. Aber dann muss das politische Spiel auch gespielt werden (Politics). Jetzt kommt es zunächst auf die Akteure und ihre Netzwerke, ihre Ressourcen und Ziele an (5.1.). Dann braucht es Kenntnisse zu Spielverläufen sowie spezifischen Situationen und Konstellationen (5.2.). Schließlich müssen Strategien ausgearbeitet und Methoden beherrscht werden und zur Anwendung kommen. (5.3./5.4.). Ein diese Facetten berücksichtigendes Politics-bezogenes Untersuchungsdesign wird insbesondere folgende Analyseschritte umfassen:

1 Den Untersuchungsgegenstand abgrenzen
- Welcher politische Prozess (z. B. eine konkrete Gesetzgebungsmaßnahme; die Entwicklung eines neuen Programms usw.) soll untersucht werden?

2 Den Forschungsstand erheben
- Welche Forschungsergebnisse liegen zu diesem oder ähnlichen Prozessen sowie zu Eigenschaften, Interessen und dem Handeln von Akteuren bereits vor?

3 Den Kontext des politischen Prozesses erörtern
- Welche Probelme, Problemzusammenhänge und Themen werden im relevanten (Sub-) Politikfeld verhandelt?
- Welche Diskurse, Paradigmen bestimmen das (Sub-)Politikfeld?
- Welche Ebenen, Institutionen und institutionellen Regelungen wie Verfahren prägen das Feld?

4 Die Akteure und Ziele erfassen
- Wer sind die relevanten Akteure, wie sind sie organisiert, über welche Ressourcen verfügen sie und wie stehen sie zueinander (Netzwerke; vgl. Gliederungspunkt 5.1.)?
- Welche primären und sekundären Interessen und Ziele werden in und mit diesem Politikprozess insgesamt sowie von welchen Akteuren spezifisch in und mit ihm verfolgt?
- Welche Interessen- und Zielkonflikte zeigen sich hierbei?

5 Den politischen Prozess darstellen und analysieren
- In welchen Schritten und Stadien vollzieht sich der zum Gegenstand genommene politische Prozess (vgl. Gliederungspunkt 5. 2. zum Policy Cycle) ?
- Welche Strategien und (politischen) Methoden werden von den beteiligten Akteuren eingesetzt, um ihre Ziele zu erreichen (wer unternimmt was)?
- Welche Interessenträger werden hier wann koalierend, kooperierend oder konkurrierend politisch relevant?
- Welche Faktoren erklären den Verlauf des politischen Prozesses und dessen Ergebnisse (hierfür bedarf es in der Regel der Anwendung von spezifischen theoretischen Ansätzen und Modellen, vgl. Abschitt 5.2. Akteuzentrierter Institutionalismus oder Multible-Streams-Ansatz)? (Prozessrekonstruktion)

6 Die Konsequenzen abwägen
- Welche (un-)beabsichtigten Ergebnisse zeigt die bisherige Auseinandersetzung?
- Wer setzt sich durch? Wer gewinnt, wer verliert in diesem Prozess?
- Welche alternativen Verläufe sind denkbar?

Abb. 21 Untersuchungsschritte einer Politics-Analyse

Quelle: eigene Darstellung

Zunächst gilt es in diesem Kapitel damit Ziele, Vorgehensweise und Analyseschwerpunkte der Akterurs- und Netzwerkanalyse vorzustellen (5.1.), sodann Ansätze der Prozessanalyse zu erörtern (5.2.) und den Forschungsstand zu Methoden wie Strategien politischen Handelns zu erarbeiten (5.3.). Schließlich soll mit der Mikropolitikanalyse (5.4.) eine Untersuchungsmethode vorgestellt werden, die es

erlaubt die kleinteiligen Prozesse alltäglicher Politikentscheidung und Machtaus-
übung zu beobachten.

5.1 Akteur- und Netzwerkanalyse

In politischen Ordnungen, als Interessenträger von politischen Inhalten und
in politischen Prozessen spielen individuelle Akteure (konkrete Personen) und
komplexe Akteure (von sozialen Bewegungen bis zu Behörden und Unternehmen)
eine wichtige Rolle. Akteurs- und Netzwerkanalysen sollen helfen, diese Akteure
in ihrem aufeinander bezogenen Verhalten, ihren Handlungsmöglichkeiten und
-restriktionen besser zu verstehen.

So ist bei individuellen Akteuren politisch relevant

- welche Interessen und Interessengruppenzugehörigkeiten diese (nicht) erkennen,
- mit welchen Mitteln sie ihre Interessen vertreten (können),
- wie sie als Adressat politischer Maßnahmen und Regelungen auf diese tatsächlich reagieren,
- wann und inwiefern sie politisch als individuelle Akteure, wann und inwiefern
  als Teil komplexer Akteure handeln.

Relevante komplexe Akteure im Feld der Politik Sozialer Arbeit lassen sich analysieren etwa im Hinblick auf

- ihre thematischen Schwerpunkte, ihre Aufgaben und Funktionen sowie ggf.
  ihre weltanschauliche Ausrichtung,
- ihre Ressourcen, bezogen etwa auf Mitglieder, finanzielle Mittel, räumliche
  Verbreitung, hauptamtliches Personal, spezifisches Know how usw.,
- ihre innere Organisation,
- ihre Art und Weise, politisch zu agieren bzw. agieren zu können (etwa in Form von
  Stellungnahmen, Kampagnen, sozialen Aktionen), auch zusammen mit Dritten,
- ihre mit allen obigen Gesichtspunkten zusammenhängenden (offenen und
  verdeckten) Interessen und politischen Positionen.

Notwendig sind solche Analysen individueller und komplexer Akteure etwa, will
man vertiefte Einblicke in ihre Potentiale (etwa in Koalitionen) und Restriktionen
(etwa der Mobilisierung) im politischen Geschäft gewinnen.

Netzwerkanalytisch wird danach gefragt, wie individuelle und komplexe Akteure im Feld der Politik verknüpft sind, welche Stellung und Bedeutung sie im Politikfeld haben und wie sie hier mit weiteren Akteuren netzwerkartig zusammen und/oder in Konkurrenz zueinander interagieren.

Akteurs- wie netzwerkanalytisch geht es dabei darum, den Handlungs- und Einflussspielraum von politischen Akteuren und Netzwerken abzuschätzen und auch darum, optionsanalytisch (un-)wahrscheinliche Aktionen und Reaktionen Dritter abzuschätzen. Auf Strategien politischen Handelns, die hieran anknüpfen, geht Gliederungspunkt 5.3 näher ein.

Wer sind die relevanten Akteure?

Vor der Analyse einzelner Akteure und Netzwerke gilt es dabei zu untersuchen, wer überhaupt relevante Akteure in einer politischen Sachfrage (Kapitel 3) und in konkreten politischen Prozessen (Gliederungspunkt 5.2) sind. Hierbei ist zunächst ein Rückgriff auf Polity-analytisches Wissen notwendig (s. Kapitel 4). Regelmäßig bedeutsam sind auf der Bundesebene etwa die Parteien und Bundestagsfraktionen im Parlament (legislative Gewalt), die Bundesregierung und betreffenden Bundesministerien (exekutive Gewalt). Gewichtigen Einfluss können auch Gerichte (judikative Gewalt) und die Medien ('vierte Gewalt') nehmen. Hinzu kommen je nach Sachfrage bzw. Kompetenzordnung ggf. der Bundesrat und die kommunalen Spitzenverbände und in jedem Fall Einfluss suchende Interessenverbände ('fünfte Gewalt'), etwa der Arbeitgeber und Arbeitnehmer. Bedeutsam sind auch Akteure, die bei der Umsetzung der betreffenden Politik eine gewichtige Rolle spielen, seien dies Unternehmen bei Fragen betrieblicher Familienpolitik oder soziale Dienste und deren NutzerInnen bei vielen sozialpolitischen Fragen. Letztere spielen einerseits als Wähler eine Rolle, sind zum Teil aber auch als Experten im Politikfeld organisiert, etwa in Patienten- und Jugendverbänden. Schließlich können sie als Anhängerinnen und Aktive sozialer Bewegungen eine wichtige Rolle spielen. Relevante Akteure finden sich also in allen gesellschaftlichen Akteursbereichen, von Individuen, Familien und privaten sozialen Netzwerken, über gesellschaftlich verfasste Akteure, bis hin zu marktmäßig und staatlich operierenden Akteuren (s. Gliederungspunkt 4.3).

Nun stellen soziale Bewegungen, Unternehmen, Ländervertreter im Bundesrat und Gerichte derart unterschiedliche Akteure dar, dass es analytisch hilfreich erscheint, sowohl zwischen deren Bedeutung in unterschiedlichen Phasen des Politikprozesses zu unterscheiden (s. hierzu Gliederungspunkt 5.2), als auch systematische Unterschiede zwischen verschiedenen Akteursarten herauszuarbeiten, die für deren politische Meinungsbildung und ihre Handlungsoptionen von Bedeutung sind. Fritz W. Scharpf (2000: 95 ff.) bietet hierfür eine Orientierung an, indem er unterscheidet zwischen

1. *individuellen* Akteuren: also unkoordiniert und in unterschiedliche Richtungen (oder nur zufällig in gleiche Richtungen) primär aus Eigeninteresse politisch handelnde Menschen.
2. *komplexen* – weil aus mehreren politisch mehr oder weniger umfänglich gleichgerichtet handelnden Personen bestehenden – Akteuren, darunter
   2.1 *aggregierten* Akteuren: die als Kategorie hier mehrere Individuen beschreiben, deren Handlungen parallel verlaufen, die wichtige Merkmale teilen und als solche „Quasi-Gruppen" oder „Klassen" darstellen (ebd., S. 99), die auf gleichgerichteten Handlungsorientierungen (Wahrnehmungen und Präferenzen) sowie Fähigkeiten beruhen, jedoch in ihren Handlungen, Zielen, Ressourcen und Entscheidungen individuell bestimmt bleiben; hier ergibt sich politisches Gewicht aus der Summe individueller Handlungsentscheidungen,
   2.2 *kollektiven* Akteuren, die anders als individuelle und korporative Akteure bewusst aufgrund von Übereinkunft gemeinsam handeln (also wesentlich an den Willen ihrer Mitglieder gebunden sind), in den Formen:
   2.2.1 *Koalitionen*: hier bleiben die Handlungsziele und Handlungsressourcen weitgehend in den Händen der einzelnen Mitglieder (Koalitionäre),
   2.2.2 *Clubs*: die (etwa über einen Fonds, eine Geschäftsstelle und eigens angestellte Mitglieder) zumindest einen Teil der Handlungsressourcen ihrer Mitglieder kollektivieren, die aber weiter vornehmlich individuelle Ziele verfolgen,
   2.2.3 *soziale Bewegungen*: die prägend gemeinsame Handlungsziele verfolgen, die Ressourcen zu deren Verfolgung aber weitgehend auf der individuellen Ebene belassen sowie
   2.2.4 *Verbänden*: deren Mitglieder gemeinsame Ziele mit einer Kollektivierung der Mittel zu deren Verfolgung kombinieren, schließlich
   2.3 *korporativen* Akteuren, die statt auf individuellem Willen oder der Zustimmung ihrer Mitlieder zu beruhen über ‚Eigentümer' bestimmt werden und die als Organisation in deren Auftrag handeln.

	Individuen	komplexe Akteure					korporative Akteure
		aggregierte Akteure	kollektive Akteure				
			Koalition	Club	soziale Bewegung	Verband	
Beispiele	Individuen	„Kapital-flüchtlinge"		OECD, EU Minister-rat	Pariser Kommune	Partei, Arbeit-geberverband, Gewerkschaft, Berufsverband	EU-Kom-mission
Handlung	indivi-duell	indivi-duell	gemein-sam	gemein-sam	gemeinsam	gemeinsam	Organisa-tion
Ziel	indivi-duell	indivi-duell	indivi-duell	individuell	kollektiv	kollektiv	Organisa-tion
Ressour-cen	indivi-duell	indivi-duell	indivi-duell	kollektiv	individuell	kollektiv	Organisa-tion
Entschei-dungen	indivi-duell	indivi-duell	Verein-barung	Abstim-mung	Konsens	Abstimmung	Organisa-tion

Abb. 22 Aggregierte, kollektive und korporative Akteure
Quelle: eigene Darstellung, nach Scharpf 2000: 95 ff.

Relevante Akteure im Politikfeld der Sozialen Arbeit finden sich in allen diesen Formen verfasst und auch die Soziale Arbeit in Form ihrer Fachkräfte selbst, handelt in all diesen unterschiedlichen Kontexten. Letzteres wird bei Fachdebatten um politische Mandate und Handlungsmöglichkeiten ,der' Sozialen Arbeit bislang auffällig wenig differenziert berücksichtigt.

- So prägen die Soziale Arbeit auf individuelle Akteure (KlientInnen) bezogene – auch politisch-rechtliche – Hilfeleistung (Einzelfallorientierung) und verstehen sich Fachkräfte selbst häufig als Individualisten.
- Daneben stellt ,die Profession' Soziale Arbeit bei einem gewerkschaftlichen und berufsständischen Organisationsgrad von unter 10 Prozent im Wesentlichen selbst lediglich eine ,Quasi-Gruppe' dar. Daneben wimmelt es in der Sozialen Arbeit nur so von weiteren Quasi-Gruppen (aggregierten Akteuren): KlientInnen, Jugendlichen, Frauen, Hartz-IV-EmpfängerInnen, KundInnen, QuartiersbewohnerInnen, BürgerInnen, Haftentlassenen usw..
- Formierungen in Koalitionen reichen in der Sozialen Arbeit von Unterschriftenlisten über Aktionsbündnisse etwa zum Erhalt oder Ausbau von sozialen Einrichtungen, Diensten und Leistungen, bis hin zu Landesarbeitsgemeinschaften von Jugendzentren oder der Nationalen Armutskonferenz (NAK).

- Ein Beispiel für kollektives Handeln im „Club" stellt etwa die Bundesarbeits-
  gemeinschaft der freien Wohlfahrtspflege dar, ausgestattet mit eigenen Büros
  und MitarbeiterInnen in Berlin und Brüssel.
- Mit christlich und humanistisch motivierten sozialen Reformbewegungen, der
  Frauenbewegung und der Arbeiterbewegung bereiteten soziale Bewegungen im 19.
  und 20. Jahrhundert wesentlich den Boden für die Entstehung und Verbreitung
  Sozialer Arbeit. Das Verhältnis zwischen sozialen Bewegungen und individuellen
  wie kollektiven Akteuren professioneller Sozialer Arbeit muss dabei immer wieder
  neu bestimmt und gestaltet werden bzw. kann auch verloren gehen. Auch sind
  soziale Bewegungen (siehe die Selbsthilfe- und Heimkinderbewegung sowie die
  „Selbstbestimmt Leben-Bewegung") nicht ‚natürliche Verbündete' professioneller
  Sozialer Arbeit (s. hierzu Stövesand 2014; Kulke 2014).
- Die allermeisten SozialpädagogInnen und SozialarbeiterInnen sind bei Verbänden (etwa Jugend- und Wohlfahrtsverbänden) sowie korporativen Akteuren
  (insbesondere Behörden) beschäftigt (was sie wie ihre Anstellungsträger nicht
  hindern muss, daneben Teil sozialer Bewegungen, Koalitionen oder Clubs zu
  sein). Hier werden Widersprüche sowohl zum oben erwähnten (a-)politischen
  Idividualismus vieler Fachkräfte deutlich, wie zum Pathos, mit dem zum Teil
  von ‚der' fachpolitischen Position ‚der' Sozialen Arbeit gesprochen wird. Als
  Träger Sozialer Arbeit und Vertreter politischer Interessen (anwaltschaftlich
  für KlientInnen, wie selbstbezogen als Organisation) spielen diese Verbände
  im Politikbetrieb eine wichtige Rolle.
- Gerade für Beschäftigte in behördlicher oder privatwirtschaftlich betriebener
  Sozialer Arbeit stellen fachpolitische Positionierungen (und deren Vertretung
  in und jenseits des Arbeitsverhältnisses) eine Herausforderung dar, wird doch
  diese Position letztlich maßgeblich durch die Behördenleitung bzw. den oder
  die Eigner des Unternehmens bestimmt. Gleichwohl: politische Positionierungen und Strategien können hier zwar nicht gegen den Willen der Leitung bzw.
  Eigner durchgesetzt werden, doch solange diese Linie nicht überschritten wird,
  sind an der Meinungsbildung und Entscheidungsfindung auch hier sehr wohl
  Behörden- bzw. UnternehmensmitarbeiterInnen beteiligt, bis hin zur Initiative
  für eine solche Positionierung.

Hinzuweisen bleibt darauf, dass etwa „die Unterscheidung zwischen kollektiven
und korporativen Akteuren analytischer Art ist und Zwischenformen empirisch
recht häufig vorkommen." (Scharpf 2000: 106) So wie bei der in Gliederungspunkt
4.3 beschriebenen Akteursklassifizierung Parteien ausdrücklich zwischen Gesellschaft und Staat angesiedelt sind, so sind hier Ministerinnen und Minister nicht nur
oberste Chefs ihrer Behörde, sondern auch dem Parlament rechenschaftspflichtig

und an seine Beschlüsse gebunden. Polity-Ordnungen zielen gerade auf die Verschränkung unterschiedlich gearteter Akteure. So kommt auf europäischer Ebene ein Rechtsakt in der Regel erst über das Zusammenwirken von Ministerrat (Club), EU-Kommission (korporativer Akteur) und Europäischem Parlaments zustande. Schließlich: Der allgemeine Charakter eines komplexen Akteurs prägt nicht in jedem Einzelfall politischen Handelns seine tatsächlichen inneren Machtverhältnisse. „Alle Ministerien haben ein Eigenleben, die Macht ihrer Mitarbeiter ist kaum zu überschätzen. Sie können ihre Chefs falsch oder unvollständig informieren, sie mit Vorlagen oder unwichtigen Terminen überschütten, sie können die Presse oder auch die Opposition mit pikanten Interna versorgen oder auch starrsinnig eigene politische Ziele verfolgen. (…) Otto Schlecht, dem langjährigen Abteilungsleiter und Staatssekretär im Wirtschaftsministerium, wird der Ausspruch zugeschrieben: ‚Egal wer dirigiert – wir spielen immer die Neunte.‘“ (Niejahr / Pörtner 2002: 122 f.) Koalitionen finden sich also auch innerhalb von Organisationen. Was aber prägt in diesen und anderen Fällen die individuelle und gemeinsame Entscheidungsfindung?

Zur begrenzten Freiheit individueller Entscheidungen

Mit Norbert Elias (2000⁹), Volker Eichener (2000) und Maja Heiner (2007) lassen sich Entscheidungen politischer Akteure als ‚Handeln in Figurationen‘ beschreiben. Danach werden Entscheidungen weder in völliger Entscheidungsfreiheit getroffen (der Akteur bestimmt), noch sind sie vollständig durch die jeweiligen Rollen bestimmt, die Entscheidungsträger bei der Entscheidung einer politischen Sachfrage innehaben (die Struktur bestimmt). Zwar ist das politische Agieren eines Arbeitgeberpräsidenten in einer Tarifauseinandersetzung sehr verlässlich auf die Abwehr hoher Lohnforderungen gerichtet, ob aber ein Spitzenfunktionär der freien Wohlfahrtspflege die „Persönliche Erklärung zum Reformbedarf im SGB II" (Deutscher Städtetag 2006) unterzeichnet oder nicht, scheint weit weniger berechenbar. Bei diesem Beispiel unterzeichneten die Spitzen von Arbeiterwohlfahrt, Diakonie und Rotem Kreuz, während die Repräsentanten von Caritas, Paritätischem Wohlfahrtsverband und der Zentralstelle der Juden in Deutschland sich dagegen entschieden. Vermutlich rangen alle sechs angesprochenen Spitzen mit Pro- und Contra-Argumenten für bzw. gegen die Unterzeichnung des Appells (siehe hierzu etwa Neher 2006).

Gut veranschaulichen lässt sich das Ringen um Entscheidungen in fragilen Interessenbalancen anhand der Analyse zweier Beispiele: des Repräsentationsverständnisses von Parlamentariern und der bei Entscheidungen nationaler Fachminister auf EU-europäischer Ebene wirksamen Interessen.

		Am wichtigsten ...			
		Vertreter der Partei	Vertreter der eigenen Wähler	Vertreter des Wahlkreises	Vertreter des gesamten Landes
Am wenigsten wichtig ...	Vertreter der Partei	-	6	32	65
	Vertreter der eigenen Wähler	8	-	12	22
	Vertreter des Wahlkreises	17	17	-	14
	Vertreter des gesamten Landes	75*	78	56	-

Abb. 23 Das Repräsentationsverständnis von Bundestagsabgeordneten (Häufigkeiten der ersten und letzten Präferenz), 2007

* 75 Prozent der Befragten, die sich in erster Linie als Vertrater der Partei sehen, betrachten sich zu allerletzt als Vertreter des gesamten Landes.

Quelle: Best u. a. o. J.: 12

So macht Abb. 23 deutlich, dass bereits die Rolle (als Parlamentarier) und das politische Profil (als Parteipolitiker) eines Parlamentariers keinesfalls so klar und ohne Widersprüchlichkeit sind, als dass aus ihnen bereits das Votum in einer Parlamentsabstimmung ableitbar wäre. Parlamentarier verstehen sich als Vertreterinnen und Vertreter sowohl ihrer Wählerinnen und Wähler, als auch ihrer Partei und ihres Landes (,Volksvertreter') sowie bei Direktwahl auch ihres Wahlkreises. So ist „fast die Hälfte der Parlamentarier der Ansicht, dass ein Abgeordneter in erster Linie dem gesamten Land verpflichtet sein sollte (...). Am zweithäufigsten wird der eigene Wahlkreis genannt." (Vogel 2010: 3) Es gibt aber auch Abgeordnete, die „in erster Linie (...) ihre eigene Partei oder ihre eigenen Wähler vertreten" wollen (ebd.). Hinzukommen mögen Eigeninteressen und die Vertretung von Interessen Dritter (ob nun der Atom- oder der Armutslobby). Und schließlich sind Abgeordnete jenseits ihrer Vertreterrolle ihrem eigenen Gewissen verpflichtet.

Die Irritation dieser sachfrageabhängigen Gewichtsverteilung von Pro- und Contra-Argumenten bei Entscheidungsträgern ist Kerngeschäft politischer Interessenvertretung und wird über verschiedene Wege zu erreichen versucht. Können Loyalitäten gegenüber der Parteipositionen, Wählergruppen, oder örtlichen Interessen erfolgreich angesprochen werden oder kann an frühere einschlägige Positionierungen oder heutige Eigeninteressen (etwa der Profilierung oder Karierre) angeknüpft werden? Können neue Argumente ins Spiel gebracht oder Alternativen aufgezeigt werden?

Beim zweiten Beispiel, den Interessen nationaler FachministerInnen in Brüssel, wird deutlich, dass auch hier die Lösung politischer Sachprobleme lediglich eines (wenn auch häufig gewichtiges) unter mehreren Interessen ist.

primäre Interessen	sekundäre Interessen
• Persönliche Profilierung als Ressortminister	• Aufgabenerfüllung • Problemlösung • Demonstration von Entscheidungsstärke und Führungsqualitäten, Fehlervermeidung • Durchsetzung von Ressortinteressen gegenüber anderen Fachministern • legislative Initiativen, Reformen
• Stärkung des Ressorts	• Ausweitung der Zuständigkeiten
• Handlungsfähigkeit im Ressort	• Berücksichtigung von Machtbalancen zwischen den Interessengruppen; Aufbrechen vom Machtbalancen • Abwälzung von politischer Verantwortung
• Loyalität gegenüber Kabinett und Regierungschef	• Berücksichtigung übergeordneter politischer Interessen, Respektierung von Kabinettsbeschlüssen, ggf. Weisungen

• Wiederwahl der Regierung	• Berücksichtigung von Wählerinteressen und organisierten Interessen
	  • Bewahrung wohlerworbener Errungenschaften
	  • Umsetzung von Reformzielen

• Handlungsfähigkeit gegenüber den anderen europäischen Fachministern	• Durchsetzungsfähigkeit • Kompromissfähigkeit

Abb. 24 Interessen politischer Entscheidungsträger am Beispiel nationaler Fachminister auf europäischer Ebene
Quelle: Eichener 2000: 180

Geht man diese primären und sie konkretisierenden sekundären Interessen durch, so wird schnell klar, dass einzelne von ihnen miteinander in Konflikt geraten können (etwa Loyalitäten mit Widerwahlinteressen). Interessen von Klientinnen und Klienten sowie Fachkräften Sozialer Arbeit kommen hier ggf. etwa über ihre Eigenschaft als potentielle Wählerinnen und Wähler ins Spiel, zum Teil sind diese aber auch als einflussreiche Lobby parteiextern oder als Parteigliederung intern repräsentiert (s. Gliederungspunkt 5.3).

Entscheidungen komplexer Akteure

Auf unterschiedliche Regeln zur Entscheidungsfindung bei komplexen Akteuren wurde in Abb. 22 bereits hingewiesen. So lassen sich politische Positionen in sozialen Bewegungen nicht durch formellen Beschluss herbeiführen. Um sie wird daher nicht minder heftig gerungen, Zustimmung zu und Ablehnung von sich herauskristallisierenden Konsensen zeigen sich hier in besonderem Maße durch Zulauf zu oder Abwanderung aus den Bewegungen und ihren ‚Fraktionen'. Koalitionen leben hingegen von ausdrücklichen oder stillen Vereinbarungen zum gemeinsamen Interesse, während Clubs und Verbände ihre Positionen in Abstimmungen und damit auch Mehrheitsentscheidungen suchen können. Dass in korporativen Akteuren letztlich die Position der Leitung bzw. Eigner ausschlaggebend ist, wurde ebenso bereits angesprochen, wie die Bedeutung, die Beschäftigten der Behörde oder des Unternehmens für die Positionierung gleichwohl zukommen kann.

Der Blick allein auf die Verfasstheit eines komplexen Akteurs ist also zwar ggf. aufschlussreich, aber nicht hinreichend. In dem einen Jugendhilfeausschuss werden neue Mitglieder umfassend in der Wahrnehmung ihrer Rechte im Ausschuss unterstützt, im anderen haben weder sie sich selbst noch Dritte sie über diese Rechte überhaupt aufgeklärt (Schneider / Beckmann / Roth 2011). In drei formal gleich verfassten Kirchengemeinden kann in der einen Gemeinde stets das Votum der Pfarrerin für den meist einhelligen Beschluss im Presbyterium (Kirchenvorstand) ausschlaggebend sein, während es in der zweiten häufiger zu Mehrheitsentscheidungen in Kampfabstimmungen kommt. In der dritten schließlich wird der Auffassung beratend hinzugezogener Personen (etwa der haupt-, neben- oder ehrenamtlichen JugendzentrumsmitarbeiterInnen) großes Gewicht beigemessen und sind die NutzerInnen des Jugendzentrums über eine Jugendpresbyterin aus den eigenen Reihen im Kirchenvorstand vertreten (zu Varianten der Mitbestimmung siehe auch Kapitel 4). Die Interessen verschiedener Akteure sind also bereits unterhalb der ‚Verfassung' eines komplexen Akteurs politisch unterschiedlich mächtig. Gleichwohl gibt es generalisierbare Hinweise auf charakteristisch unterschiedlich mächtige Interessen und Akteure.

Starke und schwache politische Akteure

So sind zunächst politische Interessen schwach, denen es an einem hinreichend operationalisierbaren Gegenstand, an Trägern des Interesses und/oder Adressaten für das Interesse mangelt.

- *Gegenstand*: Es ist relativ einfach, sich für oder gegen eine (höhere oder niedrigere) Besteuerung von Vermögen einzusetzen, aber ungleich schwerer, politisch

erfolgreich für eine ,bessere Vermögensverteilung', eine ,zukunftsfähige Politik'
oder ,mehr Generationengerechtigkeit' zu kämpfen. Denn was ist besser, zukunfts-
fähiger oder gerechter? Nicht, dass Antworten hierauf nicht möglich wären, aber
ohne Beantwortung dieser Fragen bleiben solche Forderungen entweder folgenlos
oder aber höchst anfällig dafür, dass interessierte Dritte definieren, was gemeint
sein soll. Als Beispiel kann hier die Forderung nach einem bedingungslosen
Grundeinkommen genannte werden (siehe hierzu Benz 2009). Es konkretisiert
die abstrakten und miteinander unvereinbaren Interessen an wahlweise einer
noch stärkeren Durchsetzung des Zwangs zur Erwerbsarbeit um jeden Preis
bzw. seiner Überwindung. Würde ein bedingungsloses Grundeinkommen
eingeführt, so würde es aber eine spezifische Form desselben sein (müssen). Die
Unbestimmtheit des Konzepts bzw. Vielfalt an entsprechenden Varianten mag
hier derzeit die Mobilisierungsfähigkeit erhöhen (das Agendasetting erleichtern),
dass aber die teils wirtschaftsliberalen, teils sozialkonservativen, teils grün-al-
ternativen Fürsprecherinnen und Fürsprecher gleichermaßen die Einführung
dieses spezifischen Modells weiter befördern würden, ist nicht zu erwarten.

• *Interessenträger*: Damit ein politisches Interesse durchsetzungsstark ist, braucht es
also zweitens hinreichend interessierte Träger, die es aktiv vertreten. Erst hierüber
kann etwa in der Sozialpolitik aus einem individuellen Bedürfnis (Interesse an
einer sozialpolitischen Regelung oder Maßnahme) ein über diese Regelung oder
Maßnahme sozialpolitisch anerkannter Bedarf werden (s. Gliederungspunkt 4.3).
Es finden sich zahlreiche Interessen von Individuen und aggregierten Akteuren,
die diese Schwelle (derzeit) nicht nehmen (vom Bedürfnis eines psychisch kranken
Menschen, gelbe Farbe zu verbieten, bis zum Interesse vieler Raucher, wieder
in Kneipen rauchen zu dürfen). Die Kollektivierung individueller Interessen
in sozialen Bewegungen, Clubs, Koalitionen und Verbänden oder die Stärkung
dieser Interessen über die Etablierung korporativer Akteure (etwa in Form eines
speziellen Bundesamtes) zielen darauf, diese Schwelle zu überwinden.
Interessant ist in diesem Zusammenhang etwa, welche Interessenträger sich
innerhalb von Parteien (bislang nicht) als kollektive Akteure formieren. So sind
als Berufsgruppen bei den beiden größten Parteien (SPD und CDU) bislang
nur Juristinnen und Juristen in eigenen Arbeitsgemeinschaften organisiert.
Zielgruppen in Handlungsfeldern der Sozialen Arbeit finden sich hier hingegen
vom Zusammenschluss von Menschen mit Behinderungen („Netzwerk selbst
aktiv") in der Sozialdemokratie bis hin zur „Seniorenunion" und „Lesben und
Schwule in der Union".
Umgekehrt bemerkenswert schwach organisiert sind dagegen etwa die (ver-
meintlichen) Interessen von Millionen arbeitsloser und sozialhilfebedürftiger

Menschen. Thomas von Winter (2000) hat wertvolle Hinweise zum Verständnis dieses Phänomens zusammengetragen, u. a.:

- zur Differenz von Gruppe und Interesse. So muss eine Interessengruppenzugehörigkeit zunächst einmal erkannt, anerkannt und hergestellt werden (s. aggregierte versus kollektive Akteure). Dabei kann es viel attraktiver erscheinen, sich als ‚Deutscher‘, ‚Frau‘, oder ‚Sportvereinsmitglied‘ zu definieren, denn als ‚Arbeitsloser‘ oder ‚Hartz-IV-Empfänger‘ öffentlich für seine sozialen Rechte und Perspektiven zu streiten.
- zur Binnendifferenzierung von Gruppen. Gerade Arbeitslosigkeit oder Mindestsicherungsbezug bedeuten für einen Teil der Betroffenen (zumindest in der Selbstwahrnehmung) vorübergehende Lebenslagen, für deren Bedingungen sich einzusetzen weder zwingend noch erstrebenswert erscheint. Interesse und Engagement richten sich dann nicht darauf, der betreffenden Gruppe zu besseren Lebensbedingungen zu verhelfen, sondern ihr nicht länger anzugehören. Diese Sicht bietet sich gerade für diejenigen Betroffenen an, die nicht nur die besten Chancen zur Überwindung ihrer Notlage haben, sondern häufig auch die meisten Ressourcen (vom Zeitungsabonnement bis zur Redegewandtheit) für politisches Engagement mitbringen. Die obigen Faktoren unterstreichen die Bedeutung der Trägerschaft von Interessen sowie die Notwendigkeit, dieser am konkreten Fall sehr differenziert nachzugehen, auch um Stärkungspotentiale und -hindernisse realistisch wahrzunehmen.
- *Adressat*: Schließlich brauchen Interessen Adressaten. Das Interesse vieler Menschen an mehr Sonnentagen im Jahr scheitert nicht nur an seinem Gegenstand, es fehlt ihm auch der passende Adressat. Politisch gewichtiger bleiben etwa auf Fachtagungen der Sozialen Arbeit verabschiedete Appelle und Resolutionen (von Selbstvergewisserung abgesehen) folgenlos, wenn sie niemanden, lediglich sich selbst oder unspezifisch ‚die Politik‘, ‚die Gesellschaft‘ oder ‚die Soziale Arbeit‘ adressieren (s. etwa IFSW 2008; Benz 2013b). Im Ergebnis wird kein Akteur jenseits der Autorinnen und Autoren selbst erreicht.

Zum Verständnis politisch starker und schwacher Akteure (Interessenträger) tragen daneben zwei wesentliche weitere Kriterien bei:

- *Ressourcen*: Was nutzt es einem wohnungslosen Menschen, dass er ein existenzielles Interesse an Wohnraum hat (Gegenstand), dass er dies sogar mit allen Menschen teilt (Interessenträger) und dass die Forderung nach Zugang zu Wohnraum sich auch an klar benennbare Akteure richten lässt (Adressat), wenn er weder Mittel hat (Kapitel 3), noch Wege sieht (siehe Kapitel 4 und Gliederungspunkt 5.2), sein Interesse erfolgreich zu vertreten. Thomas von

Winter (2000) geht neben obigen Hinweisen auf die Interessenträgerschaft auch auf die Ressourcenabhängigkeit starker politischer Interessen und mögliche Substitutionen von Interessen- und Ressourcenstärke ein. So fällt es begüterten Menschen relativ leicht, sich auch für nicht existentielle persönliche Interessen (etwa an öffentlich zugänglicher bildender Kunst) zu engagieren, während es obdachlosen Menschen ungleich schwerer fällt, die nötigen Ressourcen für eine erfolgreiche Vertretung ihres Interesse an Wohnraum zu mobilisieren.

In Gliederungspunkt 4.4 wurde bereits kurz auf den Machtressourcenansatz eingegangen. Hiernach (siehe Korpi 1985: 38 ff.) stehen verschiedenen Akteuren insbesondere folgende Arten von Ressourcen zur Verfügung, um machtvoll ihren Interessen zum Durchbruch zu verhelfen:

1. ökonomische Machtressourcen (die Kontrolle über Produktionsmittel, Geldbesitz und das Recht des Managements, über Einstellungen, Entlassungen und Arbeitsbedingungen zu bestimmen),
2. politische (das Wahlrecht, Koalitionsrechte und die Vereinigungsfreiheit, Ideologien und soziale Rechte),
3. personale Machtressourcen (Arbeitskraft, Bildung und berufliche Fähigkeiten) sowie schließlich
4. Gewaltmittel (zuvorderst verstanden als physisches Vermögen, Dritte zu Handlungen oder ihrer Unterlassung zu zwingen).

All diese Machtressourcen lassen sich mit unterschiedlichen Attributen ihrer Verbreitung, Gleichverteilung, Konvertibilität, Kosten des Einsatzes usw. beschreiben (siehe hierzu Benz 2014a), über die sich auch weitere Hinweise auf politisch starke und schwache Interessen und Interessenträger (Akteure) gewinnen lassen. Auf hierauf bezogene Transformationsstrategien geht Gliederungspunkt 5.3 näher ein.

- *gegenläufige Interessen*: Schließlich ist Macht ein relationales Phänomen, sie ergibt sich erst im Gegenüber von Interessen und ihren TrägerInnen. So mangelt es etwa bei der Kritik am Asylbewerberleistungsgesetz weder an TrägerInnen dieser Kritik, noch an deren Engagement, dieses Interesse öffentlichkeitswirksam zu vertreten und in politische Prozesse einzubringen (s. pars pro toto Deutscher Bundestag 2009). Gleichwohl sind bislang die InteressenträgerInnen an einer Beibehaltung dieser in Teilen menschen- und verfassungsrechtlich mindestens höchst bedenklichen Gesetzgebung und Verwaltungspraxis offenbar so stark, dass – um nur einen Kritikpunkt herauszugreifen – etwa der Zugang zur Krankenversorgung weiterhin auf die „Behandlung akuter Erkrankungen und Schmerzzustände" (§ 4 Abs. 1 AsylbLG) sowie die Versorgung werdender Mütter und Wöchnerinnen (Abs. 2) berschränkt bleibt.

Darauf, mithilfe welcher Strategien politische Akteure versuchen, ihre Machtposition zu stärken, auch um ggf. zunächst schwache politische Interessen als Akteur gegenüber Dritten zu stärken, geht Gliederungspunkt 5.3 näher ein. Zuvor gilt es jedoch den politischen Prozess genauer zu verstehen, in dem diese Strategien verschiedener Akteure Anwendung finden können.

5.2   Ansätze und Modelle der Prozessanalyse

Jeder politische Prozess ist dabei zunächst besonders und nicht bis ins Letzte planbar. Stets müssen sich die Akteure mit begrenztem Wissen auf neue Ereignisse und unvorhersehbare Entwicklungen einstellen. Die Politikwissenschaft versucht dennoch Gesetzmäßigkeiten oder besser Regelmäßigkeiten politischer Prozesse aufzudecken. Sie hat hierzu heuristische Modelle und Ansätze entwickelt, die im Folgenden vorgestellt bzw. unter der Prozessperspektive vertieft werden: (a) der Policy-Cycle, (b) akteurzentrierter Institutionalismus, (c) politisches Lernen und (d) der Multiple-Streams-Ansatz.

Policy Cycle

Der Policy Cycle ist „das wohl am häufigsten angewandte und einflussreichste Modell der Politikfeldanalyse" (Blum / Schubert 2009: 101). In diesem Modell wird davon ausgegangen, dass politische Prozesse stets in bestimmten Phasen ablaufen. Das Modell kann helfen, die Stadien und die Rolle der Sozialen Arbeit in ihnen differenziert wahrzunehmen. Denn medial ziehen meist nur die Ereignisse öffentlich erhobener Forderungen sowie politischer Entscheidungen allgemeine Aufmerksamkeit auf sich, während der Rest des Prozesses davor, dazwischen und danach als „Black box" erscheint bzw. gar nicht erst wahrgenommen wird.

Am Anfang des idealtypischen Politikkreislaufs stehen in der Regel (neue bzw. unbearbeitete) Probleme oder Defizite die in einem Politikfeld (Drogenpolitik, Jugendhilfepolitik usw.) identifiziert und aufgegriffen werden (Problemdefinition). Politische Akteure versuchen dann dieses Thema im Bewusstsein relevanter Öffentlichkeiten zu verankern und es auf die politische Tagesordnung zu setzen (Agenda Setting). „Um das Problem lösen zu können, müssen daraufhin Policies formuliert also konkrete Programme und Steuerungsinstrumente entwickelt werden. Ob diese angedachten Politiken tatsächlich gefahren werden, ist von den Phasen der politischen Entscheidung sowie der Implementierung durch Politik und Verwaltung abhängig" (ebd. 102) (Politikformulierung und Politikimplementierung). Ebenso wie in anderen Handlungs- bzw. Methodenkreisläufen sollte schließlich eine Evaluierung der umgesetzten Politiken erfolgen (Politikevaluation), die in der Regel nicht zu einer Beendigung des Politikprozesses (Politikterminierung) führen wird, sondern aufgrund erkannter Umsetzungsdefizite und neuer Problemwahrnehmung zur Fortsetzung des Policy Cycle führen (erneute Problemredefinition).

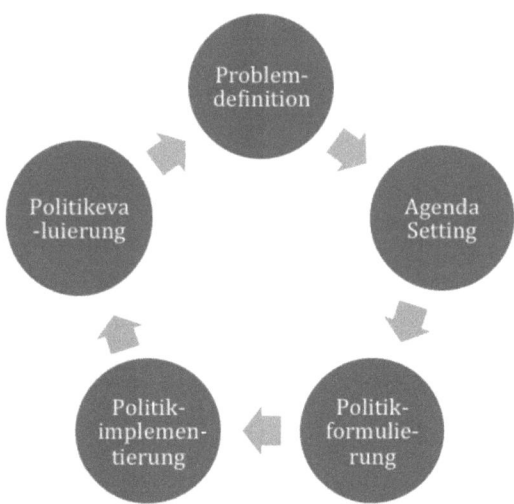

Abb. 25 Der Policy Cycle und seine Phasen
Quelle: nach Jann / Wegrich 2009; vgl. Blum / Schubert 2009: 102

Problemdefinition

Provozierend könnte man sagen, Probleme werden gemacht, nicht gefunden, und hätte dann mindestens darauf aufmerksam gemacht, dass soziale Probleme, die einer politischen Lösung bedürfen, nicht einfach objektiv gegeben, sondern das Ergebnis sozialer Konstruktion sind (vgl. Berger / Luckmann 1996). Plastisch wird dies am Problem ‚häusliche Gewalt'. Der naive Betrachter könnte angesichts entsprechender Medienberichterstattung auf die Idee kommen, hier handle es sich um ein junges, erst in den letzten Jahren virulentes Problem, dessen unmittelbarer Problemdruck die politischen Entscheidungsträger zum Handeln zwingt. Eine solche Betrachtungsweise ist aber kurzschlüssig und ahistorisch. Es ist vielmehr anzunehmen, ohne hier auf konkrete sozialwissenschaftliche Vergleiche rekurrieren zu können, dass häusliche Gewalt noch in den 50er und 60er Jahren des letzten Jahrhunderts viel verbreiteter, sexistischer und brutaler war. Allerdings wurde das

Problem nicht öffentlich als Problem und als politisch lösungsbedürftig wahrgenommen. Erst die Frauenbewegung schuf ein soziales Umfeld, in dem häusliche Gewalt zum öffentlich diskutierten, sozialen Problem wurde. Selbstverständlich gibt es objektive (physische und psychische) Ursachen und Anlässe in den Handlungen von Männern und Frauen im privaten Nahbereich, aber zum politisch zu bearbeitenden, sozialen Problem werden sie erst vor dem Hintergrund bestimmter gesellschaftlicher Werte. „Nur wenn nach normativen Grundsätzen eine Differenz zwischen Ist-Zustand und Soll-Wert auftritt, wird ein Sachverhalt als Problem wahrgenommen und reaktives Handeln gefordert" (Blum / Schubert 2009: 106).

Problemdefinition in sozialarbeitspolitischen Feldern erfolgt wesentlich im Rahmen der jeweiligen Fachöffentlichkeiten. Beteiligt sind insbesondere die Experten aus den Einrichtungen und Verbänden Sozialer Arbeit, die Sozialverwaltung, die jeweiligen Spezialisten bzw. Beauftragten der politischen Parteien sowie andere unmittelbar von der infrage stehenden Problematik betroffene Interessengruppen. Hier werden Informationen verarbeitet, Expertisen verfasst und Stellungnahmen abgegeben. Der direkte Einfluss der unmittelbar betroffenen Benachteiligten, Exkludierten, Diskriminierten auf die Problemdefinition scheint dagegen oft gering. Zu beachten ist aber, dass Themenkonjunkturen und Problemwahrnehmung des jeweiligen Fachdiskurses sich nicht in einem gesellschaftspolitischen Vakuum vollziehen. Sie sind vielmehr eingelagert in und beeinflusst insbesondere durch gesamtgesellschaftliche, medial vermittelte Diskurse. Den gesellschaftlichen Wandel spiegelnde, von relevanten gesellschaftlichen Akteuren und sozialen Bewegungen getragene, durch die Massenmedien transportierte und verstärkte Ideen erlangen „kulturelle Hegemonie" (Antonio Gramsci). Sie beeinflussen das Denken und Handeln der Subjekte und werden ihrerseits durch entsprechendes Denken und Handeln erneuert und verstärkt. Sozialpolitische Paradigmen und ihr Wandel beeinflussen zumeist unreflektiert den Fachdiskurs (Neoliberalismus, aktivierende Sozialpolitik, Sicherheitsdiskurs usw.) (vgl. Kessl 2005).

Agenda Setting

Mit dem Agenda Setting wird ein (soziales) Problem politisch handlungsrelevant. In dieser Phase des Politikprozesses gilt es, das Problem als lösungsbedürftig auf die politische Tagesordnung (Agenda) zu setzen. Die Übergänge zwischen Problemdefinition und Agenda Setting sind, wie zwischen allen anderen Phasen des Politikzyklus, fließend. Dabei darf der für die Politik notwendige „Selektionsprozess des Agenda Setting nicht als rationale Auswahl zwischen unterschiedlichen Problemen missverstanden werden" (Jann / Wegrich 2009: 89). Die politischen Akteure wenden unterschiedlichste politische Methoden (Politikberatung, Lobbying, Öffentlichkeitsarbeit, Skandalisierung, Demonstration, Streik usw.) und Strategien an (vgl. Gliederungspunkt 5.3), um ihre Problemwahrnehmung durchzusetzen. Dazu zählen auch die „strategische Auswahl von Zugangskanälen (‚venues') zum politischen Entscheidungsprozess oder die strategische Beeinflussung öffentlicher Berichterstattung (bis hin zu ‚spinning')" (ebd. 87). Für Akteure der Sozialen Arbeit, die ein bestimmtes Problem einer politischen Lösung zuführen möchten, stellt sich dabei die Frage, welche Faktoren im Allgemeinen dazu beitragen, dass ein bestimmtes Problem die Aufmerksamkeitsschwelle der politischen Entscheidungsträger überschreitet, so dass es wahrgenommen und als lösungsbedürftig anerkannt wird.

Blum / Schubert (2009) machen vier Faktorenbündel aus, welche die Themenauswahl für die politische Agenda wesentlich zu beeinflussen scheinen: Ob ein Thema den Sprung auf die politische Tagesordnung schafft, hängt

a. davon ab, wer das Thema einbringt: Über welche Ressourcen verfügt ein Akteur und welche Stellung nimmt er innerhalb der Policy ein? Wird das Thema aus dem politisch-administrativen System selbst lanciert oder durch gesellschaftliche Akteure an dieses herangetragen? Jedenfalls haben die strukturellen Machtverhältnisse einer Policy entscheidenden Einfluss auf die Zusammensetzung der Agenda. Beindruckend hat die Community-Power-Forschung der USA in den 1970er Jahren nachgewiesen, dass einflussreiche kommunalpolitische Akteure nicht nur in der Lage sind, bevorzugt ihre Themen auf der politischen Agenda zu platzieren, sondern dass sie u. U. auch über das Potential verfügen, zu verhindern, dass bestimmte Themen überhaupt als politisch entscheidungsrelevant wahrgenommen werden. Sie verfügen dann über die Macht zur Nicht-Entscheidung (Non-Decicions – vgl. Bachrach / Baratz 1977). Die Bedeutung von Koalitionen verschiedener Akteure, um ein Thema (dennoch) auf die politische Agenda gesetzt zu bekommen, wird in der Sozialen Arbeit etwa im Community Organizing thematisiert (vgl. Alinsky 1999[2]). Die politische Tagesordnung ist

b. davon abhängig wie viel öffentliche Unterstützung Themen jeweils genießen. Themen die auf eine positive Resonanz in der Öffentlichkeit stoßen oder ein bereits vorhandenes Problembewusstsein aufgreifen, gelangen leichter auf die politische Agenda. Eine wichtige Rolle spielen hierbei die Medien. „Wenn die Medien einen sozialen Mißstand immer wieder anprangern und auf die ‚Untätigkeit' der Stadtpolitik verweisen, reagiert diese früher oder später" (Häußermann 2009). Agenda setting ist aber nicht weniger abhängig

c. von der „Gunst der Stunde" (vgl. hierzu ausführlich den unten erörterten Multible-Streams-Ansatz) und

d. den Eigenschaften des Themas selbst („Eindeutigkeit vs. Mehrdeutigkeit"; „starke vs. marginale gesellschaftliche Betroffenheit"; „Dringlichkeit vs. Verschiebbarkeit"; „Einfachheit vs. Komplexität"; „Routineangelegenheit vs. Novum"; „große vs. geringe symbolische Bedeutung" (Blum / Schubert 2009: 112).

Politikformulierung

In der Phase der Politikformulierung gilt es mögliche Wege aufzuzeigen, um ein bestimmtes politisches Problem zu bearbeiten. Ziele, Mittel und Vorgehensweisen der (politischen) Problembearbeitung müssen bestimmt werden. Ins Zentrum der Politikgestaltung rücken nun die in Grundgesetz, Landes- und Kommunalverfassungen (Gemeindeordnungen) vorgesehenen politischen Institutionen und Entscheidungsträger. Parlamente, Räte und Regierungen sowie zugehörige (Ministerial-)Bürokratien nehmen Problemeinschätzungen vor, entwickeln Handlungsalternativen und Handlungsvorschläge. Vorgehensweise und Abläufe sind nun über Geschäftsverteilung, Geschäftsordnung und Gesetzgebungsverfahren stärker formalisiert. Interessenvertreter (Wohlfahrstverbände, Berufsverbände, Selbsthilfeorganisationen usw.) versuchen durch Lobbying (vgl. Rieger 2013b) und Politikberatung (vgl. Rieger 2011) die Politikfomulierung weiter zu beeinflussen. Sie halten Kontakt zu den Ministrialbürokratien und Sozialverwaltungen und bringen sich bei Expertenhearings, auf Tagungen und in Kommissionen ein. „Am Ende der Politikformulierungsphase stehen konkrete Maßnahmen des politisch-administrativen Systems, also gewählte Steuerungsinstrumente oder Programme" (Blum / Schubert 2009: 115). Es werden Gesetze erlassen, Gelder zur Verfügung gestellt oder gute Worte (symbolische Politik) gewählt (die drei „G"s der Politik). Politikwissenschaft versucht in dieser Phase über Einzelfallstudien die Charakteristika des jeweiligen Politikformulierungsprozesses (Anzahl der Akteure, Problemdefinition, Rolle der Institutionen, Dauer, Konsensbildung und Konfliktregelung, Gewinner und Verlierer (vgl. ebd., 116 mit Bezug auf Jones 1984: 78) zu klären und darzustellen. Für eine Einflussnahme durch die Soziale Arbeit ist von besonderer Bedeutung wo, zu welchem Zeitpunkt und in welcher Form Einmischung den meisten Erfolg verspricht.

Insofern es in der Phase der Problemformulierung um die Auswahl alternativer politischer Maßnahmen und Regelungen geht, kann hier Fachwissen Sozialer Arbeit um (wenig) hilfreiche Ansatzpunkte und Lösungsversuche durchaus eine wichtige Rolle spielen. Diese wird in Anhörungen und Konsultationsprozessen durch Politik und Verwaltung durchaus aktiv von Organisationen und ExpertInnen Sozialer Arbeit eingeholt. Im Community Organizing kommt diesem Aspekt politischen Handelns proaktiv wiederum eine entscheidende Bedeutung zu. Umgekehrt ist für die Phase der Politikformulierung die verbindliche Entscheidung kennzeichnend. Diese treffen in Demokratien gewählte politische Mandatsträger, nicht Lobbys. Dabei ist allerdings die Legislative in den Räten und Parlamenten in vielfältiger

Weise auf die Zu-, Vor- und Nacharbeit der Exekutive (Verwaltungen, Ministerien usw.) angewiesen, wenn nicht sogar von ihr abhängig.

Politikimplementierung

Entscheidungsfindung und Beschlussfassung garantieren aber noch nicht die entsprechende Umsetzung der Politik. Darum geht es in der Phase der Politikimplementierung. Seit den 70er Jahren des vorigen Jahrhunderts widmet die Politikwissenschaft dieser Phase größere Aufmerksamkeit. Denn mit wachsender Komplexität der gesellschaftlichen Verhältnisse wurde man zunehmend auf die Steuerungsprobleme der Politik aufmerksam. Gesetze und Verordnungen unterliegen auch auf dem Wege der Ausführung vielfältiger Interpretation und Veränderung. Ihre Verabschiedung garantiert noch nicht ihre Umsetzung sowie die Verwirklichung der von der Politik intendierten Ziele.

Hier befinden wir uns auf dem originären Terrain der Sozialen Arbeit als „angewandter Sozialpolitik" (Lorenz 2006). Es sind die Sozialarbeiterinnen und Sozialpädagogen vor Ort in ihren Einrichtungen, welche die jeweiligen Ergebnisse des Politikformulierungsprozesses für und mit ihren KlientInnen ausführen müssen. Zwischen generalisierendem Anspruch der Gesetzgebung und individualisierendem Hilfeauftrag der Sozialen Arbeit eröffnen sich (z. B. in der Ausgestaltung und Anwendung unbestimmter Rechtsbegriffe) vielfältige Gestaltungsspielräume. Hinzu kommt, dass bei der „Delegierung des Handelns an untere Ebenen immer Informationen verloren" (Blum / Schubert 2009: 125) gehen, was dazu führt, dass bestimmte Absichten nicht bekannt sind und deshalb bei der Umsetzung auch nicht berücksichtigt werden. Darüber hinaus hat die Verwaltung bzw. haben die freien Träger „eigene Interessen und Vorstellungen über die Programmdurchführung" (ebd. – (Principal-Agent-Theorie)). Die Ausführung bzw. Umsetzung politischer Entscheidungen ist also keineswegs eine schematische, auf reine Verwaltungslogik reduzierbare Angelegenheit sondern höchst politisch. Gerade in dieser Phase nimmt die Soziale Arbeit mit ihren Verbänden, Einrichtungen und MitarbeiterInnen als angewandte Sozialpolitik erheblichen mikropolitischen (vgl. Gliederungspunkt 5. 4.) Einfluss.

Politikevaluation

Schließlich geht es in der Phase der Politikevaluierung darum, festzustellen und zu bewerten, wie gewählte Instrumente greifen und Maßnahmen wirken (vgl. ebd. 126). In einer Demokratie können Wahlen als ‚pauschale Evaluierung' gesehen werden. Die WählerInnen bewerten an den Wahltagen mit ihrer Stimmabgabe das jeweilige Gesamtpaket der Regierungspolitik und zwischen den Wahltagen tun sie dies in der Mediendemokratie etwa über regelmäßig durchgeführte Umfragen der Meinungsforschungsinstitute. In den letzten Jahrzehnten werden aber zunehmend systematische, wissenschaftliche Evaluationen zu Output und Outcome von Politiken in Auftrag gegeben und durchgeführt. Schließlich sind es gerade im kommunalpolitischen Rahmen auch soziale Einrichtungen und deren MitarbeiterInnen, welche aufgrund ihrer fachlichen Expertise Politik einschätzen und bewerten müssen.

Mit der Politikevaluation werden politische Prozesse in der Regel aber nicht abgeschlossen (*Politikterminierung*)[36] sondern die Evaluationsergebnisse bieten Anlass, Probleme neu zu definieren und damit die Agenda zu verändern. Der politische Prozess beginnt von neuem.

Der Policy Cycle ist nicht mehr und nicht weniger als ein heuristisches Instrument. Er bietet einen Orientierungsrahmen für die Untersuchung politischer Prozesse und lenkt die Aufmerksamkeit auf bestimmte Abläufe, Situationen, Aufgaben, Funktionen. Er strukturiert und reduziert Komplexität. Er vermag allerdings „keine Kausalitäten aufzuzeigen. (…) Das Phasenmodell (…) ist kein theoretischer Ansatz, denn es verknüpft keine aufeinander bezogenen Aussagen und ermöglicht es nicht, Annahmen und Hypothesen zu formulieren" (ebd. 131). Will man wissen, warum bestimmte Probleme wie angegangen werden, warum sich bestimmte Lösungen durchsetzen, andere verhindert und manche gar nicht diskutiert werden, dann braucht man Modelle, Konzepte, Ansätze oder Theorien, die Zusammenhänge herstellen und erkennen lassen. Der Akteurzentrierte Institutionalismus, das Policy-Lernen und der Multible-Streams-Ansatz sind solche Ansätze bzw. Modelle.

Akteurzentrierter Institutionalismus

Der von Renate Mayntz und Fritz W. Scharpf am Kölner Max-Planck-Institut für Gesellschaftsforschung entwickelte Ansatz kombiniert Rational-Choice Theorie und Institutionentheorie, die Bedeutung von Strukturen und konkret handelnden Akteuren. Während es sich beim eben vorgestellten Policy Cyle um nicht mehr als ein zur Beschreibung geeignetes Modell handelt, stellt der akteurzentrierte Institutionalismus einen grundlegenden theoretischen Ansatz zur Erklärung politischer Prozesse und ihrer Ergebnisse dar. Er „sieht politisches Handeln als Ergebnis der Interaktion zwischen strategisch handelnden, aber begrenzt (!) rationalen Akteuren, deren Handlungsmöglichkeiten, Präferenzen und Wahrnehmungen weitgehend,

---

36 Beispiele sind etwa in der Landespolitik die Wiederabschaffung von Studiengebühren und wären in der Bundespolitik die Wiederabschaffung der Sommerzeit. Ebenso gibt es Beispiele von ‚Politik auf Zeit', in der ihre Terminierung bereits vorgesehen ist, etwa die zur Deutschen Einheit befristete (und inzwischen mehrmals bis 2019 verlängerte) Einführung des Solidatitätszuschlages.

aber nicht vollständig, durch die Normen des institutionellen Rahmens bestimmt werden, innerhalb dessen sie agieren" (Scharpf 2000: 319). Parallelen zum „Handeln in Figurationen" von Norbert Elias (2000⁹) scheinen hier wie gesagt (s. Gliederungspunkt 5.1) auf. Institutionen werden im akteurzentrierten Institutionalismus als Regelsysteme verstanden, welche die Handlungen von Akteuren strukturieren. Gemeint sind dabei „nicht nur rechtliche Regeln (…), die durch das Rechtssystem und den Staatsapparat sanktioniert werden, sondern auch soziale Normen, die von den Akteuren im Allgemeinen beachtet werden und deren Verletzung durch Reputationsverlust, soziale Mißbilligung, Entzug von Kooperation und Belohnung oder sogar durch soziale Ächtung sanktioniert wird" (Mayntz / Scharpf 1995: 46). Neben dieser Thematisierung von Institutionen im Sinne von Normen (etwa: Beteiligungsrechten), spielen hier – auch das wurde unter 5.1 ja bereits ausgeführt – auch Institutionen im Sinne von Adressen (z. B. des Parlaments) eine Rolle. Gleichwohl meint der Institutionenbegriff hier wesentlich die Normen der Interaktion zwischen Akteuren.

Institutionen im Sinne von Normen organisieren und begrenzen das Verhalten von Akteuren und machen auf diese Weise deren Verhalten versteh- und (begrenzt!) vorhersehbar. Institutionen sind aber weder unveränderlich noch determinieren sie das Verhalten der Akteure vollständig. Sie werden vielmehr als durch menschliches Handeln geschaffen und deshalb auch als menschlicher (Um-)Gestaltung zugänglich verstanden. Und obwohl sie das Handeln von Akteuren beeinflussen und strukturieren, bleibt ein beträchtlicher Spielraum für strategisches wie taktisches Handeln.

Um die politischen Entscheidungsprozesse in einer Policy zu verstehen gilt es deshalb stets zu klären, (a) wer und welcher Art die Akteure sind (s. hierzu Gliederungspunkt 5.1), (b) wie sie zueinander stehen und (c) in welchem institutionellen Rahmen (s. Kapitel 4) sie handeln (müssen). Zu berücksichtigen sind individuelle wie komplexe Akteure, die entsprechend ihrer Ziele, Entscheidungen, Handlungen, Ressourcen und Organisation unterschieden werden können (s. Abb. 22). Sodann gilt es Interaktionsformen und unterschiedliche Akteurskonstellationen (einseitiges Handeln, Verhandlungen, Mehrheitsentscheidungen, hierarchische Steuerung) zu erkennen und schließlich den institutionellen Kontext (anarchische, weitgehend ungeordnete Felder, Netzwerke, Regime, Zwangsverhandlungssysteme, Verbände und repräsentative Versammlungen, hierarchische Organisationen und Staat) zu berücksichtigen. "Zu diesem Zweck bedienen sich die Untersuchungen des akteurzentrierten Institutionalismus vielfach des analytischen Instrumentariums von Spieltheorie und Netzwerkanalyse" (Schultze 2005b: 9).

Der akteurzentrierte Institutionalismus verdeutlicht die wichtige Funktion, die Akteure und Institutionen für politische Prozesse haben, wie Akteure ihren

Handlungsspielraum als begrenzt rational Handelnde nutzen und wie Institutionen Handlungsmöglichkeiten und Entscheidungschancen eröffnen und strukturieren. Er hilft zu verstehen, dass und wie Akteure ihre Handlungen an den je eigenen Wertvorstellungen und Weltbildern ausrichten, zu strategischem und taktischem Handeln fähig sind, ihre Interessen verwirklichen wollen und ihren Vorteil suchen (Rational-Choice-Theorie). Gleichzeitig lenkt er die Aufmerksamkeit darauf, dass sich dieses stets auf unvollständiger Information beruhende und damit begrenzt rationale Handeln immer mit Blick auf und unter Berücksichtigung der geschriebenen (Gesetze, Verordnungen, Satzungen, Geschäftsordnungen, Protokolle usw.) wie ungeschriebenen Regeln (Absprachen, Etikette, Konventionen, Üblichkeiten usw.) der institutionellen Rahmenbedingungen einer Policy vollzieht. Auch zeigen sich hier nicht nur Anknüpfungspunkte zum erwähnten Modell des Handelns in Figurationen, sondern auch zum unter 5.1 und 5.3 thematisierten machtressourcentheoretischen Ansatz, der ebenfalls auf die Bedeutung der Verknüpfung von Struktur- und Akteursperspektive aufmerksam macht sowie auf die Bedeutung von sowohl wertorientiertem als auch strategisch-rational kalkuliertem Handeln.

Allerdings bleibt der akteurzentrierte Institutionalismus in seiner Wahrnehmung statisch. Mit seiner Hilfe kann man erkunden, wie Akteure unter gegebenen Rahmenbedingungen im Allgemeinen reagieren und welche Handlungsalternativen ihnen offen stehen, aber man erfährt wenig über die Lernfähigkeit und Veränderungsbereitschaft einer Policy. Lernprozesse der Akteure und Institutionen werden nur unzureichend berücksichtigt. Dies leisten Ansätze des Policy Lernens sowie der Multiple-Streams-Ansatz.

Politisches Lernen[37]

Warum wird in einem Politikfeld plötzlich eine ‚andere' Politik verfolgt? Wie kommt es zu Politikwechseln? Was verursacht Wandel in der Politik? Eine mögliche Erklärung bieten Konzepte politischen Lernens. Lerntheoretische Ansätze gehen davon aus, dass individuelle wie komplexe politische Akteure aufgrund neuer Informationen ihr Verhalten und die diesem Verhalten zugrundeliegenden Ideen, Überzeugungen, Anschauungen, Wahrnehmungen und Ziele verändern (können). Gelernt werden aber auch Strategien und Taktiken oder mögliche Lösungsalternativen zu bestimmten Problemen in Form von Gesetzen oder Programmen. Diese Sichtweise gewinnt seit den 1990er Jahren in der Politikwissenschaft an Bedeutung, so dass gelegentlich bereits von einer ‚kognitiven Wende' bzw. vom ‚argumentative turn' gesprochen wird. Zwar kann man weiterhin davon ausgehen, dass „politische

---

37 Eine differenzierte Einführung zu den unterschiedlichen Ansätzen politischen Lernens aus der Perspektive der Politikfeldanalyse bietet Bandelow 2009.

Prozesse durch Konflikte zwischen (Macht-)Interessen, durch Ressourcenstärke und Verhandlungslösungen geprägt sind" (Blum / Schubert 2009: 153). Aber die politischen Akteure sind auch ständig damit beschäftigt sich in ihrem Umfeld zu orientieren, neue Informationen zu verarbeiten, sich anzupassen und sich zu verändern. Kurz: „sie können lernen" (ebd.). Sozialarbeitspolitik dürfte dabei zu jenen Feldern der Politik zählen, in denen sich der „analytische Mehrwert von lerntheoretischen Ansätzen" besonders zeigt, weil es sich um einen normativ geprägten, wissensbasierten Bereich handelt, in dem „großer Dissens der Akteure über mögliche Folgen politischer Entscheidungen" herrscht (ebd. 152).

Komplexe wie individuelle politische Akteure lernen, wenn der Problemdruck wächst, die Stimmung in der Öffentlichkeit kippt oder die Ergebnisse einer Politik nicht den Erwartungen entsprechen. Die Politik versucht dann ihre Lehren zu ziehen (Lesson-Drawing; Rose 1993). Lehren zu ziehen, gelingt entweder über die Evaluation eigener gegenwärtiger und vergangener Politiken oder durch den Blick über den Zaun in andere Staaten, Bundesländer oder Kommunen (vgl. auch Policy-Transfers nach Dolowitz / Marsh 2000). So ist beispielsweise davon auszugehen, dass Kommunen von Modelprojekten oder Reforminitiativen der Sozialverwaltung in anderen Kommunen, deren Erfolgen oder Scheitern, lernen. In der Kommunalen Gemeinschaftsstelle haben sich die Kommunen sogar eine Institution geschaffen, deren Ziel es u. a. ist, solche Lernprozesse zu fördern. Lesson-Drawing bleibt aber ein rationalistischer Ansatz, der nur begrenzt Aussagen zur Veränderbarkeit von politischen Auffassungen und zur Veränderungsbereitschaft der Akteure zulässt.

Dies tun der Ansatz des „Social Learning" (Hall 1993) und der Advocacy-Coalition Ansatz (Sabatier / Weibel 2007). Sie konzentrieren sich auf Wissen, Einstellungen und Leitbilder. Während sich spezifische Programme und Instrumente über Wissenserwerb und Wissensverarbeitung relativ leicht anpassen bzw. verändern lassen, wird das Handeln der Akteure auch von Leitbildern (Paradigmen) bestimmt, welche die Problemauswahl, Zielbestimmung und Instrumentenwahl orientieren und vorentscheiden. Diese Policy-Paradigmen wandeln sich nur langsam vor dem Hintergrund gesellschaftlicher wie ökonomischer Krisen und zunehmendem Versagen etablierter Politikprogramme.

Ähnlich geht der Advocacy Coalition Ansatz von sog „Belief Systems" aus, welche das Verhalten von Akteuren in einem politischen Feld orientieren. „In den meisten Fällen bezieht sich politisches Lernen nur auf die (1) sekundären Überzeugungen, welche sich auf die konkreten Eigenschaften eines Politikfeldes beziehen. Infolgedessen kann z. B. ein neues Steuerungsinstrument gewählt werden. Hiervon bleiben jedoch die (2) Policy-Kernüberzeugungen unberührt, also die grundlegenden Überzeugungen und Ziele in Bezug auf ein Politikfeld. Sie stellen die relevantesten Überzeugungen dar, nicht etwa die noch darunter liegenden (3)

Tiefenkernüberzeugungen (deep core beliefs), z. B. eine eher konservative oder sozialdemokratische Werthaltung: Sie gelten zwar für alle Politikfelder, sind jedoch für die konkreten Überzeugungen auf einem Policy-Feld weniger entscheidend. Entsprechend ihrer Policy-Kernüberzeugungen, (…), finden sich die Akteure des Subsystems in verschiedenen Koalitionen zusammen, sie bündeln ihre Ressourcen" (Blum / Schubert 2009: 164).

Multiple-Streams-Ansatz

Politische Prozesse verlaufen weder geradlinig noch sind sie vollständig plan- oder berechenbar. Schon Niccolò Maciavelli wusste, dass politischer Erfolg sich erst einstellt, wenn strukturelle wie historisch-politische Rahmenbedingungen und die ‚Tüchtigkeit' der Handelnden sich ergänzen. Klug und tüchtig ist in Machiavellis Augen, wer in günstigen Zeiten durch strategisches Handeln seine Machtposition ausbaut und institutionell absichert. Tüchtig ist auch, wer es versteht, sich bietende Gelegenheiten zu erkennen und diese unter Berücksichtigung der politischen Notwendigkeiten auszunützen (vgl. Machiavelli 1991: 191-199). Dass grundlegende Veränderung und Wandel in der Politik erst dann möglich werden, wenn die Zeitumstände günstig sind, wenn die Zeit für eine Idee reif ist und dann politische Akteure (political entrepreneurs) bereit stehen, die sich eröffnende Gelegenheit (window of opportunity) zu nutzen, erkennt auch der von John W. Kingdon (1984: 1) entwickelte Multible-Streams-Ansatz (einführend Rüb 2009: 348-376).

Was setzt Politikprozesse in Gang? Sind es neu auftretende soziale Probleme? Sind es Fortschritte in Wissenschaft und Praxis zur Problemlösung (neue Optionen)? Oder sind es Machtinteressen der politischen Akteure? Der Multiple-Streams-Ansatz geht davon aus, dass sich die Dynamik des Politikprozesses nicht auf eine dieser Dimensionen reduzieren lässt, sondern dass all diese externen wie internen Faktoren eine Rolle spielen. Um Politikprozesse besser zu verstehen, nutzt er die Metapher der „drei Ströme", die kontinuierlich und relativ unabhängig voneinander durch das politische Entscheidungssystem fließen: der „Problem-, Options- und Politicsstrom" (ebd. 353).

- „Der *Problemstrom* enthält all die Probleme, die simultan im politischen System gehandelt werden und um Anerkennung konkurrieren" (ebd., Herv. i. O.). Probleme sind – wie wir bereits gesehen haben – in der Politik aber nicht einfach gegeben, sondern sind sozial konstruiert. „Nur wenn bestimmte Sachverhalte mit bestimmten normativen Vorstellungen in Konflikt geraten, werden sie als Probleme wahrgenommen, weil sie diese Werte verletzen und zu Handlungen herausfordern" (ebd.). Sie müssen im Prozess von Problemdefinition und Agenda-Setting erst die Aufmerksamkeit der Politik erregen. Indikatoren, Focusing

Events und Feedback spielen hier eine wichtige Rolle. Zum einen können sozialwissenschaftliche Studien (z. B. Armutsberichte, PISA usw.) und fachliche Stellungnahmen die Aufmerksamkeit der Politik lenken. Sie liefern Indikatoren, die auf Probleme hinweisen. Focusing Events, wie schreckliche Fälle von Kindesmissbrauch oder Gewaltexzesse, dokumentiert durch Videoüberwachungsanlagen, dagegen, konzentrieren und emotionalisieren Problemzusammenhänge und erzeugen, medial verstärkt, Handlungsdruck. Schließlich sind „Rückmeldungen (...) von vorangegangenen Entscheidungen wichtig, weil so die Wirkungen von Entscheidungen beobachtet werden können" (ebd. 354). Während negative Erfahrungen eher dazu führen, dass Probleme in den Hintergrund gedrängt werden, erzeugen erfolgreiche Interventionen eine gewisse Sogwirkung und strahlen auf weitere Politikbereiche aus (spillover-Effekte, vgl. ebd.).

- Im Optionsstrom schwimmen – um im Bild zu bleiben – die Ideen, Konzepte, Möglichkeiten oder Alternativen, wie sie von unterschiedlichen Akteuren (Fachkräften, Interessenvertretern, Wissenschaftlern usw.) entwickelt, publiziert und propagiert werden. Ob und inwiefern bestimmte Politikoptionen Anerkennung finden, „hängt von der (...) Machbarkeit, der normativen Akzeptanz und antizipierten Widerständen ab; auch Finanzierbarkeit spielt eine große Rolle" (ebd. 355).
- Schließlich fasst der Politicsstrom politische Stimmungen, die öffentliche Meinung bzw. den herrschenden Zeitgeist, der bestimmte politische Lösungen wahrscheinlicher oder unwahrscheinlicher macht. Als gutes Beispiel mag das zunehmende (Un-)Sicherheitsbewusstsein in den modernen Gesellschaften des 21. Jahrhunderts dienen. Der gegenwärtige Sicherheitsdiskurs begünstigt bestimmte kriminalpolitische Positionen (härtere Sanktionen, Antigewaltprogramme, Risikomanagement in der Bewährungshilfe) während er andere Optionen tabuisiert (Ausweitung von Vollzugslockerungen, Öffnung der Gefängnisse, akzeptierende Jugendarbeit usw.). Zum Politicsstrom gehören aber auch die Macht von Interessengruppen sowie Positionen und Interessen der politischen Entscheidungsträger in den Parlamenten, Räten, Regierungen und Administrationen. Der Politicsstrom markiert einen konflikthaften Prozess, in dem es um die Durchsetzung von Interessen, Kompromissbildung und Machterhalt geht.

„Alle drei Ströme fließen relativ unabhängig voneinander, weil jeder seine eigenen Antriebskräfte und seine eigene Dynamik hat. Zwar gibt es gegenseitige Beeinflussungen, aber zentral für die Theorie ist die Prämisse, dass es zunächst keinen systematischen Zusammenhang gibt" (ebd. 357). Im Wesentlichen und zumeist wird sich der politische Prozess deshalb als „Durchwursteln" („Muddling Through"; vgl. Lindblom 1959) darstellen. Politik wird angeschoben und mitgezogen von unterschiedlichen Strömungen, die an bereits vorhandene Policies anschließen, wird hier das Instrumentarium anpassen, dort mehr Geld zur Verfügung stellen oder andernorts etwas kürzen. Insgesamt bleibt die Politik dabei meist den eingetretenen Pfaden treu (Pfadabhängigkeit; vgl. Beyer 2005). Deutliche Politikänderungen oder grundsätzlicher Politikwandel sind nach dem Multiple-Streams-Ansatz erst möglich, wenn sich die Entwicklungen in den drei Strömen koppeln lassen. Dann öffnen sich im Bild von Kingdon „policy windows" bzw. „windows of opportunity". „[O]pportunities for action on given initiatives, present themselves and stay open for only short periods. If the participants cannot or do not take advantage of these opportunities, they must bide their time until the next oppotunity comes along" (Kingdon 1984: 174 zitiert nach Rüb 2009: 361). Ereignisse in jedem der drei Ströme können entsprechende Zeitfenster mit der Chance auf Reformen öffnen.

Dabei spielen politische Akteure als ‚politische Unternehmer' eine zentrale Rolle. Sie sind es, die entscheidend dazu beitragen können, dass Zeitfenster sich öffnen und die sich daraus ergebenden Chancen genutzt werden. Sie beeinflussen politische Prozesse indem sie durch „geschicktes Framing, Affect priming, Salami tactics und den Gebrauch von Symbolen" (ebd. 363) ihre Positionen durchsetzen. Da Sachverhalte in der Politik kaum je eindeutig sind, „hat derjenige die Macht, der seine Interpretation einem ambigen Sachverhalt aufzwingen kann" (ebd., 362), dem die „Verdichtung und Reduktion von hochkomplexen Sachverhalten auf ein Symbol" (ebd.) gelingt, der Zeit zu managen versteht und emotionalisieren kann.

Die Erforschungen politischer Prozesse auf dem Feld der Sozialarbeitspolitik steckt noch in den Kinderschuhen[38]. Die skizzierten Ansätze bieten mögliche Instrumentarien, um die Entwicklung bestimmter Politiken, Reformstau, schrittweisen Wandel oder abrupte Politikwechsel verstehen zu lernen und entsprechende Konsequenzen für Strategieentwicklung und professionelles politisches Handeln zu ziehen.

5.3   Strategie- und Methodenanalyse

Reich ist die Literatur zu politischer Sozialer Arbeit dagegen an Methodeneinführungen und strategischen Handlungsanweisungen (etwa Alinsky 1999[2], Herriger 2006[3]), bislang aber nicht an analytischem Instrumentarium zu strategischem

---

38 Ein hervorragendes Modell für die Durchführung einer Prozessanalyse mit Hilfe des Multible-Streams-Ansatzes bietet jetzt die Dissertation von Sandra Augustin-Dittmann (2011), die mit Hilfe dieses Ansatzes den Prozess der Etablierung von Ganztagsschulen rekonstruiert.

politischen Handeln. Auch zur Überwindung dieses Mangels kann sie auf einiges politikwissenschaftlich generiertes Wissen zurückgreifen. Dazu ist zunächst zu klären, was mit Strategie und Methode überhaupt beschrieben, erklärt, verstanden oder ggf. sogar verändert werden soll (s. Gliederungspunkt 2.2 zu diesen unterschiedlichen wissenschaftlichen Stoßrichtungen)?

Mit Michael Galuske (2009[8]: 26ff) soll hier als Methode eine zwischen Technik und Verfahren (als Teilaspekt einer Methode) und Konzept (als Handlungsmodell, das Ziele, Inhalte, Methoden und Verfahren/Techniken in einen sinnvollen Zusammenhang bringt) liegende mittlere Ebene verstanden werden, wobei es sich dabei wiederum um eine analytische Trennung handelt (ebd.: 29), da alle drei Ebenen letztendlich aufeinander verwiesen sind. Strategien hingegen werden als „erfolgsorientierte Konstrukte" begriffen, „die auf situationsübergreifenden Ziel-Mittel-Umwelt-Kalkulationen beruhen" (Raschke / Tils 2007: 127). Auch Strategien sind dabei letztlich nicht zu trennen vom Ziel, das sie verfolgen und von den einzelnen Mitteln, dieses zu erreichen.

Konflikt oder Konsens?

Dabei können Strategien zunächst darauf hin befragt werden, inwiefern sie von einem konsens- oder konfliktorientierten Politikverständnis ausgehen (siehe hierzu pointiert Mouffe 2007). Während Konsensorientierungen dabei eher von der Kraft des guten Arguments, politischem Lernen (s. Gliederungspunkt 5.2) und Gemeinwohlorientierung ausgehen, betonen Konfliktorientierungen die Gebundenheit jedweder politischer Forderung und Entscheidung an Partialinteressen (cui bono), die sich maximal kompromisshaft vermitteln, nicht aber in einen Konsens überführen lassen. Beispiele für ersteres Politikverständnis liefern unter den verschiedenen Bürgerbeteiligungsverfahren etwa die Planungszelle (Dienel 1991[2]) und aktuell viele vom Governance-Gedanken und/oder purer kommunaler Haushaltsnot getragene Bürgerhaushaltsprojekte. Beispiel für letzteres stellt etwa das Community Organizing nach Saul Alinsky (1999[2]) dar. Als ein (gesellschaftssystemkonformer) Versuch, beide Perspektiven definitorisch zusammen zu bringen, kann etwa die Politikdefinition angesehen werden: Politik sei „öffentlicher Konflikt von Interessen unter den Bedingungen von Machtgebrauch und Konsensbedarf." (Alemann 2006: 1804)

Loyalität, Widerspruch oder Abwanderung?

Politische Konflikte und die Suche nach Kompromissen und Konsensen finden dabei wesentlich innerhalb von und zwischen komplexen Akteuren statt (s. Gliederungspunkt 5.1). Für das strategische Verhalten in diesen Situationen hat Albert

O. Hirschman (1974) Loyalität (loyalty), Widerspruch (voice) und Abwanderung (exit) als grundlegende Handlungsalternativen herausgearbeitet. Ist etwa eine nun verbindliche politische Entscheidung in einer Sachfrage der eigenen Position zuwidergelaufen, kann diese aus Loyalität zur eigenen Gruppe klaglos mitgetragen werden, innerhalb der Gruppe oder öffentlich Widerspruch gegen sie geübt werden oder aber der Protest auch im Verlassen der Gruppe gipfeln (eingedenk der Möglichkeit, sich ggf. einer anderen anzuschließen oder diese mitzugründen). Kirchenpolitisch reichen unter Katholikinnen und Katholiken beispielsweise kritische Reaktionen auf homophobe Aussagen der Amtskirche vom Festhalten an der Verbundenheit mit der Ortsgemeinde, über Lobbyarbeit in ‚innerkirchlicher Oppositionen' bis hin zum Kirchenaus- oder -übertritt. Parteipolitisch stellten hier markante Konflikte für viele Mitglieder sowie Wählerinnen und Wähler in den letzten Jahren etwa die Kommunismusdebatte (Die Linke), der Jugoslawienkrieg (Bündnis 90/Die Grünen), die Arbeitsmarktreformen (SPD) und die Aussetzung der Wehrpflicht (Unionsparteien) dar.

Polity-, Policy- und Politics-orientierte Strategieanlayse

Wie bereits beschrieben ist die Scheidung von Politik in ihre Polity-, Policy- und Politics-Dimension eine analytische, die fokussierte Blickrichtungen auf die Politik erleichtern soll; tatsächlich aber greifen alle drei Dimensionen ineinander. Deutlich wird dies etwa bei Strategieanalysen, die wir hier zuvorderst der Politics-Dimenson politischen Handelns zugeordnet haben. So sind Strategien zwar insbesondere auf die Entscheidung zwischen alternativen politischen Handlungen (Re-/Aktionen) in Politikprozessen bezogen, wesentliches Element einer politischen Strategie kann jedoch auch die Aufrechterhaltung oder Veränderung politischer Kräfteverhältnisse mittels Veränderung von Polity-Strukturen und Policy-Inhalten sein.

Strategien der Transformation von Machtressourcen

So ist der Einsatz aller unter Gliederungspunkt 4.4 und 5.1 beschriebenen ökonomischen, politischen, personalen und gewaltmäßigen Machtressourcen stets mit Kosten verbunden, die Akteure nach Strategien suchen lassen, diese Kosten zu minimieren. Ferner werden Strategien ersonnen, um Schwächen der Ausstattung mit bestimmten Machtressourcen zu überwinden oder auszugleichen (so setzt etwa das Community-Organizing auf Menschenmassen zur Kompensation geringer ökonomischer Ressourcen). Walter Korpi (1985: 38 ff.) identifiziert hier vier Strategien der Transformation von Machtressourcen:

1. die Entwicklung von Kanälen für die Mobilisierung von Machtressourcen. Hierzu zählt etwa der Auf- und Ausbau von sozialen Bewegungen, Verbänden und politischen Netzwerken oder auch die Gründung einer Interessenvereinigung innerhalb kollektiver Akteure (etwa von Fachvereinigungen in Wohlfahrtsverbänden oder Arbeitskreisen in Parteien).
2. die Schaffung von Normen und Regeln der Willensbildung und Entscheidungsfindung zur Konfliktregulation. Dies sind insbesondere Wahlen (siehe die Debatten um direktdemokratische Verfahren) und Kollektivverhandlungen (etwa zwischen Arbeitgebern und Arbeitnehmern, aber auch Krankenkassen und Leistungsanbietern). Auch Mitspracherechte für NutzerInnen von Sozialeinrichtungen stehen hierfür.
3. die Konversion von Machtressourcen hin zu weniger kostspieligen. So ist es für den Staat ungleich billiger, wenn sich Bürgerinnen und Bürger aus eigener Überzeugung an bestimmte Verhaltensregeln halten, als wenn er dies (allein) über Kontrollen, Bußgelder oder Strafverfolgung bewirken müsste. Beispiele bewusstseinsbildender Maßnahmen reichen hier von der Mülltrennung, über ‚Schwarzarbeit' bis zu Kinderrechten. Im Zuge von Verfassungsänderungen im arabischen Frühling versuchen sich Militärs politische Mitbestimmungsrechte zu sichern, statt ihre Interessen (allein) mit Waffengewalt zu verfolgen.
4. das Setzen auf die Antizipation von Reaktionen des Gegenübers. So wird versucht, mit möglichst glaubhaften Drohungen und dem Setzen von Beispielen bestimmte Interessen zu befördern. Beispiele hierfür reichen von Betriebsverlagerungen ins Ausland bei Erhöhung unternehmensrelevanter Steuern, bis zum Entzug von Wählerstimmen im Falle der Realisierung eines umstrittenen Bauprojektes. Auch Träger in der Sozialen Arbeit setzen diese Mittel als Druckmittel gegen unzureichende Refinanzierungsbedingungen ihrer Arbeit ein.

Diese Strategien richten sich also nicht allein auf Politik als Prozess, sondern betonen auch die Bedeutung, die Polity-Aspekten (siehe Formierung komplexer Akteure und die Institutionalisierung von Mitspracherechten) sowie Policy-Aspekten (siehe Strafverfolgung versus Bewusstseinsbildung) zukommt.

Der strategische Einsatz (selbst-)regulativer und redistributiver Politik

Policy-bezogen stellt sich die Frage, wie über Politik eigentlich das Handeln gesellschaftlicher Akteure gesteuert oder zumindest zu beeinflussen gesucht werden kann. Verschiedene Systematisierungen (auf die von Gesetzen, Geld und guten Worten wurde bereits hingewiesen) versuchen hierauf Hinweise zu liefern.

- So lässt sich Lösungsvorschläge für politische Sachfragen (und die dahinter stehenden Interessen) analysierend zunächst zwischen Ansätzen regulativer und redistributiver Politik unterscheiden. Am Beispiel des Problems von Armut trotz Arbeit (working poor) konkurrieren etwa die derzeitige redistributive Praxis Niedriglöhne aufstockender Hartz-IV-Leistungen mit Initiativen zur stärkeren Regulierung des Niedriglohnsektors über Mindestlöhne. Einkommen umverteilt wird dabei in beiden Fällen. Während der Staat jedoch bei der Aufstockung selbst eigene Steuermittel zur Problembekämpfung in die Hand nimmt, verteilen Mindestlöhne Geld zwischen ArbeitgeberInnen und ArbeitnehmerInnen um, entnommen aus Gewinnmargen oder höheren Preisen. Mindestlohnforderungen wurden dabei lange Zeit durch unterschiedliche Interessen innerhalb des Gewerkschaftslagers gehemmt, selbstregulativ zu tariflichen bzw. allgemeinverbindlich zu gesetzlichen Regelungen zu kommen. Für eine tarifvertragliche (und damit banchenbezogene) Lösung, die die Tarifautonomie von ArbeitsgeberInnen und ArbeitnehmerInnen wahrt, stritt etwa die gut organisierte IG Metall, für die gesetzliche Variante hingegen Gewerkschaften in Branchen mit ohnehin eher niedrigen Löhnen und schwacher Tarifbindung von Unternehmen (etwa im Hotel- und Gaststättengewerbe). Gelöst werden konnte dieser Konflikt erst über den Vorrang tariflicher Lösungen und der Option, diese für allgemeinverbindlich zu erklären.
- Neben Regulation (Recht; etwa zum Mindestlohn) und Redistribution (Geld; um Niedriglöhne aufzustocken) kann in Zielvereinbarungen und Information (s. hierzu Benz 2004), in Aufklärung, Appellen und unverbindlichen Willensbekundungen ein dritter Steuerungsversuch gesehen werden. Kann dabei die dem Jugendschutz dienende freiwillige Selbstkontrolle der Filmindustrie (FSK) zumindest im offline-Bereich noch als ein durchaus tragfähiger Versuch der Selbstregulation (auch zur Prävention regulativer Maßnahmen) angesehen werden, handelt es sich etwa bei der bereits vor Jahren eingegangenen Selbstverpflichtung der deutschen Wirtschaft zur Erhöhung des Frauenanteils in Führungspositionen empirisch bislang lediglich um ein Beispiel für eine ‚Politik der guten Worte'. Werden daher hier inzwischen Forderungen nach verpflichtenden Quoten lauter, lassen sich andere Beispiele finden, in denen auch einer solchen regulativen Politik Grenzen der Wirksamkeit gesetzt sind. Denn Steuerungsversuche etwa über Zielvereinbarungen und Aufklärung sind dort kaum ersetzbar, wo ein bestimmtes Verhalten nicht erzwungen werden kann oder soll. Beispiele reichen hier vom „familienfreundlichen Unternehmen" bis zur Selbstverpflichtung der EU-Mitgliedsstaaten auf europäischer Ebene, in ihren Ländern den sog. Bologna-Prozess umzusetzen (s. die Bildungshoheit der deutschen Bundesländer und die begrenzte Autonomie von Hochschulen).

- Eine dritte Systematisierung zur Analyse strategischer und methodischer Alternativen (bzw. Kombinationsmöglichkeiten) für Lösungsmöglichkeiten sachpolitischer Fragen hat Franz-Xaver Kaufmann entwickelt. Hierzu ergänzte er mit Blick auf sozialpolitische Fragen zunächst die oben angesprochenen rechtlichen und ökonomischen Interventionsformen um eine dritte, sozial-ökologische, die statt auf die Rechtsstellung oder ökonomische Ausstattung von Bürgern auf „die gezielte Beeinflussung der sozialen Umwelt, beispielsweise durch Stadtplanung, Wohnungsbau oder das Angebot von Dienstleistungen" zielt, um damit „unmittelbar die Lebensverhältnisse bestimmter Bevölkerungsgruppen zu beeinflussen" (Kaufmann 1979: 47). Später ergänzte er ferner eine pädagogische Interventionsform, die (vgl. die obigen Ausführungen zu Aufklärung und Zielvereinbarung) „auf die Vermittlung sozio-kultureller Bestände an Personen" und damit die „inhaltliche Beeinflussung von Lernprozessen" setzt (Kaufmann 1982: 85).

Strategische Orientierungen und Legitimationen politischen Handelns im Feld Sozialer Arbeit

In der Literatur vielfach beschrieben sind als zentrale strategische Orientierungen in der Sozialen Arbeit der Empowerment-Ansatz und Anwaltschaft, zum Teil ergänzt um Mitbestimmung als einer dritten.

- *Ermächtigung (Empowerment):* Ermächtigungsorientierte Theorien, Methoden und Techniken setzen darauf, KlientInnen Sozialer Arbeit in ihrer Selbstwirksamkeit und ihren Selbsthilfepotentialen bezogen auf ihre Interessen, Wünsche und Lebensentwürfe zu stärken. Diese Orientierung gerade auch politisch verstandener Sozialer Arbeit (Herriger2006[3]: 14 f.) wird vielfach als Königsweg angesehen und beschrieben, zumal sich hier einige kritische Anfragen nicht stellen, mit denen sich anwaltschaftliches Handeln auseinandersetzen muss (s. u.). Kritik gegenüber der Empowerment-Literatur wird zum Teil hinsichtlich der Gefahr eines individualistisch und auf Selbsthilfe verkürzten Empowerment-Konzepts geübt (s. etwa Staub-Bernasconi 2007: 247 ff. und dies. 2014). Teils wird nach Formen „strukturellen Empowerments" gesucht (so etwa Benz 2014a), teils werden Verbindungen zwischen Empowerment und Anwaltschaft freigelegt (so bei Rieger 2003).
- *Anwaltschaft (Advocacy):* Gerade mit Bezug auf strukturell schwache Akteure und Interessen (s. Gliederungspunkt 5.1) wird darauf hingewiesen, dass ein auf Handlungsfähigkeiten Betroffener fokussiertes Empowerment-Konzept allein zu ihrer Stärkung nicht hinreichen kann und Strategien ihrer solidarischen, koalitionären oder stellvertretenden Stärkung notwendig erscheinen. Sinn-

fällige Beispiele hierzu stellen etwa Strafgefangene, illegalisierte Flüchtlinge und demente PflegeheimbewohnerInnen dar. Anwaltschaft für Betroffene und Empowerment von Betroffenen werden dabei bisweilen stärker als Alternativen diskutiert, als dies angebracht erscheint.

Zu Recht kritisch anfragen lassen müssen sich stellvertretende Handlungsformen allerdings, wie die sie Praktizierenden sicherstellen können, dass sie ein Mandat zur stellvertretenden Handlung überhaupt erhalten haben, ob und wie ihnen dieses ggf. wieder entzogen werden könne und wie sie erfahren und sicherstellen könnten, dass Inhalt und Stoßrichtung ihres Handelns tatsächlich im Interesse ihrer MandantInnen liegt (s. hierzu gleich mehrere Beiträge in Merten 2001b und Lallinger / Rieger 2007). Umgekehrt lassen sich natürlich auch Empowerment-Strategien dahingehend hinterfragen, ob hier allein der KlientInnenwille maßgeblich sei, was sowohl dem Gedanken einer Doppelmandatierung, als auch dem eines professionellen Trippelmandates widersprechen würde.

- *Mitbestimmung (Co-determination):* Bezogen auf KlientInnen wie Fachkräfte der Sozialen Arbeit stellen sich damit Mitbestimmungsfragen in beiden dargestellten Ansätzen und an diese in einem Maße, die als strategische Orientierung vielleicht gesondert in den Blick genommen werden sollte. Wird Wert auf die Ermächtigung von KlientInnen der Sozialen Arbeit gelegt, so muss dies auch für deren Rolle in den Angeboten Sozialer Arbeit selbst gelten. Sind also (welche) Mitwirkungsrechte und -möglichkeiten der Klientinnen und Klienten konzeptionell und praktisch vorgesehen (s. Abb. 16) und wird deren Inanspruchnahme aktiv befördert?

Mitbestimmung als (mikro-)politische Strategie politischen Handelns ist daneben bezogen auf die Fachkräfte von Bedeutung. Hier geht es nicht nur (aber auch) ermächtigend um Mitbestimmungsrechte und -möglichkeiten zur Gestaltung der eigenen Arbeitsbedingungen (s. Betriebs-/Personalräte), sondern ebenso advokatorisch um die fachpolitische Positionierung der AnstellungsträgerInnen von Fachkräften der Sozialen Arbeit für Interessen von KlientInnengruppen. Ob sich etwa ein Jugend- oder Wohlfahrtsverband auf örtlicher oder überörtlicher Ebene darum bemüht, Kinderarmut auf die politische Agenda zu bringen, hängt nicht nur vom Engagement Betroffener oder ehrenamtlicher Vorstandsmitglieder ab, auch nicht nur von öffentlicher Mandatierung des Trägers, sich solchermaßen einzusetzen, sondern ggf. wesentlich vom Einsatz der Fachkräfte eines Verbandes für eine solche Positionierung desselben. Hier stellt sich die Frage, wie die Fachkräfte in den Meinungsbildungsprozess des Verbandes zur konkreten Stoßrichtung der verbandspolitischen Positionierung eingebunden sind.

Dabei spielt die konkrete (formale und informelle; s. Gliederungspunkt 5.4) ‚Verfassung' des Verbandes als komplexer Akteur (siehe hierzu 5.1) eine wichtige Rolle. So haben Fachkräfte eines gewinnwirtschaftlichen Sozialdienstleisters in der Regel weniger Einfluss auf dessen politische Positionierung, als Fachkräfte in einem formal durch Mitglieder und einen ehrenamtlichen Vorstand politisch bestimmten Verband. Wie viel Einfluss Fachkräften informell zukommt, ist damit jedoch noch nicht beantwortet.

Anwaltschaft, Mitbestimmung und Stellvertretung zu unterscheiden, bietet allerdings nur eine erste Annährung für die Analyse politischen Handelns in der Sozialen Arbeit. Denn dieses findet in sehr verschiedenen institutionellen Settings statt und basiert damit auf unterschiedlichen Legitimationen (Benz 2013a). So kann differenzierter unterschieden werden, zwischen:

Selbstvertretung

- *Individuum*: Zunächst können KlientInnen, Fachkräfte und überhaupt natürliche Personen als individuelle Akteure ihre Interessen vertreten. Hierzu besitzen sie zahlreiche Möglichkeiten, deren Gemeinsamkeit es ist, dass sich die Legitimation ihrer Inanspruchnahme nicht aus irgendeinem Mandat Dritter ergibt, sondern bereits aus der Eigenschaft der sie nutzenden Individuen als Grundrechtsträger. Sie können ihre Interessen etwa juristisch einklagen, durch Kaufentscheidungen zum Ausdruck bringen oder durch wiederholte Akte zivilen Ungehorsams.
- *Quasi-Gruppe*: Ebenfalls als individuelle Akteure können dies auch angenommene Gruppen (Quasi-Gruppen und soziale Klassen; Scharpf 2000: 99) tun, die sich nicht als solche aktiv zusammenschließen, aber als bedeutsam angenommen werden. Beispiele hierfür bieten etwa *die* Sozialleistungsmissbrauch betreibenden Bürger, *die* Sozialarbeiter, *die* Arbeitnehmerinnen und Steuerzahler oder *die* Politiker und *die* Kundinnen. Sie werden ggf. über die Summe gleichgerichteten individuellen Handelns politisch relevant, etwa als ‚Verursacher' einer hohen Personalfluktuation in sozialen Diensten, auf die tarifpolitisch zu reagieren versucht wird.
- *Soziale Bewegung*: Formieren sich Angehörige solcher Quasi-Gruppen zur gemeinsamen Vertretung ihrer Interessen aktiv zu kollektiven Akteuren (etwa sozialen Bewegungen, Verbänden und Netzwerken), überschreiten sie damit die Begrenzungen individueller Handlungsmöglichkeiten. Es erschleißen sich ihnen neue strategische Handlungsmöglichkeiten. Daneben verändern sich mit der Formierung Legitimationen politischen Handelns. Während soziale Bewegungen dabei fortwährend von durch aktive Teilnahme zu signalisierender

Unterstützung ihre Interessen selbst vertretender Individuen abhängig bleiben, gewinnen in zu Organisationen ‚auskristallisierten' Bewegungen Formen der Mitbestimmung an Bedeutung.

Mitbestimmung

• *Kanditatur:* Anders als etwa in den USA, engagieren sich Fachkräfte und Organisationen der Sozialen Arbeit in Deutschland selten ausdrücklich im Parteienwettbewerb und für Kandidaten in Wahlkämpfen. Die Aufforderung etwa der US-amerikanischen Sozialarbeitspionierin Jane Addams, dies zu tun, und die diesbezügliche Praxis der National Association of Social Workers in den USA, findet in Deutschland jedenfalls kaum eine Entsprechung. Gleichwohl sind die Nähe zwischen einzelnen Sozialverbänden und politischen Parteien (etwa zwischen Arbeiterwohlfahrt und SPD sowie zwischen der Caritas und den Unionsparteien) bekannt. Die strategische Bedeutung von Kandidaturen weist dabei deutlich über die Parteipolitik hinaus. Ob als Besucherin für den Jugendzentrumsrat kandidiert wird oder als Mitarbeiter für den Betriebsrat, als Ehrenamtliche für den Vorstand eines Wohlfahrtsverbandes oder als Wahlkreiskandidat für ein Parlament: immer geht es hier neben der Vertretung eigener Interessen auch um die Berücksichtigung verschiedener Loyalitäten (s. Gliederungspunkt 5.1, Abb. 23 und Abb. 24). Ziel ist dabei die Mitbestimmung politisch relevanter Aktivitäten einer Organisation oder Gebietskörperschaft, der man angehört. Die Legitimation zur Kandidatur ergibt sich dabei aus dem Wahlrecht, die Legitimation des Handelns als politischer Akteur aus der Mandatierung durch das WählerInnenvotum.

• *Mitglied:* Die Bedeutung des aktiven und passiven Wahlrechts als Mitglied einer Organisation oder Gebietskörperschaft für die Analyse politischer Interessenvertretung heben unter anderem Sabine Ruß (2005: 38) und Rolf Krüger (2010: 45 ff.) hervor. Dabei beschränkt sich die Bedeutung auch des *aktiven* Wahlrechts nicht auf Politik durch Parteien und Parlamente. Und nicht nur Wahlen prägen die Mikropolitik in sozialen Organisationen (insbesondere dann, wenn sie selbst kollektiv verfasst sind), sondern vielfältige Mitbestimmungsgegenstände und -verfahren.
So werden in der Praxis sozialer Träger und Einrichtungen nicht nur Wahlprüfsteine abgefragt und veröffentlicht und Podiumsveranstaltungen mit Kandidatinnen und Kandidaten für politische Mandate als Instrument genutzt, um Interessen über die Nutzung des aktiven Wahlrechts zu stärken. Vielmehr besitzen Nutzer, Mitarbeiterinnen und Vereinsmitglieder jeweils spezifisch

festgelegte Mitbestimmungsrechte, im Jugendzentrumsrat, im Betriebsrat, in der Mitgliederversammlung des Vereins.

• *Verband*: Um die Verwirklichung ihrer Interessen zu unterstützen, kollektivieren etwa Verbands-, Genossenschafts- und Gewerkschaftsmitglieder stärker, als dies bereits in sozialen Bewegungen möglich ist, ihre Ressourcen. Sie schaffen damit einen komplexen Akteur, dem politisches Handeln möglich ist, das seine Mitglieder allein nicht erreichen könnten. Vielfach ermöglicht erst die Institution Mitbestimmung: als politische Partei, als Hilfen anbietender und an Politikprozessen beteiligter Wohlfahrtsverband, als kollektivierter Marktteilnehmer.

Stellvertretung

• *Anwalt/Anwältin*: Verbände sehen aber nicht nur intern Mitbestimmungselemente vor und treten nach außen als Akteur in Mitbestimmungsprozessen in Erscheinung. Ebenso können sie, einzelne Mitglieder, Fachkräfte oder Dritte anwaltschaftlich Interessen vertreten, so sie erfolgreich ein Mandat hierfür beanspruchen können. Dieses kann durch die Interessenträger selbst gegeben werden (etwa von Jugendlichen an einen Verbandsvertreter), durch öffentlichen Auftrag legitimiert werden (so dienen nach § 12 SGB VIII durch Jugendliche mitgestaltete und -verantwortete Jugendverbände dazu, Anliegen und Interessen junger Menschen zum Ausdruck zu bringen und zu vertreten). Schließlich kann mitunter ein sich aus professionellem Auftrag ergebendes Mandat reklamiert werden (s. IFSW / IASSW 2004). All diese Mandate sind allerdings im konkreten Einzelfall auf ihr Zustandekommen, ihre Gültigkeit und Reichweite sowie auf Möglichkeiten ihrer Aberkennung hin kritisch zu hinterfragen.

• *Vertretung qua Amt*: Von diesen Mandatierung durch KlientInnen, durch öffentliche Anerkennung der Interessenvertretungsfunktion oder durch die eigene Profession hebt sich eine mögliche Fundierung eines Mandats noch einmal ab: die der „Vertretung dank des Repräsentationsauftrags öffentlicher Institutionen" (Ruß 2005: 35). So vertreten etwa Datenschutz-, Migrations- und Behindertenbeauftragte bestimmte Interessen qua Amt, in das sie berufen werden. Historisch wurde die Etablierung von Frauen- und Gleichstellungsbeauftragten etwa an Hochschulen gefordert, erstritten und schließlich juristisch verankert (oder aber verhindert), um strategisch den Einfluss vergleichsweise schwacher Interessen und ihrer Träger im politischen Hochschulbetrieb über eben solche Vertretungsmandate qua Amt zu stärken (respektive dies zu verhindern).

• *Mitvertretung*: Schließlich spielt die Mitvertretung politischer Interessen Dritter gerade bei der Analyse starker und schwacher politischer Interessen sowie von Strategien der Stärkung schwacher Interessen eine wichtige Rolle, da sie zu verstehen hilft, warum manche theoretisch zunächst als systematisch schwach einzuschätzende Interessen (beispielsweise nicht wahlberechtigter Ausländer oder ungeborener Kinder) bisweilen doch politisch relevant werden. Als ein Beispiel der Mitvertretung aus „gesellschaftspolitisch-ideologischen Gründen" nennt Sabine Ruß (2005: 36) etwa die Gewerkschaften in ihrem Engagement für die spezifischen Interessen ausländischer Arbeitnehmer und arbeitsloser Menschen. Die im Deutschen Gewerkschaftsbund vertretenen Einheitsgewerkschaften (Gegenbeispiele stellen ‚christliche' Gewerkschaften sowie Berufsgewerkschaften etwa der LokführerInnen, FluglotsInnen, ÄrztInnen und in Form des DBSH auch der hier organisierten Sozialarbeiterinnen und Sozialpädagogen dar) liefern noch ein weiteres Beispiel für die Mitvertretung von Interessen. So haben in mehreren Tarifauseinandersetzungen im Sozialbereich in den letzten Jahren die zahlenmäßig und vom Drohpotential her nicht zu unterschätzenden Erzieherinnen auch Interessen der Fachkräfte Sozialer Arbeit im Arbeitskampf befördert. Nicht nur ist der Organisationsgrad letzterer – ob nun in Ver.di, GEW oder dem DBSH – auffällig gering, auch macht es in Tarifauseinandersetzungen durchaus einen Unterschied, ob mit für 100 Familien geschlossenen Kindertageseinrichtungen oder mit für 100 Jugendliche am Nachmittag und Abend geschlossenen Jugendzentren argumentiert werden kann. Mitvertretung meint also Solidarisierung mit den Interessen Dritter, für die kein Mandat reklamiert und somit keine anwaltschaftliche Rolle beansprucht wird, sondern dem sozusagen ‚zur Seite gesprungen' wird.

Im Ergebnis lässt sich eine breite Palette von strategischen Ansatzpunkten für politisches Handeln im Feld Sozialer Arbeit von KlientInnen, Fachkräften, TrägerInnen und Dritten identifizieren, die die folgende Abbildung in wesentlichen Merkmalen zusammenzufassen sucht. Diese mag für konkrete Fall- und Strategieanalysen hilfreich sein, muss hier aber notwendig abstrakt bleiben. Einzelfallbetrachtungen mögen zu anderen als den (zum Teil nur beispielhaft) angegebenen Merkmalen kommen. Für weitere Erkenntnisse zur Politik im Feld Sozialer Arbeit ist dies sogar zu wünschen.

Akteure	Selbstvertretung		individuelle	Mitbestimmung		Stellvertretung		
	individuelle	kollektive		individuelle	kollektive	individuelle		korporative
Individuum	**Quasi-Gruppe**	**Soziale Bewegung**	**KandidatIn**	**Mitglied**	**Verband** *(Zusammenschluss, Netzwerke, Koalitionen, Clubs)*	**Anwalt/ Anwältin**	**Vertreterin qua Amt**	**Mit-vertreterIn**
... Beispiele: Person X	'die' ... ... Klienten ... Fachkräfte ... Soziale Arbeit	Jugendbewegung Arbeiterbewegung	Jugendzentrumsratsk. Betriebsrat. Wahlkreisk.	Nutzer Beschäftigte wählendes Mitglied	Verein Gewerkschaft Genossenschaft	Schulsozialarbeiterin Verband	Jugendhilfeplanerin Datenschutzbeauftragter	Einzelhändler
Handlungsmöglichkeiten (Einsatz von Machtressourcen) (Beispiele): Kaufentscheidungen Widerspruch, Klage, Petition Entzug der Arbeitskraft ziviler Ungehorsam	in der Summe: Kaufentscheidung Personalfluktuation/Rekrutierungsproblem, Krankenstand	Pol. Bildung und Öffentlichkeitsarbeit Demonstration ziviler Ungehorsam	Pol. Bildung und Öffentlichkeitsarbeit Parteinahme: Konsens- und Konfliktstrategien Aus-/Übertritt, Rücktritt	Angebotsgestaltung Betriebsratsgründung Ein-/Austritt, aktive Wahl, Kandidatur	Pol. Bildung und Öffentlichkeitsarbeit Parteinahme: Konsens- und Konfliktstrategien ziviler Ungehorsam	Pol. Bildung und Öffentlichkeitsarbeit Parteinahme: Konsens- und Konfliktstrategien ziviler Ungehorsam	Pol. Bildung und Öffentlichkeitsarbeit Parteinahme Konsens- und Konfliktstrategien	Spende politische Solidarisierung
Machtressourcentransformationen (Beispiele): nur Konversion von Machtressourcen	Organisierung der Interessen und Mobilisierung von Individuen und Quasi-Gruppen	Organisierung der Interessen und Mobilisierung von Individuen und Quasi-Gruppen	Überwindung der alleinigen Selbstvertretung als Individuum	Überwindung der alleinigen Selbstvertretung als Individuum	Vergemeinschaftung von Ressourcen von Individuen, Quasi-Gruppen oder sozialen Bewegung	Ergänzung von Selbstvertretung und Mitbestimmung durch die Mobilisierung von Ressourcen Dritter	Ergänzung von Selbstvertretung und Mitbestimmung durch die Mobilisierung von Ressourcen Dritter	Ergänzung von Selbstvertretung und Mitbestimmung durch die Mobilisierung von Ressourcen Dritter
Legitimationen: als Grundrechtsträger	Vereinigungsfreiheit	Vereinigungsfreiheit	passives Wahlrecht, Mandat durch WählerInnen	Mitbestimmungsrecht Koalitionsrecht aktives Wahlrecht	Mandat der Mitglieder	Mandat durch Klientin, professionellen und/oder öffentlichen Auftrag	per Gesetz / qua Amt	Solidarisierung
Phase zentrale Bedeutung: Implement.	indirekt (unterstellte Bedeutung) Problemdef. Agenda. Evaluation Termin.	Problemdef. Agenda. Evaluation Termin.	Problemdef. Agenda. Entscheid. Termin.	Problemdef. Agenda. Entscheid. Termin.	Problemdef. Agenda. Implement. Evaluation	Problemdef. Agenda. Evaluation	Problemdef. Agenda. Entscheid. Implement. Evaluation	Problemdef. Agenda. Evaluation

Abb. 26 Formen politischer Interessenvertretung in der Sozialen Arbeit

Quelle: eigene Darstellung, auf der Basis von Korpi 1985; Scharpf 2000: 95 ff; Jann / Wegrich 2009; Benz 2013a: 81.

Als „Handlungsmöglichkeiten" nennt die obige Abbildung einige Beispiele, die sich auf ganz unterschiedlichen Ebenen befinden. So produziert eine Kaufentscheidung ein Resultat, während erhöhte Personalfluktuation selbst Resultat von Entscheidungen und Handlungen ist. Während eine Spende eher eine Technik darstellt, bedarf politische Bildung komplexerer Handlungsplanungen (Methoden). Insgesamt kann von einer ganzen „Klaviatur politischer Methoden" gesprochen werden, auf der die Soziale Arbeit spielen kann und muss, will sie politisch (mit)gestalten (Rieger 2007: 103): „Dazu gehören Lobbyarbeit, Gremienarbeit und Politikberatung ebenso wie Demonstration und soziale Aktion, politische Öffentlichkeitsarbeit und politische Netzwerkarbeit oder Community Organizing." Im politischen Engagement kann sie „auf eine reiche Tradition (Gemeinwesenarbeit, Community Organizing, Empowerment usw.) und vielfältige praktische Erfahrungen (Politikberatung, Lobbying, Gremienarbeit usw.) zurückgreifen" (ebd.: 96). Angesichts des Dickichts politischer Konzepte, Methoden, Techniken und Verfahren sollen abschließend ein paar Hinweise zu ihrer möglichen Ordnung gegeben werden.

Konzepte, Methoden, Techniken und Verfahren

Kleinteiliger als die strategischen Orientierungen (Selbstvertretung, Mitbestimmung, Stellvertretung) und stärker auf Handlungsplanungen denn Akteursformationen der Interessenvertretung (als Individuum, in sozialen Bewegungen usw.) bezogen, sind Systematisierungen einzelner Methoden, Techniken und Verfahren des Politikmachens. Diese lassen sich allerdings nicht losgelöst von den hinter ihnen stehenden Politikverständnissen (s. Kampf antagonistischer Interessen versus rationale Informationsverarbeitung, Konflikt- versus Konsensorientierung), Konzepten (etwa der Lebensweltorientierung) und strategischen Orientierungen (Selbstvertretung, Mitbestimmung, Stellvertretung) analysieren. Ein Beispiel liefert die folgende Übersicht, die sich in ihrem Verständnis von Konzept, Methode sowie Verfahren und Technik am Methoden-Klassiker von Michael Galuske (2009[8]) orientiert, der hierzu seinerseits auf Geißler / Hege (1995[7]) rekurriert:

Konzept (als Handlungs-modell, in dem Ziele, Inhalte, Methoden sowie Verfahren und Techniken in einem sinnhaften Zusammenhang stehen)	gesellschaftskritisches Konzept Fernziel: herrschaftsfreie Gesellschaft
Methode (als Plan der Vorgehensweise)	aggressive Gemeinwesenarbeit / katalytisch/aktivierende Gemeinwesenarbeit Da Soziales aus Sozialem erklärt werden muss, können soziale Probleme nur in ihrem sozialen Kontext thematisiert und methodisch angegangen werden.
Verfahren und Techniken (als Elemente von Methoden mit geringerer Komplexität)	Verfahren der Kontaktaufnahme und -pflege (Bsp. **Haustürgespräch**) Verfahren der Feldforschung (Bsp. **Ermittlung potentieller Interessenten**) Verfahren der Meinungsbildung (Bsp. **Ausschussarbeit**) Verfahren politischer Einflussnahme (Bsp. **Aktionen zivilen Ungehorsams**)

Abb. 27 Politische Konzepte, Methoden, Verfahren und Techniken am Beispiel gesellschaftskritischer Gemeinwesenarbeit
Quelle: eigene Darstellung in Anlehnung an Galuske 2009[8: 26 ff., 99 ff.]

Die obige Darstellung bezieht sich dabei lediglich auf zwei gesellschaftskritische Ansätze in der Gemeinwesenarbeit, neben denen Galuske (2009[8]: 99 ff.) einen ,wohlfahrtsstaatlichen' und einen ,integrativen' Zweig der Gemeinwesenarbeit herausarbeitet, in denen selbst gleiche Verfahren und Techniken anderen (systemerhaltenden) Zielen dienen und die die Fachkräfte Sozialer Arbeit auch jeweils in anderen Rollen begreifen (zur weiteren Systematisierung von Konzepten der Gemeinwesenarbeit s. Stövesand / Stoik / Troxler 2013).

Handlungsorte und -mittel

Neben einer akteursbezogenen und einer methodenbezogenen Analyse, lässt sich ferner danach fragen, welche politischen Methoden, Verfahren und Techniken eigentlich grundsätzlich zur Verfügung stehen. Rolf Krüger (2010: 33 ff.) differenziert hierzu zunächst verschiedene Handlungsorte politischer Interessenvertretung, die Fachkräften der Sozialen Arbeit offen stehen:

- Gremien, zu denen SozialarbeiterInnen berufsbedingten Zugang haben (Bsp.: Jugendhilfeausschuss, Arbeitsgemeinschaft nach § 78 SGB VIII, ...),
- formalisierte Gremien, zu denen die Profession keinen rechtlich geregelten Zugang hat (Bsp.: Verwaltungsausschüsse der ARGEn und Beiräte von Volkshochschulen über die Gewerkschaft, Selbstverwaltungsgremien der Kranken- und Pflegeversicherungen über die Mitgliedschaft als gewählter Vertreter der Versicherten, ...),
- selbst geschaffene Orte der Politikgestaltung (z. B. Runde Tische, Arbeitskreise, Stadtteilversammlungen, ...) sowie
- die Öffentlichkeit als Ort der Politikgestaltung (Bsp.: Lokalpresse, Lokalsender, soziale Netzwerke im Internet, ...).

Neben diesen Orten (bzw. z. T. mit ihnen verbunden), bieten sich verschiedene Mittel der Politikgestaltung an (ebd. 45 ff.), auf deren Einsatz hin verschiedene politische Strategien analysiert werden können:

- Mittel der Einflussnahme als Bürgerrecht (Wahlrecht, Bürgerbegehren, Beschwerden, Bürgerbefragung, ggf. Fragerechte bei öffentlichen Sitzungen, Versammlungs- und Pressefreiheit, Demonstrationsrecht, ...),
- spezifische Politikmittel der Sozialen Arbeit (Mitberatung und ggf. Mitentscheidung in Gremien, Verwaltungsvorlagen, Verwaltungsakte, Mitplanung, ...),
- Aktivierungen von Öffentlichkeit (über die Information der Öffentlichkeit, die Organisation öffentlicher Meinung sowie deren Veröffentlichung) und schließlich
- sozialarbeiterisches Alltagshandeln (in der Konzeptionierung von Einrichtungen, über Verwaltungsvorlagen, ...).

Konkrete Schritte

Handlungsfeldspezifische oder -übergreifende politische Methoden, Verfahren und Techniken werden über die differenzierte Betrachtung verschiedener Orte und Mittel der Politikmitgestaltung am Ende sehr konkret. So beschreiben Thomas Engemann u. a. (2007: 147 f.) drei „Strategien" der „Lobbyarbeit vor Ort":

- „Am Informationsfluss bleiben – Kontakt suchen!"
  - in Gremien gehen,
  - Tagesordnungen besorgen,
  - die Zusammenarbeit mit der Verwaltung suchen,
  - Netzwerkpflege.
- „Präsenz zeigen!":
  - Anlässe zur Präsentation als Akteur nutzen,

- Medien und Öffentlichkeit suchen,
- Anlässe nutzen, um Themen und Positionen zu platzieren.
- „Lösungen anbieten!":
  - Hilflosigkeit der Politik nutzen und Lösungen anbieten,
  - Vorteile für Partner herausarbeiten (win-win-Strategie),
  - Argumente für fundierte Sozialpolitik liefern (etwa über Sozialbilanzen).

Noch kleinteiliger lassen sich schließlich alternative (oder kombinierte) Strategien analysieren, die auf einen bestimmten Zeitpunkt im Politikzyklus zielen. So kann versucht werden, Entscheidungsblockaden etwa darüber zu lösen, dass

- die Entscheidung über eine strittige Sachfrage bewusst ans Ende einer langen Tagesordnung gelegt wird und/oder Sitzungen von unbeschränkter Dauer anberaumt werden (wie in der Regie EU-europäischer Gipfel vielfach angewendet),
- die Zustimmung relevanter Akteure über Anpassungen der zu beschließenden Maßnahme oder Regelung erleichtert wird (Beispiel: Aufnahme von Schulsozialarbeit in das ‚Bildungs- und Teilhabepaket' des Bundes),
- die Zustimmung über flankierende Maßnahmen erleichtert wird (etwa finanzielle Förderprogramme zur Umsetzung europäischer Entscheidungen in ärmeren Mitgliedstaaten),
- unterschiedliche, strittige Entscheidungen zu ‚Paketlösungen' verknüpft werden (etwa: Verständigung auf die Einführung eines Betreuungsgeldes und eines Zuschusses zu privaten Pflegezusatzversicherungen),
- das Inkrafttreten einer politischen Regelung oder Maßnahme in die Zukunft verlagert wird (etwa der Schuldenbremse im Grundgesetz) oder
- lange Übergangsregelungen vereinbart werden (etwa bei der EU-Arbeitnehmerfreizügigkeit für mittel-/osteuropäische Arbeitskräfte).

Politische Methoden und Strategien zu analysieren erfordert damit, bis in die konkreten ‚Niederungen', Schritte und Akteurskonstellationen hinein zu blicken. Dazu, dass dabei am Ende aber nicht der Wald hinter lauter Bäumen verschwindet, verhelfen umgekehrt Analysen möglicher Orientierungen, Akteurskonstellationen und Konzepte, die Strategien, Methoden, Verfahren und Techniken erst eine bestimmte Zielrichtung geben. Analysen von Machtressourcen und Strategien ihrer Transformation schließlich legen grundlegende Handlungsoptionen ebenso offen, wie strukturelle Asymmetrien in der Verteilung von hierzu einsetzbaren Ressourcen.

5.4 Mikropolitikanalyse

Als Erkenntnis- und Handlungsbereich der Wissenschaft Sozialer Arbeit muss Sozialarbeitspolitik also versuchen politische Prozesse möglichst bis hinunter auf die Ebene alltäglicher Praktiken zu verstehen. Gerade für die PraktikerInnen der Sozialen Arbeit ist es wichtig zu wissen, welche politischen Folgen ihre tagtäglich getroffenen Entscheidungen haben und in welchem Geflecht politischer Kommunikationen sie sich auch innerhalb ihrer Einrichtungen und Verbände bewegen. Allzu groß ist die Gefahr, dass SozialarbeiterInnen/SozialpädagogInnen ihre Arbeit als rein fachlich determiniert, von Sachzwängen getrieben, vielleicht noch ökonomisch limitiert aber doch politikfrei erleben. Allzu leicht gerät der ubiquitäre Charakter von Macht aus dem Blick oder verfestigt sich der Irrglaube, gute Konzepte würden sich schon allein deshalb durchsetzen, weil sie fachlich notwendig und/oder wirtschaftlich machbar sind.

Die hier zu untersuchenden kleinteiligen politischen Handlungen und Prozesse werden bislang auch in der Politikwissenschaft kaum beforscht. Politische Analysen beziehen sich – wie gezeigt – in der Regel auf die Ergebnisse von Politik, deren Institutionen und Prozesse. Sie betrachten dabei individuelle wie komplexe Akteure (Parteien, Verbände, Fraktionen, Ministerien, Kabinette, Ämter usw.) zumeist als geschlossene Einheiten, welche ihre Interessen und Positionen im politischen Prozess vertreten und ihrerseits in politischen Prozessen geformt werden. Die Frage, wie Akteure eigentlich zu den dann im öffentlichen Raum vertretenen Entscheidungen und Positionen kommen, stellt Politikwissenschaft seltener. Bildlich gesprochen wäre hier eine stärkere Auflösung gefordert. Notwendig ist sozusagen ein mikroskopischer Blick hinunter auf die Feinstruktur politischer Prozesse. Einen solchen Blick versucht die Mikropolitikanalyse (vgl. Nullmeier u. a. 2003).

Mikropolitik (vgl. Rieger 2005b) meint jene elementaren Interaktionen und Kommunikationen aus denen sich politische Prozesse zusammensetzen. Gemeint sind alltägliche Praktiken (Vier-Augen-Gespräche, Telefonate, Reden, Texte verfassen usw.) sowie komplexere Interaktionszusammenhänge (Gremien, informelle Zirkel, Versammlungen, Parteitage usw.) innerhalb von Institutionen und Organisationen. Also jene kleinsten Einheiten und Zusammenhänge in denen informiert, überzeugt, manipuliert, gedroht, abgestimmt oder angeordnet wird, um allgemeinverbindliche Entscheidungen herzustellen. Ursprünglich stammt der Begriff der Mikropolitik aus dem Bereich der Wirtschaftswissenschaften und der Organisationssoziologie. Erstmals verwendet vermutlich Tom Burns 1961 den Begriff in seinem Aufsatz „Micropolitics. Mechanisms of Institutional Change". Wegweisend sind darüber hinaus die Arbeiten von Horst Bosetzky (1988) zusammen mit dem organisationssoziologischen Ansatz von Crozier und Friedberg (1993). Mikropolitik bezeichnet hier jene als systemfremd angesehenen, weil weder ökonomischer noch bürokratischer Logik gehorchenden und doch unverzichtbaren, machtorientierten Handlungen und Prozesse (Machtspiele, Seilschaften, Intrigen usw.) in Betrieben oder Verwaltungen (vgl. Heinrich / Schulz zur Wiesch 1998, Neuberger 1995). Mikropolitik meint hier die alltäglichen „(Mikro-)Techniken (...), mit denen Macht aufgebaut und eingesetzt wird, um den eigenen Handlungsspielraum zu erweitern und sich fremder Kontrolle zu entziehen" (Neuberger 1995: 14). Mikropolitik ist in diesem Sinne über alle sozialen Beziehungen hinweg omnipräsent. „Organisationen sind durchwirkt von Politik. Ihre Entscheidungsprozesse sind politische Prozesse, ihre Akteure Mikropolitiker" (Küpper / Ortmann 1988b: 9).

Mit dem steigenden Bedarf an strategischer, auf die Durchsetzung von Politik gerichteter Politikberatung (vgl. Nullmeier / Saretzki 2002) wächst aber auch in der Politikwissenschaft das Interesse an mikropolitischen Prozessen (vgl. Bogumil / Schmid 2001). Einen ersten umfassenden Versuch den Begriff der Mikropolitik für die Politikwissenschaft nutzbar zu machen, haben Nullmeier u. a. (2003) auf dem Gebiet der Politikfeldanalyse unternommen. Ihre Untersuchung zielt auf die für Entscheidungsprozesse und Gestalt einer Policy typischen Mikrostrukturen. D. h. jene interpretativ zu erschließenden Regeln und Regelmäßigkeiten, die (1) als alltägliche politische Praktiken, (2) als implizites wie explizites Wissens, das die Handlungen der Akteure leitet und deutet, sowie (3) als Positionierungen (Rang, Machtverteilung, Koalitionen, Netzwerke) die Machtprozesse und Entscheidungen eines Politikfeldes prägen. Theoretisch ist ihre Arbeit im Bereich interpretativer Politikansätze situiert. Methodisch orientiert sie sich an der Ethnomethodologie. Langfristiges Ziel ist es einer praxisrelevanten, umfassenden Lehre politischen Handelns näher zu kommen (vgl. Rieger 2005b). Beide Richtungen mikropolitischer Analyse, die organisationssoziologische wie die politikwissenschaftliche sind für die Sozialarbeitspolitik gleichermaßen von Bedeutung.

Für die Soziale Arbeit kann Mikropolitikanalyse zwei zentrale Funktionen erfüllen. Einerseits (I) kann Mikropolitikanalyse dazu beitragen, die in konkreten Unterstützungsprozessen agierenden SozialarbeiterInnen darüber aufklären, wie ihre alltäglichen Entscheidungen die Politik eines bestimmten Feldes (mit)gestalten (vgl. Fritsche 2011), um auf diese Weise ein Gespür für die Politikrelevanz des sozialpädagogischen/sozialarbeiterischen Alltags zu erzeugen, neue politische Handlungsoptionen zu eröffnen und ungewollte Konsequenzen aus der Summe vieler an sich gutgemeinter Handlungen zu vermeiden. Die sozialarbeitspolitisch zentrale Frgestellung lautet hier: Wie entsteht aus vielen kleinen Entscheidungen die ‚Politik' einer Organisation oder eines Tätigkeitsfelds? Es gilt die politischen Wirkungen sozialpolitischer Politikimplementation durch die Soziale Arbeit zu untersuchen und damit aufzuklären. Andererseits (II) erlaubt es der mikroskopische Blick der Mikropolitikanalyse die Organisationen Sozialer Arbeit (Initiativen, Einrichtungen, Verbände, Ämter usw.) als eigenständige Politikebene neben und unterhalb von EU, Bund, Land und Kommune zu erkennen. Es wird hier deutlich, welchen Stellenwert politisches Handeln neben und in Wechselwirkung mit dem Handeln entlang fachlicher und ökonomischer Rationalität hat und welche Bedeutung mikropolitischem Handeln für organisationalen Wandel und Organisationsgestaltung beizumessen ist. Soziale Hilfe ist wesentlich organisierte Hilfe, deshalb muss Organisationsentwicklung als wesentliches Element einer Politik Sozialer Arbeit verstanden werden. Organisationsgestaltung ist aber nur auf der Basis von Mikropolitik zu erklären. Die sozialarbeitspolitisch relevante Fragestellung lautet hier: Wie beeinflusst mikropolitisches Handeln die Organisation Sozialer Arbeit, ihre Ziele und Leistungsfähigkeit?

Mikropolitik des Politikfeldes

Exemplarisch zeigen sich die Auswirkungen von Mikropolitik auf die Gestaltung eines Politikfeldes in der Dissertationsschrift „Mikropolitik im Quartier" von Miriam Fritsche (2011). Ausgangspunkt ihrer Untersuchung ist die Beobachtung, dass Förderprogramme zur Quartiersentwicklung seit den 1990er Jahren Bewohnerpartizipation als wesentliches Gestaltungselement propagieren, sich jedoch in der Umsetzung unterschiedlich gestaltete „Partizipationspolitiken" (ebd. 70 ff.) mit höchst unterschiedlichen lokalen „Partizipationsmöglichkeiten" (ebd. 68 ff.) ergeben. Untersucht wird unter anderem, ob durch die Interventionen und Organisationsvorgaben hauptamtlicher Akteure (GemeinwesenarbeiterInnen, QuartiersmanagerInnen etc.), in welchem Umfang und für welche Gruppen, Partizipation ermöglicht oder verhindert wird. Es geht darum herauszuarbeiten, welche Auswirkungen die „Instrumentenwahl" (Informationsveranstaltungen, aktivierende Befragungen, Arbeitsgruppen, Versammlungen, Beiräte) auf das Partizipationsverhalten der Adressaten hat. Denn sie – die Instrumentenwahl – „bestimmt den Rahmen, innerhalb dessen Bewohner angehört werden, mitreden oder mitentscheiden. Organisatorische Fragen wie die Uhrzeit einer Versammlung, die Reihenfolge der Tagesordnungspunkte, die dort vorherrschenden Sprechweisen, oder die Erreichbarkeit des Versammlungsortes werden (...) insofern zu politischen Fragen, als Sie den Ausgang der Entscheidungsfindung beeinflussen" (ebd. 68). Fritsch geht es dabei „nicht allein um Darstellung der Akteurskonstellationen, Institutionengefüge und Regulierungsinstrumente" (ebd. 68 f.) sondern im Sinne einer Mikropolitikanalyse um „die subinstitutionelle Ebene des politischen Prozesses, indem sie Praktiken der Kommunikation und Interaktion zum Untersuchungsgegenstand macht" (ebd. 69). Dabei rücken insbesondere „lokale Gremiensitzungen und Versammlungen ins Blickfeld, d.h. die Kommunikation unter Anwesenden

in einem zeitlich und räumlich begrenzten Zusammenhang, der auf Quartierse-
bene der Koordinierung von Meinungsbildung und Entscheidungsfindung dient"
(ebd.)[39]. Orientiert an Hurrelmann u. a. (2002) interpretiert sie „Versammlungen
als eine politische Praxis" (ebd. 68).

Es geht also um die „Mikropolitik in der Beteiligungsarbeit". Im Ergebnis wird
deutlich, dass sich QuartiersmanagerInnen „in der Gestaltung von Verfahren,
Entscheidungs- und Umsetzungsprozessen (zwar) an den Vorgaben der Förderprogramme orientieren (müssen), (…) ihnen aber dennoch Spielräume offen (stehen),
die unterschiedlich genutzt werden können" (Fritsche / Güntner 2012: 61). Im
„Rahmen der bestehenden Förderprogramme gibt es (mikropolitische) Spielräume,
die durch Quartiersmanager_innen und Gemeinwesenarbeiter_innen" (ebd. 65)
gestaltet werden können.

Insgesamt zeigen die hier angesprochenen mikropolitischen Analysen den in der
intermediären Stellung Sozialer Arbeit stets notwendigen und möglichen (mikro-)
politischen Gestaltungsspielraum. Bundes- und Landespolitik wie Kommunalpolitik verlangen in ihren Förderprogrammen Bewohnerbeteiligung ohne im Detail
spezifizieren zu können, wie diese Bewohnerbeteiligung vor Ort erfolgen soll. In
der Umsetzung eröffnen sich damit den verantwortlichen Akteuren Handlungsspielräume, die sie entsprechend ihrer fachlichen Orientierung gestalten müssen
und können.

Wie Fritsche (2011: 221 ff.) in ihren Stadtteilstudien zeigt, beeinflusst es die Betei-
ligungsrealität in den Stadtteilen erheblich, ob die jeweiligen QuartiersmanagerInnen
ihre Aufgabe in einem „Quartiersmanagement als Einmischungsstrategie" sehen
(ebd. 330) oder ob sie „Quartiersmanagement als Steuerungsstrategie" begreifen.
Sozialarbeiterinnen und Sozialpädagogen können sich hier keinesfalls auf einen
unpolitischen Standpunkt zurückziehen und auf unpolitische Fachlichkeit und
mechanisch umzusetzende Politikvorgaben berufen. „Es wäre von Beteiligungsar-
beiter_innen (…) regelrecht fahrlässig die Einladung zur Mitgestaltung nicht durch
eigenständige Orientierungen zu beantworten und sich umstandslos der Verwal-
tungssicht anzuschließen. Fehren bezeichnet diese Gemengelage als ‚Verdopplung
des doppelten Mandats': Gemeinwesenarbeit als intermediäre Instanz (…) bezieht
ihre Doppelfunktion von Hilfe und Kontrolle (…) nicht nur auf ihre Adressat/in-
nen, sondern auch auf den ‚anderen' Nutzer der Sozialen Arbeit den bezahlenden
Kunden, also den lokalen Staat (Fehren 2006: 592)" (Fritsche / Güntner 2012: 66).

---

39 Zu Gremienarbeit als wichtige Methode sozialarbeitspolitischen Handelns vgl. einfüh-
    rend Rieger 2013d. Zur Entscheidungsfindung in Gremien und dem grundsätzlichen
    Problem argumentativer Entscheidungsfindung aus der Sicht mikropolitischer Analyse
    vgl. Hurrelmann u. a. 2002.

Die hier skizzierte mikropolitische Analyse zeigt auf exemplarische Weise, dass sich die Sozialarbeiterin/der Sozialpädagoge auf der Ebene fallbezogener Hilfe (wobei hier als Fall sowohl das Individuum, als auch die Gruppe, als auch das Gemeinwesen zu verstehen ist) stets in einer fachlichen Situation findet, in der ihre/ seine Interventionen politisch wirken und sie/er deshalb zu politisch reflektiertem Handeln aufgefordert ist. Der erkannte mikropolitische Entscheidungsspielraum zeigt sich dann ebenso auf der Ebene der Institutionengestaltung im Politikfeld. „Einen wesentlichen Schauplatz der Ausdeutung von Beteiligung stellen die lokalen Bewohner- bzw. Quartiersgremien dar" (Fritsche 2011: 296). Als Orte der Diskussion und Entscheidungsfindung sind sie als eigenständige politische Arenen zu verstehen. Zwar sind die in der Studie untersuchten Versammlungen bzw. Gremien (Stadtteilgruppe, Bewohnerbeirat, Qaurtiersrat) „allesamt als vom politisch-administrativen System im Rahmen von unterschiedlichen Programmen der Städtebauförderung ins Leben gerufene Beteiligungsformen" (ebd. 283) entstanden, ihre jeweilige Funktion und Ausgestaltung wird deshalb einerseits sicherlich durch die vorab durch kommunale Politik und Verwaltung getroffenen Vorentscheidungen hinsichtlich des zugestandenen Entscheidungsspielraums und Aufgabenspektrums festgelegt. Sie wird aber ebenso durch die Partizipationsvorstellungen der verantwortlichen QuartiersmanagerIn/GemeinwesenarbeiterIn in Wechselwirkung mit lokalen Traditionen geprägt. Die jeweilige Funktion eines Gremiums (entscheidend oder nur beratend) wirkt sich auf „seine Binnenstruktur, sein Teilnehmerspektrum, die Themensetzung, Entscheidungsregeln und auch auf seine Sitzungskultur aus" (ebd. 284). „Die Herausbildung dieser Funktionen und der mit ihnen einhergehenden mikropolitischen Merkmale sind (...) Ergebnis eines lokalen, gremienspezifischen Prozesses der Festlegung von Aufgaben, Zuständigkeiten, Verfahrensregeln und Verhandlungsmodi" (ebd.), der wiederum Partizipationsmöglichkeiten eröffnet oder verschließt (vgl. ebd. 296). Die Untersuchung unterstreicht die Bedeutung der Institutionengestaltung für Sozialarbeitspolitik.

Bislang gibt es jedoch kaum Forschungsarbeiten, die in mikropolitischer Perspektive den sozialarbeiterischen/sozialpädagogischen Alltag auf seine politischen Konsequenzen hin untersuchen. Dabei würde gerade der mikropolitische Zugriff die Chance eröffnen, einer praxisrelevanten Methodenlehre politischen Handelns näher zu kommen. Es gibt weder eine ausreichende Forschung zur Mikropolitik der Gemeinwesenarbeit, noch zu den mikropolitischen Prozessen in Gremien und Versammlungen und auch die Mikropolitik sozialarbeiterischer/sozialpädagogischer Fallarbeit wird bislang nicht oder nur in Ansätzen (vgl. Ludwig-Mayerhofer u. a. 2007), die sich aus „mikroanalytischer Sicht" mit den „Deutungsmustern, Handlungsorientierungen und Habitusformen" beschäftigen, mit welchen die

„Akteure ihre Klienten, wahrnehmen, beurteilen, diagnostizieren, klassifizieren" (ebd. 9), untersucht.

Politik in Organisationen

Die Implementation Sozialer Arbeit als ‚angewandter Sozialpolitik' ist in ihren fallbezogenen Wirkungen wesentlich abhängig von ihrer Organisation, d. h. von Mikropolitik i. S. „organisationale[r] Innenpolitik" (Reiners 2012: 22).

Soziale Arbeit ist organisierte Hilfe. In systemtheoretischer Perspektive kann Soziale Arbeit in modernen, funktional differenzierten Gesellschaften als professionelle Hilfe nur mit und über Organisationen wirken (vgl. Luhmann 1973). Auch in institutionalistischen und machtressourcentheoretischen Ansätzen spielt die Organisierung von Hilfe und Interessenvermittlung eine wesentliche Rolle. Soziale Arbeit wirkt, wenn sie wirkt, als organisierte Hilfe. Organisationen sind dabei „Hilfsmittel, derer sich die Akteure zur Erreichung bestimmter Ziele bedienen. [Sie] … basieren auf Ressourcenzusammenlegung zur Ermöglichung von Gemeinschaftshandeln für bestimmte Zwecke" (Bogumil / Schmid 2001: 29). Die Organisierung Sozialer Arbeit kennt unterschiedlichste Formen. Sie ist entweder „Teil wohlfahrtsstaatlicher Leistungsverwaltung" (1) oder findet (2) als „berufliche Tätigkeit im Rahmen von Organisationen der Wirtschaft [Bsp. Betriebssozialarbeit (Anm. d. A.)], der Gesundheit [Bsp. Krankenhaussozialdienst (Anm. d. A.)], des Rechts [Bsp. Bewährungshilfe; Gerichtshilfe (Anm. d. A.)] oder der Erziehung [Bsp. Schulsozialarbeit (Anm. d. A.)]" statt oder wird (3) in „eigenständigen Organisationen der Sozialen Arbeit" (Bommes / Scherr 2000: 149) geleistet. Diese eigenständigen Organisationen existieren als freie Initiative oder eingetragener Verein, sind als Stiftungen oder gemeinnützige GmbH gegründet, arbeiten u. U. aber auch als privatwirtschaftliche Unternehmen (zur Trägerstruktur Sozialer Arbeit vgl. einführend Merchel 2008²). Die Wirksamkeit und Qualität Sozialer Arbeit ist nie allein der individuellen Kompetenz der Fachkraft und einer subjektiv gelingenden Interaktion zwischen HelferIn und KlientIn (‚helfenden Beziehung') geschuldet, sondern hängt stets auch davon ab, welche Programme in Organisationen wie verwirklicht werden; welche Zugangs- und Verfahrensregeln soziale Organisationen sich geben; welche Steuerungs- und Leitungsstrukturen sie ausbilden, wie Arbeitsabläufe organisiert und ihre Qualität überwacht wird; welche Konzeption sie entwickeln und an welchem Leitbild sie sich orientieren; wie viel Transparenz sie gewähren und wie viel Partizipation sie zulassen; wie Mittel verteilt, Personal rekrutiert und Schwerpunkte gesetzt werden.

All diese für die Zielerreichung der Organisationen zentralen Themen und Entscheidungen werden zwar zweifellos von der Umwelt der Organisationen beeinflusst. Organisationen haben gesetzliche Regelungen zu beachten und auszuführen, sind

bei ihrer Finanzierung auf politisch verhandelte Haushalte angewiesen und sind
Teil des wohlfahrtsstaatlich fachlichen Diskurses. Damit ist nicht weniger aber auch
nicht mehr als ein Rahmen für das Handeln von Organisationen gesetzt. Innerhalb
dieses Rahmens müssen in Organisationen Entscheidungen getroffen werden, müssen
Organisationen positioniert werden, muss ihr Handeln ausgerichtet und orientiert
werden. Es gilt unbestimmte Rechtsbegriffe zu interpretieren, Prioritäten zu setzen,
Leitbilder zu entwickeln, die eigene Organisationsform zu optimieren. Kurz: Es geht
darum die Politik der Organisation – ihre Organisationspolitik – zu bestimmen.

Der Begriff der Organisationspolitik oder der Politik in Organisationen mutet
im deutschen Sprachgebrauch fremd an. Hier sind die Begriffe Politik und Staat
eng verwoben. Im angelsächsischen Sprachraum dagegen wird ,policy' immer dann
verwandt, wenn es um verbindliche Regelungen zur Orientierung kollektiven und
persönlichen Handelns geht. Egal ob es sich um die ,policies' eines Staates, um
,organizational policy' oder um ,personal policy' handelt. In diesem Sinne sind
bestimmte in einer Organisation zu treffende Entscheidungen aber zweifellos politische Entscheidungen. Denn es geht im oben geschilderten Sinne darum, für die
Mitglieder wie auch für die auf die Organisation verwiesenen Klienten bei vorliegen
von Wert-, Interessen- und Zielkonflikten für alle verbindliche (allgemeinverbindliche) Regelungen zu treffen. Politik auf der Ebene der Organisation zu untersuchen,
ist also erstens dadurch gerechtfertigt, weil aufgrund der Notwendigkeit unter den
Bedingungen von Konflikt und Unsicherheit allgemeinverbindliche Regelungen
für die Organisation zu schaffen, ein abgrenzbares Feld der Organisationspolitik
entsteht[40]. Zweitens muss man von Politik in Organisationen sprechen, weil zumindest zum Teil auch die Mittel um entsprechende Entscheidungen zu treffen,
Ziele festzulegen und Regelungen zu schaffen, politische Mittel sind.

Selbstverständlich werden Programmentscheidungen in sozialen Organisationen fachlich gerechtfertigt. Fachlicher Auftrag und methodische Notwendigkeiten
kennzeichnen zunächst den Diskurs. Diese werden ergänzt von ökonomischen und
verwaltungstechnischen (Sach-)Zwängen und Überlegungen. Welche Geldmittel
werden wofür am besten eingesetzt? Welche Steuerungsinstrumente sind angemessen
und stehen zur Verfügung? Diese rein zweckrationalen Überlegungen würden nach
den Modellen der klassischen Organisationstheorie ausreichen, um das Zustandekommen von Entscheidungen in Organisationen zu erklären. Neuere Ansätze

---

40 Selbst in der Politikwissenschaft ist es noch durchaus unüblich nach der „Politik in
    Organisationen" (Bogumil / Schmid 2001) zu fragen. Die „Politik in Organisationen,
    auch häufig als Mikropolitik oder organisationsinterne Politik bezeichnet" ist bislang
    kaum erforscht. Die „Machtprozesse und Entscheidungsstrukturen in Organisationen"
    (ebd., S. 27) entziehen sich weitgehend der wissenschaftlichen Reflexion.

der Organisationstheorie[41] halten diese Engführung auf die Zweckrationalität von Entscheidungen in Organisationen aber für falsch bzw. ergänzungsbedürftig. Organisationen müssen ebenso als politisch-soziale „Arena" (Küpper / Ortmann 1988b: 7) verstanden werden[42]. Entscheidungsprozesse in Organisationen müssen sowohl aus der Perspektive der Entscheidungsrationalität (Zweckrationalität) wie der Handlungsrationalität der Akteure betrachtet werden. „Während auf der Ebene der Entscheidungsrationalität die Frage thematisiert wird, welche Maßnahmen bei einer sachlichen Analyse aller vorliegenden Informationen prinzipiell sinnvoll sind, wird auf der Ebene der Handlungsrationalität die Frage gestellt, wie man Entscheidungen durchsetzen kann. Letzteres bedeutet, die mikropolitische Konstellation in Rechnung zu stellen und mit der Macht zu kalkulieren" (Bogumil / Schmid 2001: 32).

Mindestens drei Gründe sind anzuführen, warum Entscheidungen in Organisationen nur über den Einsatz von Macht, mithin durch politisches Handeln, zustande kommen. (1) Alle Akteure müssen unter der Bedingung der „begrenzten Rationalität" (bounded rationality) entscheiden, weil sie lediglich über unvollständiges Wissen verfügen, sie mit der „Schwierigkeit der Bewertung zukünftiger Ereignisse" konfrontiert sind und ihnen nur eine „begrenzte Auswahl an Entscheidungsalternativen" (ebd. 40) zur Verfügung steht. (2) Zwischen fachlicher, ökonomischer und bürokratischer Rationalität treten regelmäßig Ziel- und Wertkonflikte auf. (3) Schließlich haben die Akteure unterschiedliche Wertpräferenzen und verfolgen unterschiedliche Interessen. Dabei spielen neben der unterschiedlichen fachlichen Positionierung auch Eigeninteressen (an Karriere, Arbeitsplatzsicherheit, Arbeitsklima usw.) eine Rolle.

Ein theoretisches wie konzeptionelles Instrumentarium und einen Zugang zur (akteurzentrierten) Analyse der mikropolitischen Prozesse in Organisationen bieten die strategische Organisationsanalyse und die Spieltheorie. Für die strategische Organisationsanalyse nach Crozier / Friedberg ist Macht „eine grundlegende, unausweichliche Dimension jeder sozialen Beziehung und stellt einen täglichen Mechanismus unserer sozialen Existenz dar" (Reiners 2012: 18). Deshalb muss jede

---

41 Bogumil/ Schmid unterscheiden hier (1) „verhaltenswissenschaftliche Entscheidungstheorie", (2) „strategische Organisationsanalyse" und (3) „Konfigurationsanalyse" (vgl. Bogumil / Schmid 2001: 31); vgl. auch Grunwald 2004: 377 ff.

42 Vgl. Grunwald 2004: 387 („Organisationsstrukturen sind aus dieser Perspektive keine statischen Gebilde, sondern sind Bedingungen, Objekte und Ressourcen von politischen Prozessen (…). Die Entwicklung und Stabilisierung von Ordnung und Kooperation in Organisationen wird durch den ‚Einsatz von Macht, das Aushandeln von formellen und informellen Regelungen und Arrangements und die wechselseitige Nutzung und Abhängigkeit von anderen Akteuren, Regeln und Ressourcen' erklärt (Elsik 1999: S. 77)").

„erstzunehmende Analyse kollektiven Handelns (...) Macht in das Zentrum ihrer Überlegungen stellen, denn kollektives Handeln ist im Grunde nichts anderes als tagtägliche Politik. Macht ist ihr `Rohstoff'" (Crozier / Friedberg 1979: 14; zitiert nach ebd.). Oder an anderer Stelle: „alles ist Politik, weil alles auf Macht und Herrschaft beruht" (Crozier / Friedberg 1993: 15; zitiert nach Kurz 2012: 13). Mit ihrer akteur- wie machtzentrierten Perspektive[43] bietet die strategische Organisationsanalyse nach Crozier / Friedberg – ohne dass diese je selbst den Begriff verwendet hätten – einen konzeptionellen Rahmen der Mikropolitikanalyse in Organisationen. Denn „Mikropolitik kann definiert werden als organisationstheoretisches Konzept das konsequent von der Perspektive interessenverfolgender Akteure ausgeht, um das Organisationsgeschehen als Gesamtheit von Struktur und Handeln verknüpfender Prozesse zu erklären, in denen Akteure organisationale Ungewissheitsbereiche als Machtquellen sichern und nutzen, um ihre Autonomiezonen aufrecht zu halten bzw. zu erweitern und zugleich kollektives Handeln ermöglichen und regulieren" (Brüggemeiner / Felsch 1992: 135; zitiert nach ebd.). Mikropolitik meint mit Neuberger „das Arsenal jener alltäglichen ‚kleinen' (Mikro-)Techniken (...), mit denen Macht aufgebaut und eingesetzt wird, um den eigenen Handlungsspielraum zu erweitern und sich fremder Kontrolle zu entziehen" (Neuberger 1995: 14). „Organisationen sind durchwirkt von Politik. Ihre Entscheidungsprozesse sind politische Prozesse, ihre Akteure Mikropolitiker. Ihre Vernunft kann nicht errechnet werden, nicht als one best way gegeben sein. Auf der Strecke bleibt sie, solange die Rationalität einer Organisation wie die Effizienz einer Maschine erwartet wird: solange sie nicht als kontingentes Resultat politisch-praktischen Handelns und andauernder Kommunikation unter Mikropolitikern aufgefasst wird" (Küpper / Ortmann 1988b: 9; zitiert nach Kurz 2012: 14).

Organisationen werden im Rahmen dieses Analysekonzepts als „Kampfarena konfligierender Rationalitäten" (Crozier / Friedberg 1993: 226; zitiert nach ebd. 20) verstanden[44]. Gleichzeitig bleiben Organisationen als Handlungssysteme „die

---

43 Auf weitere machttheoretische Arbeiten etwa von Silvia Staub-Bernacsoni (Begrenzungs- und Behinderungsmacht) und Bjön Kraus (instruktive und destruktive Macht) wurde bereits unter Gliederungspunkt 4.1 hingewiesen. Zu den machtressourcentheoretischen Arbeiten von Walter Korpi und Gøsta Esping-Andersen siehe Gliederungspunkte 5.1 und 5.3.

44 Ein ebenso einprägsames wie bekanntes, in seinem Vulgärmachiavellismus aber übervereinfachtes Bild der Kampfarena Organisation zeichnen Bogumil / Schmid (2001: 56), wenn sie schreiben: „In Organisationen tobt das Leben. Sie sind Arenen heftiger Kämpfe, heimlicher Mauscheleien und gefährlicher Spiele, mit wechselnden Mehrheiten, Strategien und Fronten. Der Leim der sie zusammenhält, besteht aus partiellen Interessenkonvergenzen, Bündnissen und Koalitionen, aus Kollaboration und Widerstand und vor allem aus machtvoll ausgeübtem Druck und struktureller

immer spezifischen Lösungen, die relativ autonome Akteure mit ihren jeweiligen
Ressourcen und Fähigkeiten geschaffen, erfunden und eingesetzt haben, um die
Probleme kollektiven Handelns zu lösen, d. h. vor allem, um ihre zur Erreichung
gemeinsamer Ziele notwendige Zusammenarbeit trotz ihrer widersprüchlichen
Interessenlagen und Zielvorstellungen zu ermöglichen und sicherzustellen" (Crozier
/ Friedberg 1993: 7; zitiert nach ebd. 18). Keinesfalls ist das politische Geschehen
in Organisationen als anarchischer Kampf, jeder und jede gegen jeden zu erfassen.
Politisches Handeln in Organisationen ist ein Handeln, das durch die (allerdings
wandelbaren) Strukturen der Organisation zugleich begrenzt und ermöglicht wird.
Hier greifen Crozier / Friedberg zur Metapher des Spiels. Organisationen sind für
sie die „Gesamtheit aneinander gegliederter Spiele" (Crozier / Friedberg 1993: 69;
zitiert nach ebd. 19). „Der Spielbegriff vereint die strategische Denkweise, die beim
interessegeleiteten Akteur ansetzt, mit der systemischen, die sich auf die wechselseitige Interdependenz von Handlungen und Strukturen bezieht" (Reiners 2012: 20).

Der hier vorgestellte Analyseansatz der strategischen Organisationsanalyse
bzw. der Mikropolitikanalyse in Organisationen entspricht dem bereits besprochen
Analysekonzept des akteurzentrierten Institutionalismus nach Renate Mayntz und
Fritz W. Scharpf. Zentral ist dabei der Gedanke, dass Akteure in Organisationen
zwar nicht völlig frei aber auch nicht nur abhängig handeln. Die Organisation als
Handlungssystem begrenzt den Handlungsspielraum ebenso, wie sie auch erst
Handlungsoptionen eröffnet. „Systeme definieren keine Verhaltensregeln, sondern
Spiele, deren Beschaffenheit und Regeln eine begrenzte Anzahl von Gewinnstrategien
festlegen" (Crozier / Friedberg 1979: 4; zitiert nach Bogomil / Schmid 2001: 57 f.)
und weiter bei Croizier und Friedberg, das „Spiel ist für uns mehr als ein Bild, es
ist ein konkreter Mechanismus, mit dessen Hilfe die Menschen ihre Machtbezie-
hungen strukturieren und regulieren und sich doch dabei Freiheit lassen. Das Spiel
ist das Instrument, das die Menschen entwickelt haben, um ihre Zusammenarbeit
zu regeln. (…) Es vereint Freiheit und Zwang. Der Spieler bleibt frei, muss aber,
wenn er gewinnen will eine rationale Strategie verfolgen, die der Beschaffenheit
des Spiels entspricht (…). (…) Handelt es sich, wie immer bei einer Organisation,
um ein Kooperationsspiel, so wird das Produkt des Spiels das von der Organisation
gesuchte gemeinsame Ergebnis sein" (ebd. 68; zitiert nach ebd. 60).

Kein Mitspieler (Akteur) in einem Spiel (in einer Organisation) ist völlig abhängig, festgelegt und führt nur Befehle aus. „Keine Situation in einer gegebenen

Gewalt. Mikropolitiker stellen Weichen und zahlen Preise, errichten Blockaden oder
springen auf Züge, geraten aufs Abstellgleis oder fallen die Treppe hinauf, gehen in
Deckung oder seilen sich ab, verteilen Schwarze Peter und holen Verstärkung, suchen
Rückendeckung und Absicherung, setzen Brückenköpfe und lassen Bomben platzen,
schaffen vollendete Tatsachen und suchen das Gespräch".

Organisation stellt eine[n] (sic) Akteur völlig unter Zwang. Er behält immer einen Freiheits- und Verhandlungsspielraum. Dank dieses Spielraums (der für seine Gegenspieler wie für die Organisation insgesamt eine Ungewissheitsquelle ist) besitzt jeder Akteur Macht über andere Akteure. Diese Macht ist umso größer, je relevanter die von ihm kontrollierte Ungewissheitsquelle für jene ist" (ebd. 56; zitiert nach ebd. 59). Macht entsteht überall dort, wo Menschen (in Organisationen) zur Verwirklichung ihrer Interessen aufeinander angewiesen sind. Wer in solchen Situationen aus der Sicht des/der jeweils anderen „Zonen der Ungewissheit" (Reiners 2012: 19) kontrollieren kann, ist (besser) in der Lage eigene Interessen durchzusetzen. Dabei ist auch für diesen „realistischen" (Rieger / Schultze 2005), akteurzentrierten Machtbegriff Macht „kein Attribut der Akteure" (Reiners 2012: 19), sondern entsteht erst in Interaktion und beruht dabei auf Ressourcen (materielle, wie immaterielle Ressourcen zu belohnen bzw. zu bestrafen (z.B. Geld); Expertenwissen; Informationen; Legitimation; Charisma; usw.), über welche die Akteure verfügen, um Ungewissheitszonen zu gestalten und zu kontrollieren.

Sozialarbeitspolitik als Teildisziplin der Sozialarbeitswissenschaft könnte mit mikropolitischen Analysen zu Einrichtungen und Trägern Sozialer Arbeit wesentliche Beiträge dazu leisten:

1. zu erkennen, welche Handlungsspielräume SozialarbeiterInnen in ihren Organisationen haben und wie sie auf die Gestaltung eben dieser Organisationen Einfluss nehmen können;
2. darüber aufzuklären welche ‚Machtspiele' (zu einer Zusammenstellung von typischen Machtspielen (Budget-Spiel, Expertise-Spiel, Linie-Gegen-Stab-Spiel, Verpfeifen-Spiel, Widerstandsspiel usw.) vgl. Bogumil / Schmid 2001: 82 f.) in Organisationen gespielt werden; wie „Routinespiele" zu verändern sind und welche Gefahren in „Innovationsspielen" (ebd. 68) lauern;
3. zu beurteilen wie und auf welche Weise Organisationsentwicklung erfolgreich betrieben werden kann. Denn bei „Veränderungsprojekten ist (…) ein Verständnis für mikropolitische Machtprozesse bzw. ‚Machtspiele' in Organisationen und deren zwingende Berücksichtigung unabdingbar" (Reiners 2012: 15). Ansonsten scheitern Reformbestrebungen, wie sich am Beispiel Neue Steuerung zeigt an betriebswirtschaftlicher Naivität.

Politische Professionalität
in der Sozialen Arbeit

Was fangen nun (künftige) Fachkräfte (und Organisationen) Sozialer Arbeit mit all den in diesem Band zusammengetragenen Hinweisen an und lässt sich Professionalität in der Sozialen Arbeit in Umgehung dieser Fülle nicht vielleicht doch ohne Ausbildung politischer Kompetenz erreichen? Für Hans Pfaffenberger (2001: 99f) jedenfalls nicht. Für ihn gehörten politische Kompetenzen:

- „Hilfe bei der Wahrnehmung sozialpolitischer Anspruchsrechte und Verhinderung von Missbrauch;
- Beratung, Begründung und Ausführungsgestaltung sozialpolitischer Maßnahmen und Reformen und sozialpädagogischer Hilfen und Einrichtungen;
- Einwirkung auf Durchsetzung, Gestaltung und Ausführung sozialpolitischer Handlungsstrategien und Beseitigung von Ausgrenzungsmechanismen" (ebd.: 99 f.)

zu den für das Berufsprofil von Sozialarbeiterinnen und Sozialpädagogen zentralen, professionellen Handlungskompetenzen. Politische Kompetenzen allerdings machen noch keine Profession.

Die meisten Politiker/innen verfügen zweifellos über politische Kompetenzen, sowohl im formalen Sinne von Zuständigkeiten (etwa Entscheidungsbefugnissen), als auch im Sinne von Fähigkeiten (etwa politische Handlungsoptionen einzuschätzen). Gleichwohl sind Politiker/innen als solche keine Professionsangehörigen (oder maximal solche einer „äußerst prekären Profession", Borchert 2003: 167). Sie sollen es in Demokratien auch nicht sein (vgl. etwa professionelle Selbstrekrutierung vs. Mandatierung auf Zeit durch den Souverän). Unklar bleibt jedenfalls, welche Entsprechung die längst anerkannte akademische Disziplin der Politikwissenschaft als Berufsbild hat (Sozialkundelehrer, politisch-wissenschaftliche Referentin und Berater, Diplomatin, Berufspolitiker etc.; siehe hierzu ebd.: 148 ff.). Pointiert mit

Helmut König (1999: 13) gesagt, ist „das Studium der Politikwissenschaft (…) nicht
die Hohe Schule zur Ausbildung von politischen Praktikern".
Dies stellt sich bei der Sozialen Arbeit bezogen auf die professionelle Trias von Praxis, Ausbildung und Disziplin ganz anders dar, zum Teil sogar genau andersherum.

• Das Studium der Sozialen Arbeit zielt zentral auf die Ausbildung sozialarbeiterischer und sozialpädagogischer Praktikerinnen und Praktiker. Fraglich ist
  hier viel eher, ob das Studium der Sozialen Arbeit auch bereits hinreichend
  Hohe Schule zur Ausbildung von sozialarbeiterischen und sozialpädagogischen
  Theoretikerinnen und Forschern ist?
• So dominierte früher und dominiert zum Teil noch heute die Lehre sog. ‚Bezugswissenschaften' (s. kritisch zu diesem Bild und Begriff Crefeld 2009) das
  fachschulische und später das hochschulische Ausbildungssystem, während
  lehrende Sozialarbeiterinnen und Sozialpädagogen etwa als ‚Lehrkräfte für
  besondere Aufgaben' fungierten, nur selten jedoch auch auf Professuren berufen
  werden konnten und wurden (siehe hierzu Maier 1996: 144 f.). Inzwischen tragen
  Bemühungen um die Förderung des akademischen Nachwuchses in der Sozialen
  Arbeit und eine Erhöhung der Anzahl sozialarbeitswissenschaftlicher und teils
  Erhöhung (Fachhochschulen), teils Sicherung (Universitäten) soziapädagogischer
  Professuren hier immer mehr Früchte. Gleichwohl ist – anders als inzwischen
  bei der Politikwissenschaft – die Anerkennung als Disziplin noch prekär (zu
  hier deutlich werdenden historischen Parallelen s. ebd.)
• Kämpfe um „Politik als Beruf" (Weber 1919) und Soziale Arbeit als Beruf (s.
  Kuhlmann 2007) sind historisch bereits ausgefochten. Nicht ganz so fundamental
  wie in der praktischen Politik (s. o.) ist jedoch auch für die praktische Soziale
  Arbeit nach wie vor umstritten, inwiefern es sich hier (bereits, noch) um einen
  im Sinne einer Profession besonders verfassten Beruf handelt und handeln kann
  (s. Bock 1993, Klüsche 1999: 119 ff., Heiner 2007: 160 ff.).

Prekärer noch, als diese Statusfrage scheint hier aber die Reklamation und Zuschreibung politischer Kompetenzen, was Hans Pfaffenberger gerade veranlasste,
sie zu betonen: „Die professionelle sozialpädagogische Handlungskompetenz hat
auch eine politische Dimension, die als Teil der fachlichen Handlungskompetenz
zu verstehen ist, die aber von vielen Autoren aufgrund einer verengten, verkürzten
Sicht auf Berufsidentität und Berufsaufgabe vernachlässigt wird, weshalb ich sie
zur stärkeren Betonung und Gewichtung als Untergliederung eigens thematisiere."
(Pfaffenberger 2001: 99)
    Nun müssen wir diesen Band nicht mit Klärungen zur *allgemeinen* Professi-
onsfrage in der Sozialen Arbeit abschließen. Wir wollen an dieser Stelle aber noch

einmal konzentriert einige Hinweise auf Voraussetzungen für, Anforderungen an sowie Risiken und Chancen von *politischer* Professionalität und *politischer* Professionalisierung geben.

Voraussetzungen und Anforderungen

Zentrale Voraussetzungen politischer Professionalität und zahlreiche Anforderungen an sie wurden in den vorangegangenen Kapiteln skizziert.

- Wissensbezogen geht es etwa um das Ringen um einen brauchbaren (richtigen?) Begriff von Politik und die Reflexion seiner Grenzen. Geht es etwa in Politikfragen in der Sozialen Arbeit um die (wessen?) Suche nach und Durchsetzung (wie?) von optimalen (oder brauchbaren?) kollektiven (auch nichtstaatlichen?) Entscheidungen zur Lösung (Linderung, Prävention?) sozialer Probleme und (oder?) stets partielle (oder hegemoniale?) Durchsetzung von sozialen (ökonomischen?) Interessen (und Wertvorstellungen)?

- Wer soziale Probleme nicht benennen und auf ihren auch (nicht-) politischen Gehalt hin analysieren kann, wer nicht für und wider politische Lösungen streiten kann, weder Interessenträger zu gewinnen, noch Forderungen an Adressatinnen und Adressaten zustellen kann, dem fehlen notwenige Handlungskompetenzen politischer Professionalität. Können muss sich insbesondere in der Praxis beweisen. Zu einer politisch professionellen Praxis gehört allerdings nicht nur die (stets nur vorbereitend, maximal einübend zu studierende) praktische Fähigkeit, etwa Interessenträgerinnen an einen Tisch zu bekommen oder erfolgreich gegen einen Leistungsbescheid zu klagen. Zu ihr gehört auch das analysieren können von politischen Strukturen, Inhalten und Prozessen. Hierzu sollte vor allem Teil II dieses Bandes behilflich sein.

- Politische Professionalität kann sich nicht im Wissen und Können erschöpfen, schon weil in beiden Kompetenzbereichen Haltungsfragen angelegt sind. So haben wir etwa im Gliederungspunkt 2.2 mit Richard Hauser darauf hingewiesen, dass es unmöglich ist, sozialpolitische Bedarfe rein objektiv zu bestimmen, da die Frage der Anerkennung von individuellen Bedürfnissen als sozialpolitische Bedarfe stets von Werturteilen und dahinter stehenden Werthaltungen abhängig ist, die nur offen gelegt werden können (und gehören), die sich aber nicht beweisen lassen. Damit teils im Zusammenhang stehend, teils darüber hinausgehend stellen sich hier Fragen, welchen Status ich dem Nichtwissen, meinen und fremden Überzeugungen, der Spiritualität (Mühlum 2007b), intuitivem Handeln und Fortune beimesse.

Wie aber sieht es aus mit einer solchermaßen politisch-professionellen Praxis in der Sozialen Arbeit? Offensichtlich sehr vielfältig: Einerseits kann festgehalten werden, „(…) dass sich etwa Wohlfahrtsverbände engagiert anwaltschaftlich, mitbestimmend und empowernd für schwache politische Interessen einsetzen, zum Teil auch in Koalitionen untereinander oder mit Dritten. Wir wissen aus vielen Einzelbeispielen, dass sich für die Soziale Arbeit zentrale Organisationen vor Ort und in größeren politischen Arenen kräftig und immer wieder (zum Teil mit Erfolg) engagieren (1-Euro-Mittagessen in Kindergärten und Schulen in Freiburg, zwei Volksinitiativen zum Erhalt der Jugendarbeit in Nordrhein-Westfalen, Problemanzeigen und Lösungsvorschläge zu Regelsatzhöhen auf der Bundesebene, Armutskampagnen auf europäischer Ebene usw.)." (Benz 2010: 326)

Andererseits aber sind selbst „(…) hoch qualifizierte Sozialarbeiterinnen und Sozialarbeiter mit Universitäts- oder Fachhochschuldiplom (…) mit Methoden politischer Lobbyarbeit nicht vertraut. Die Notwendigkeit und der Auftrag zur gezielten Einmischung werden nicht erkannt bzw. der eigene Einfluss unterschätzt. Sozialarbeiterinnen und Sozialarbeiter gehen in ihrer Selbstwahrnehmung nicht davon aus, dass sie per se politisch handeln. Dieser Reflexionsfehler mischt sich mit weit verbreiteten Vorurteilen. Noch immer haftet ,dem Politischen' der Makel des Unredlichen und Willkürlichen an – ein Bereich, mit dem man möglichst nichts zu tun haben möchte. (…) Soziale Arbeit wird nach wie vor als Ausführungsorgan von Politik statt als aktiver Politikgestalter wahrgenommen (…)." (Engemann u. a. 2007: 146)

Engemann u. a. belassen es nicht bei dieser Kritik, sondern beschreiben sehr konkrete Anforderungen an eine politische Professionalisierung Sozialer Arbeit. Lobbyarbeit beschreibe dabei eine Schlüsselkompetenz. Diese erfordere insbesondere die „Kenntnis um politische Entscheidungsprozesse" und „die Fähigkeit zielgruppengerechter Kommunikation" (ebd.). Leider fände politische Arbeit jedoch selbst in neu konzipierten Bachelor- und Master-Studiengängen keine Berücksichtigung (ebd., S. 146f).

Diese Zwischenbilanz von vier politischen Praktikern des Paritätischen Wohlfahrtsbandes Thüringen ist sehr ernüchternd. Gleichwohl lässt sich ihr Urteil über die politische Bildung so sicher nicht generalisieren und lässt sich ihr Politics-fokussierter auf die Bedeutung von Entscheidungsprozessen und zielruppengerechter Kommunikation noch erweitern, um die hierfür notwendige Kenntnis politischer Strukturen (Polity) und politischer Probleme, Werte, Interessen und Lösungsmöglichkeiten (Policy).

Auf eine weitere Anforderung an politische Professionalität in der Sozialen Arbeit sei noch kurz hingewiesen. Im Kontext der Debatte um ein politisches Mandat Sozialer Arbeit (s. hierzu Merten 2001b; Lallinger / Rieger 2007) thematisierte Christian Beck die Bindungen (Parteilichkeiten), die Akteure der Sozialen Arbeit bei Reklamation eines solchen Mandats eingehen: Wenn etwa der Deutsche Caritasverband sich anwaltschaftlich selbst zuschreibe, „alles zu tun, damit politische und gesetzgeberische Maßnahmen zu Gunsten derer gestaltet werden, die dieser Hilfe bedürfen" (Beck 2007: 119), sei er dieser Anwaltschaft „an der Seite der Erniedrigten" (ebd.: 120) auch unbequem verpflichtet. „Stattdessen erleben wir auf breiter Ebene das Wegducken eines der einflussreichsten Verbände der Bundesrepublik. Pressemeldungen, die Hartz IV verhalten kritisieren, sind kein kritsch-politisches Projekt, zumal wenn aus ihnen keine weitere Aktion folgt oder wenn man sogar geneigt ist, mit der Anstellung von Ein-Euro-Jobbern dem System seinen Segen zu geben." (ebd. 119) Politische Professionalität hat sich also mit Parteilichkeits- und Allparteilichkeitspostulaten (s. Hartwig / Merchel 2000), verschiedenen Loyalitäten und Positionierungen zwischen allen Stühlen (IFSW / IASSW 2004) sowie Hilfe- und Kontrollmomenten ihrer Arbeit (ebd.) zu befassen und hierzu begründet zu positionieren.

Chancen und Risiken

Dabei bleibt die Soziale Arbeit immer in Gefahr, nun statt in „Politikvergessenheit" in ebenso zu kurz greifende „Politikversessenheit" umzuschlagen (Benz / Rieger / Schönig / Többe-Schukalla 2013b: 9f). Solche „Phasen der Komplexitätsreduktion durch vereinseitigende Therapeutisierung, Pädagogisierung, Verrechtlichung als auch Verpolitisierung der SA/SP waren immer begleitet von der Forderung nach ‚ganzheitlicher Betrachtung von Mensch und Gesellschaft.'" (Staub-Bernasconi 1993: 117) Bei politischer Professionalität geht es also um nicht mehr und nicht weniger, als der politischen Dimension Sozialer Arbeit einen *angemessenen* Stellenwert im Kompetenz- und Handlungsprofil Sozialer Arbeit einzuräumen. Welcher Stellenwert dabei als angemessen zu betrachten ist, wird dabei theoretisch strittig sowie handlungsfeld- und positionsspezifisch bleiben (müssen) – alles andere wäre unprofessionell.

Professionell ist vielmehr, politische (therapeutische, pädagogische, rechtliche, ökonomische) Begriffe, Konzepte und Argumente zu nutzen, aber nicht einfach unkritisch und unreflektiert zu übernehmen oder gar absolut zu setzen. Politisches

Denken und Handeln erscheint uns vielfach hilfreich, zum Teil notwendig, um Zielen, Aufgaben und Handlungsmöglichkeiten der Sozialen Arbeit gerecht zu werden. Politisiertes Denken und Handeln ohne Reflexion seiner Grenzen und Risiken, birgt aber Gefahren. Mit Politisierung drohen:

- Emotionalisierung/Ideologisierung (Verlust kritischer Distanz),
- Paternalismus (Klienteninteressen als Vorwand für eigene Machtansprüche und Profilneurosen),
- (wie bei Therapeutisierung, Pädagogisierung, Ökonomisierung, …) Verlust der Identität als Profession (indem andere Handlungsformen in den Hintergrund treten),
- Ineffektivität, wenn allein Engagement und guter Wille professionelles Handeln ersetzen (Emotion statt Fachlichkeit) (Rieger 2007: 94 f.).

„Einen gewissen Schutz bietet hier allein die *Professionalisierung der Politisierung.* Dort, wo ‚Politik als Hilfe' notwendig erscheint, sind Menschen in ihrer politischen Vertretung z. T. abhängig und verletzlich – sonst bräuchten sie keine Unterstützung. (…) Wenn Soziale Arbeit also im Rahmen ihres Auftrags Politik macht, dann haben die Klienten einen Anspruch darauf, dass sie es – im Sinne von Profession – wissensbasiert und ethisch orientiert tut." (ebd.: 95; Herv. i. O.). Hierzu braucht es in der Tat (s. Engemann u. a. oben) die Verankerung einer handlungsorientierten Politik Sozialer Arbeit im Studium und in der Forschung der Sozialen Arbeit.

Damit ist wiederholt auf die hier nur in Erinnerung zu rufende (da bereits in der Einführung zu diesem Band formulierte) Chance politischer Professionalität Sozialer Arbeit zurückgekommen, nach der diese schlicht als eine Teilnotwendigkeit dafür erscheint, Zielen und Aufgaben Sozialer Arbeit überhaupt gerecht werden zu können und hierzu dienliche Reflektions- und Handlungsmöglichkeiten auch auszuschöpfen.

Resümee

Politische Professionalität Sozialer Arbeit ist kein Zustand, den es zu erreichen gilt, sondern stets ein mit Deprofessionalisierungsinteressen und -mechanismen ringender Prozess. Nach einer (auch hybride Überbetonungen politischer Dimensionen umfassenden) Hochzeit politischer Sozialer Arbeit insbesondere in den 1970er Jahren, haben die Therapeutisierungswelle der 1980er Jahre und die seit den 1990er Jahren bis heute noch andauernde Ökonomisierungswelle die politische

Professionalität Sozialer Arbeit zum Teil befruchtet, nicht zuletzt aber auch ihren Verlust (Deprofessionalisierung) befördert. So degenerierten Hilfe suchende Menschen und soziale Gruppen sowie benachteiligte Quartiere und Regionen vielfach individualisiert zu sich selbst Suchenden oder kollektiv zu ‚Kunden' (s. Benz 2014c) sowie Objekten eines Sozialraummanagements und Standortmarketings.

Umgekehrt umfasst der anhaltende Prozess der weiteren Professionalisierung Sozialer Arbeit unverkennbar auch Elemente der Entwicklung und Sicherung ihrer politischen Professionalität. So nehmen die auf internationaler Ebene Anfang des letzten Jahrzehnts entwickelte Definition (IFSW 2000, vgl. IFSW / IASSW 2014) und der Ethikkodex Sozialer Arbeit (IFSW / IASSW 2004) ausdrücklich Bezug auf politische Dimensionen Sozialer Arbeit. In den letzten Jahren stellten gleich eine ganze Reihe von kleineren Fachtagungen und großen Kongressen (Jahrestagung 2008 der Deutschen Gesellschaft für Soziale Arbeit, Achter Bundeskongress Soziale Arbeit 2012, …) Politikfragen in der Sozialen Arbeit ins Zentrum. In der Deutschen Gesellschaft für Soziale Arbeit konnte eine ‚Fachgruppe Politik Sozialer Arbeit' etabliert werden und mit einem Doppelband (Benz / Rieger / Schönig / Többe-Schukalla 2013a und 2014) zum Diskurs ebenso beitragen, wie handlungsfeld- und themenspezifische Sammelbände und Monografien. In der Praxis starten Betroffenen-, Wohlfahrts- und Berufsverbände sowie Gewerkschaften zum Teil gemeinsam politische Kampagnen. Arbeitskreise kritischer Sozialer Arbeit werden wieder gegründet, ausdrücklich sozialarbeitswissenschaftliche und sozialpädagogische Forschungsprojekte mit politikrelevanten Fragestellungen unternommen (s. DGSA 2013).

Mit solcherlei Feststellungen und Hinweisen schließen zu können, erfreut uns unverhohlen sehr. Und doch: Differenzen und offene Fragen bleiben, auch bei den beiden Autoren dieses Bandes. Etwa: Welche Erklärungskraft für Eigengesetzlichkeiten bzw. Verdunkelungsfunktion für gegenseitige Abhängigkeiten und politische Gestaltungsanforderungen gesellschaftlicher Subsysteme kommt systemtheoretischen Überlegungen Luhmann'scher Provenienz zu? Sollten wir am eingeführten Begriff der ‚Sozialarbeitspolitik' festhalten, auch wenn er das weitreichende Zusammengehen von Sozialarbeit und Sozialpädagogik in der Sozialen Arbeit sprachlich nicht nachvollzieht? Wie empirisch, normativ, emanzipativ fokussiert sollte/darf die politikwissenschaftliche Reflexion Sozialer Arbeit sein? …

An diesen und anderen Differenzen und offenen Fragen wird die politische Professionalität und Professionalisierung Sozialer Arbeit nicht scheitern. Im Gegenteil: Reibung spricht hier eher für eine lebendige Diskussion, denn für einen Mangel an Gegensandsbestimmung, Domäne und Methode in diesem Feld. Entscheidend für die Professionalität und politische (Re-)Professionalisierung Sozialer Arbeit wird vielmehr sein, wie durch ihre Praktiker/innen, Studierende sowie Lehrende und

Forschende ihr politisches Potential verantwortungsvoll erschlossen, entwickelt, genutzt und in seinen Grenzen erkannt wird. Genau hierzu will der vorliegende Band einen Beitrag leisten.

Literatur

Albert, Hans. 1975. Aufklärung und Steuerung. Gesellschaft, Wissenschaft und Politik in der Perspektive des Kritischen Rationalismus. In *Kritischer Rationalismus und Sozialdemokratie*. hrsg. Georg Lührs u. a. 1975[2], 103-125. Berlin / Bonn: J. H. W. Dietz Nachf.

Alemann, Ulrich von. 2006. Politik. In *Evangelisches Soziallexikon*. Neuausgabe. hrsg. Werner Heun u. a., Spalte 1803 f.. Stuttgart: Kohlhammer.

Alemann, Ulrich von 1995[2]. *Grundlagen der Politikwissenschaft*. Opladen: Leske + Budrich.

Alinsky, Saul D. 1999[2]. *Anleitung zum Mächtigsein*. Ausgewählte Schriften. Göttingen: Lamuv.

Atteslander, Peter. 2010[13]. *Methoden der empirischen Sozialforschung*. Berlin: Erich Schmidt Verlag.

Augustin-Dittmann, Sandra. 2010. *Politikwandel zwischen Kontingenz und Strategie. Zur Edtablierung der Ganztagsschule in Deutschland*. Baden-Baden: Nomos.

AWO – Arbeiterwohlfahrt Bundesverband. 2009. Grundsatzprogramm der Arbeiterwohlfahrt. Beschlossen (...) 1998. Ergänzt (...) 2005. www.awo.org/fileadmin/user_upload/documents_Awo/Die_Arbeiterwohlfahrt/Grundsatzprogramm_Layout_neu_09.pdf. Zugegriffen: 22. Dezember 2014.

AWO – Arbeiterwohlfahrt Bundesverband u. a. 2007. *„Wir brauchen eine Politik, die alle Kinder fördert"*. Familienpolitischer Appell von 16 Verbänden an die Bundesregierung. In *Frankfurter Rundschau* vom 15. Mai 2007, S. 7.

Bachrach, Peter und Morton S. Baratz. 1977. *Macht und Armut*. Frankfurt am Main: Suhrkamp.

Bäcker, Gerhard, Reinhard Bispinck, Klaus Hofemann und Gerhard Naegele. 2010[5]. *Sozialpolitik und soziale Lage in Deutschland*. 2 Bände, Wiesbaden: VS Verlag.

Balz, Hans-Jürgen, Benjamin Benz und Carola Kuhlmann (Hrsg). 2012. *Soziale Inklusion. Grundlagen, Strategien und Projekte in der Sozialen Arbeit*. Wiesbaden: Springer VS.

Bandelow, Nils C. 2009. Politisches Lernen: Begriffe und Ansätze im Vergleich. In *Lehrbuch Politikfeldanalyse 2.0*. hrsg. Klaus Schubert und Nils C. Bandelow, 2009[2], 313-347. München: Oldenbourg.

Beck, Christian. 2007. Zwischen Revolution und Ökonomie. Über einige Aspekte sozialer Anwaltschaft. In *Repolitisierung Sozialer Arbeit*. hrsg. Manfred Lallinger und Günter Rieger, 109-120. Stuttgart: Akademie der Diözese Rottenburg-Stuttgart.

Behnke, Joachim, u. a.. 2010. *Empirische Methoden der Politikwissenschaft*. Paderborn: UTB Schöningh.

Behnke, Nathalie und Joachim Behnke. 2006. *Grundlagen der statistischen Datenanalyse. Eine Einführung für Politikwissenschaftler*. Wiesbaden: VS Verlag.

Bellermann, Martin. 2011[6]. *Sozialpolitik. Eine Einführung für soziale Berufe.* Freiburg im Breisgau: Lambertus.

Benz, Benjamin. 2014a. Wohlfahrtsstaatlichkeit und Soziale Arbeit in machtressourcentheoretischer Perspektive. In *Macht in der Sozialen Arbeit. Interaktionsverhältnisse zwischen Kontrolle, Partizipation und Freisetzung,* hrsg. Björn Kraus und Wolfgang Krieger. 2014[3], 197-227. Lage: Jacobs Verlag.

Benz, Benjamin. 2014b. Armenhilfepolitik. Soziale Arbeit als „Hilfe unter Protest". In *Politik Sozialer Arbeit. Band 2: Akteure, Handlungsfelder und Methoden.* hrsg. Benjamin Benz, Günter Rieger, Werner Schönig und Monika Többe-Schukalla. 2014a, 122-140. Weinheim: Beltz Juventa.

Benz, Benjamin. 2014c. Hybride Strukturen?! Zu Verhältnissen von Haupt- und Ehrenamtlichen in Altenpflegeheimen. In *Cockpit soziale Dienstleistungen. Gestaltung der Produktivität durch Balance von Effizienz, Unterstützungsqualität und Arbeitsqualität.* hrsg. Guido Becke u. a., 167-188. Berlin: LIT.

Benz, Benjamin, Günter Rieger, Werner Schönig und Monika Többe-Schukalla (Hrsg). 2014. *Politik Sozialer Arbeit. Band 2: Akteure, Handlungsfelder und Methoden.* Weinheim: Beltz Juventa.

Benz, Benjamin. 2013a. Politische Interessenvertretung in der Sozialen Arbeit. In *Politik Sozialer Arbeit. Band 1: Theoretische und disziplinäre Perspektiven.* hrsg. Benjmain Benz, Günter Rieger, Werner Schönig und Monika Többe-Schukalla. 2013a, 70-84. Weinheim: Beltz Juventa.

Benz, Benjamin. 2013b. Resolutionen – Papiere von folgenloser Richtigkeit? In *Sozialmagazin.* 38. Jg. Heft 1-2. 32-35.

Benz, Benjamin, Günter Rieger, Werner Schönig und Monika Többe-Schukalla (Hrsg). 2013a. *Politik Sozialer Arbeit. Band 1: Theoretische und disziplinäre Perspektiven.* Weinheim: Beltz Juventa.

Benz, Benjamin, Rieger Günter, Werner Schönig und Monika Többe-Schukalla. 2013b. Die Politik Sozialer Arbeit – Umrisse, Gegenstände und Positionen. In *Politik Sozialer Arbeit. Band 1: Grundlagen, theoretische Perspektiven und Diskurse.* hrsg. Benjamin Benz, Günter Rieger, Werner Schönig und Monika Többe-Schukalla. 2013a, 8-29. Weinheim / Basel: Beltz Juventa.

Benz, Benjamin. 2010. Sozialpolitik und Soziale Arbeit. In *Soziale Politik – Soziale Lage – Soziale Arbeit.* hrsg. Benjamin Benz, Jürgen Boeckh und Hildegard Mogge-Grotjahn. 2010, 317-336. Wiesbaden: VS Verlag.

Benz, Benjamin. 2009. Perspektiven der Mindestsicherung. In *Armut als Thema in der Sozialen Arbeit,* hrsg. Konrad Maier, 209-230. Freiburg im Breisgau: FEL Verlag.

Benz, Benjamin. 2008. Politik(wissenschaft) und Soziale Arbeit: Bedeutung für die Frühpädagogik. In *Frühpädagogik heute. Herausforderungen an Disziplin und Profession,* Dagmar Kasüschke und Klaus Fröhlich-Gildhoff, 60-68. Köln / Kronach: Carl Link.

Benz, Benjamin. 2004. *Nationale Mindestsicherungssysteme und europäische Integration. Von der Wahrnehmung der Armut und sozialen Ausgrenzung zur Offenen Methode der Koordination.* Wiesbaden: VS Verlag.

Berger, Rainer. 2001. *Studienführer Soziale Arbeit. Sozialarbeit. Sozialpädagogik. Sozialwesen.* Münster: Votum Verlag.

Berger, Peter L. und Thomas Luckmann. 1996. *Die gesellschaftliche Konstruktion der Wirklichkeit. Eine Theorie der Wissenssoziologie.* Frankfurt am Main: Fischer.

Berg-Schlosser, Dirk und Ferdinand Müller-Rommel (Hrsg). 2006[4]. *Vergleichende Politikwissenschaft. Ein einführendes Studienhandbuch.* Wiesbaden: VS Verlag.

Berg-Schlosser, Dirk. 2005. Mako-qualitative vergleichende Methoden. In *Vergleichen in der Politikwissenschaft.* hrsg. Sabine Kropp und Michael Minkenberg. 170-179. Wiesbaden: VS Verlag.

Best, Heinrich, Michael Edinger, Karl Schmitt und Lars Vogel. o. J. Zweite Deutsche Abgeordnetenbefragung 2007, Dokumentation für den Deutschen Bundestag. Jena: Friedrich-Schiller-Universität Jena, www.sfb580.uni-jena.de/typo3/uploads/media/Dokumentation_Bundestag.pdf. Zugegriffen: 14. Juli 2014.

Beyer, Jürgen. 2005. Pfadabhängigkeit ist nicht gleich Pfadabhängigkeit! Wider den impliziten Konservatismus eines gängigen Konzepts. *Zeitschrift für Soziologie* (41/1): 5-21.

Blatter, Joachim K., u. a. 2007. *Qualitative Politikanalyse. Eine Einführung in Forschungsansätze und Methoden.* Wiesbaden: VS Verlag.

Blum, Sonja und Klaus Schubert. 2009. *Politikfeldanalyse. Lehrbuch.* Wiesbaden: VS Verlag.

BMAS – Bundesministerium für Arbeit und Sozialordnung. (Hrsg.) 1997. *Bilder und Dokumente zur Sozialgeschichte.* Bonn.

Bock, Theresa. 1993. Professionalisierung. In *Fachlexikon der sozialen Arbeit.* hrsg. Deutscher Verein für öffentliche und private Fürsorge. 1993[3]. 735 f. Frankfurt am Main: Eigenverlag des Deutschen Vereins für öffentliche und private Fürsorge.

Bode, Ingo. 2009. Vermarktlichung der Zivilgesellschaft? Die advokatorische Funktion des Sozialsektors im disorganisierten Wohlfahrtskapitalismus. In *Die politische Repräsentation von Fremden und Armen.* hrsg. Markus Linden, Winfried Thaa. 81-97. Baden-Baden: Nomos.

Boeckh, Jürgen, Huster, Ernst-Ulrich und Benz, Benjamin. 2011[3]. *Sozialpolitik in Deutschland – Eine systematische Einführung.* Wiesbaden: VS Verlag.

Boeßenecker, Karl-Heinz und Michael Vilain. 2013[2]. *Spitzenverbände der Freien Wohlfahrtspflege. Eine Einführung in Organisationsstruktur und handlungsfelder sozialwirtschaftlicher Akteure in Deutschland.* Weinheim, Basel: Beltz Juventa.

Boeßenecker, Karl-Heinz. 2005. *Spitzenverbände der freien Wohlfahrtspflege. Eine Einführung in Organisationsstrukturen und Handlungsfelder der deutschen Wohlfahrtsverbände.* Weinheim/ München: Juventa.

Bogumil, Jörg und Josef Schmid. 2001. *Politik in Organisationen. Organisationstheoretische Ansätze und praxisbezogene Anwendungsbeispiele.* Opladen: Leske + Budrich.

Böhnisch, Lothar, Helmut Arnold und Wolfgang Schröer. 1999. *Sozialpolitik. Eine sozialwissenschaftliche Einführung.* Weinheim, München: Juventa.

Böhnisch, Lothar. 1999. Sozialpädagogik und Sozialpolitik – Gemeinsame Traditionslinien und ihre aktuellen Bezüge. In *Erziehung und sozialer Wandel – Brennpunkte sozialpädagogischer Forschung, Theoriebildung und Praxis.* Reinhard Fatke, u. a. 1999. 261-276. Weinheim, Basel: Beltz.

Böhnisch, Lothar. 1997. *Sozialpädagogik der Lebensalter – Eine Einführung.* Weinheim / München: Juventa.

Böhnisch, Lothar und Hans Lösch. 1973. Das Handlungsverständnis des Sozialarbeiters und seine institutionelle Determination. In *Gesellschaftliche Perspektiven der Sozialarbeit, Bd. 2.* hrsg. Hans-Uwe Otto, Siegfried Schneider. Neuwied/Berlin: Luchterhand.

Bolay, Eberhard und Franz Herrmann. (Hrsg.) 1995. *Jugendhilfeplanung als politischer Prozess. Beiträge zu einer Theorie sozialer Planung im kommunalen Raum.* Neuwied, Kriftel, Berlin: Luchterhand.

Bommes, Michael und Albert Scherr. 2000. *Soziologie der Sozialen Arbeit – Eine Einführung in Formen und Funktionen organisierter Hilfe*. Weinheim, München: Beltz Juventa.

Borchert, Jens. 2003. *Die Professionalisierung der Politik. Zur Notwenigkeit eines Ärgernisses.* Frankfurt am Main: Campus.

Borgmann, Karl. 1958. *Lorenz Werthmann. Reden und Schriften*. Freiburg im Breisgau: Lambertus.

Bosetzky, Horst. 1988. Mikropolitik. Machiavellismus und Machtkumulation. In *Mikropolitik. Rationalität, Macht und Spiele in Organisationen*. hrsg. Willi Küpper und Günther Ortmann. 1988a. 27-28. Opladen: Westdeutscher Verlag.

Böttiger, Friedrich. 2010. *Politische Bildung in der Sozialen Arbeit*. Saarbrücken: VDM Verlag Dr. Müller.

Braun, Dietmar und Olivier Giraud. 2009[2]. Politikinstrumente im Kontext von Staat, Markt und Governance. In *Lehrbuch der Politikfeldanalyse 2.0*. hrsg. Klaus Schubert und Nils C. Bandelow. 159-187. München: Oldenbourg.

Breuer, Franz. 2010[2]. *Reflexive Grounded Theory. Eine Einführung für die Forschungspraxis.* Wiesbaden: VS Verlag.

Bullmann, Udo. 1994. Regionen im Integrationsprozeß der Europäischen Union. In *Die Politik der dritten Ebene: Regionen im Europa der Union*. hrsg. Udo Bullmann. 15-41. Baden-Baden: Nomos.

Bundeszentrale für politische Bildung. (Hrsg.) 2007. *Politische Bildung. Aus Politik und Zeitgeschichte*. Heft 32-33/2007, Berlin.

Caputo, Richard K. 2014. *Policy Analysis for Social Workers*. Los Angeles: Sage Publications.

Claus, Frieder. 2008. Unter 25-Jährige im Bermuda-Dreieck zwischen SGB VII, II und XII. In *wohnungslos*. 50. Jg. Heft 4/2008. 125-127.

Crefeld, Wolf. 2009. Braucht die Wissenschaft von der Kunst und dem Handwerk der Sozialen Arbeit Bezugswissenschaften?. In *Soziale Arbeit in Wissenschaft und Praxis. Festschrift für Wolf Rainer Wendt*. hrsg. Albert Mühlum, Günter Rieger. 74-87. Lage: Jacobs.

Crozier, Michel und Erhard Friedberg. 1993. *Die Zwänge kollektiven Handelns. Über Macht und Organisation*. Königstein, Ts: Athenäum-Verlag.

Dahme, Heinz-Jürgen und Norbert Wohlfahrt. 2015. Soziale Dienstleistungspolitik. Eine kritische Bestandsaufnahme. Wiesbaden: Springer VS.

Dahrendorf, Ralf. 1967. Fundamentale und liberale Demokratie. In *Für eine Erneuerung der Demokratie in der Bundesrepublik. Sieben Reden und andere Beiträge zur deutschen Politik 1967-1968*. Ralf Dahrendorf. 1968. 31-46. München: Piper.

DBSH – Deutscher Berufsverband für Soziale Arbeit e. V. o. J.a. *Der Deutsche Berufsverband für Soziale Arbeit e. V.* www.dbsh.de/der-dbsh.html. Zugegriffen: 8. Juli 2014.

DBSH – Deutscher Berufsverband für Soziale Arbeit e. V. o. J. b. *Berufsbilder*. www.dbsh. de/beruf/berufsbilder.html. Zugegriffen: 8. Juli 2014.

DBSH – Deutscher Berufsverband für Soziale Arbeit e. V. 1997. Berufsethische Prinzipien des DBSH. In *DBSH* o. J. c. Grundlagen für die Arbeit des DBHS e. V. Ethik in der Sozialen Arbeit. 3-5 o. O.: DBSH.

DCV o. J. Leitbild des Deutschen Caritasverbandes. www.caritas.de/glossare/leitbild-des-deutschen-caritasverbandes. Zugegriffen: 22. Dezember 2014.

Detjen, Joachim. (Hrsg.) 2007. *Politische Bildung. Geschichte und Gegenwart in Deutschland.* München, Wien: Oldenbourg Verlag.

Deutscher Bundestag, Ausschuss für Arbeit und Soziales. 2009. *Materialien zur öffentlichen Anhörung von Sachverständigen am 4. Mai 2009 in Berlin zum (...) Entwurf eines Gesetzes* zur Aufhebung des Asylbewerberlistungsgesetzes. Ausschussdrucksache 16(11)1350 vom 30. April 2009. Berlin.

Deutscher Städtetag. 2006. *Persönliche Erklärung zur Reform des Sozialgesetzbuches II (SGB II)*. Schreiben vom 17. Mai 2006. Berlin.

DGfS – Deutsche Gesellschaft für Sozialarbeit, Sektion „Theorie und Wissenschaftsentwicklung in der Sozialen Arbeit". 2005. Kerncurriculum Soziale Arbeit / Sozialarbeitswissenschaft für Bachelor- und Masterstudiengänge in Sozialer Arbeit, erarbeitet von Ernst Engelke, Manuela Leideritz, Konrad Maier, Richard Sorg, Silvia Staub-Bernasconi. In *Sozialmagazin*. 30. Jg. Heft 4/2005. 15-23.

DGSA – Deutsche Gesellschaft für Soziale Arbeit, Sektion Forschung. 2013. *Literaturüberblick (Stand: 15. August 2013)*. http://dgsainfo.de/fileadmin/dateiablage/fg_forschung/Leseliste_Forschung_in_der_Sozialen_Arbeit_Stand_15._August_2013.pdf. Zugegriffen: 22. Februar 2014.

Diekmann, Aandreas. 2008[19]. *Empirische Sozialforschung. Grundlagen, Methoden, Anwendungen*. Reinbek bei Hamburg: Rowolth TB.

Dienel, Peter C. 1991[2]. *Die Planungszelle. Eine Alternative zur Stablishment-Demokratie*. Opladen: Westdeutscher Verlag.

Dolowitz, David and David Marsh. 2000. Learning from Abroad. The Role of Policy-Transfer in Contempoty Policy Making. In *Governance*. 13/1. 5-24.

Drechsler, Hanno, Wolfgang Hilligen und Franz Neumann. (Hrsg.) 2003[10]. *Gesellschaft und Staat – Lexikon der Politik*. München: Franz Vahlen.

Duden online o. J. *Sozialwesen, das*. www.duden.de/rechtschreibung/Sozialwesen. Zugegriffen: 8. Juli 014.

DV – Deutscher Verein für öffentliche und private Fürsorge. (Hrsg.) 2011[7]. *Fachlexikon der sozialen Arbeit*. Baden Baden: Nomos.

DW der EKD – Diakonisches Werk der Evangelischen Kirche in Deutschland. o. J. *Selbstverständnis der Diakonie*. www.diakonie.de/selbstverstaendnis-735.html. Zugegriffen: 6. November 2010.

DW der EKD 1998. Herz und Mund und Tat und Leben. Denkschrift der EKD Nr. 143. Anhang: Leitbild Diakonie – damit Leben gelingt! www.ekd.de/EKD-Texte/herz_mund_tat_leben_1998_anhang.html. Zugegriffen: 22. Dezember 2014.

Eichener, Volker. 2000. *Das Entscheidungssystem der Europäischen Union. Institutionelle Analyse und demokratietheoretische Bewertung*. Opladen: Leske + Budrich.

Elias, Norbert. 2000[9]. *Was ist Soziologie?*. Weinheim, München: Juventa.

Engelke, Ernst. 2004[2]. *Die Wissenschaft Soziale Arbeit. Werdegang und Grundlagen*. Freiburg im Breisgau: Lambertus.

Engemann, Thomas, Jörg Fischer, Reinhard Müller und Wolfgang Volkmer. 2007. Die Repolitisierung Sozialer Arbeit aus Sicht eines Wohlfahrtsverbandes. In *Repolitisierung Sozialer Arbeit. Engagiert und professionell*. hrsg. Manfred Lallinger, Günter Rieger. 2007. 133-148. Stuttgart: Akademie der Diözese Rottenburg-Stuttgart.

Erath, Peter. 2006. *Sozialarbeitswissenschaft. Eine Einführung*. Stuttgart: Verlag W. Kohlhammer.

Esping-Andersen, Gøsta. 1990. *The Three Worlds of Welfare Capitalism*. Cambridge: Polity Press.

Esping-Andersen, Göste. 1998. Die drei Welten des Wohlfahrtskapitalismus. Zur politischen Ökonomie des Wohlfahrtsstaates. In *Welten des Wohlfahrtskapitalismus. Der Sozialstaat in vergleichender Perspektive.* hrsg. Stephan Lessenich und Ilona. Ostner. 1998. 19-56. Frankfurt am Main, New York: Campus.

Evers, Adalbert. u. a. (Hrsg.) 2011. *Handbuch Soziale Dienste.* Wiesbaden: VS Verlag.

Ezell, Mark. 2001. *Advocacy in the Human Services.* Belmont, CA: Thomson Brooks/Cole.

Falk, Svenja u. a. (Hrsg.) 2006. *Handbuch Politikberatung.* Wiesbaden: VS Verlag.

Falter, Jürgen und Michèle Knodt. 2007. Die Bedeutung von Themenfeldern, theoretischen Ansätzen und die Reputation von Fachvertretern. In *Politikwissenschaft. Rundbrief der Deutschen Vereinigung für Politische Wissenschaft.* Heft 137. 147-160. Osnabrück.

Fehren, Oliver. 2006. Gemeinwesenarbeit als intermediäre Instanz: emanzipatorisch oder herrschaftsstabilisierend?. In *neue praxis* 6/2006. 575-595. Lahnstein: Verlag neue praxis.

Flick, Uwe. 2008[2]. *Triangulation. Eine Einführung.* Wiesbaden: VS Verlag.

Frevel, Bernhard und Berthold Dietz. 2008[2]. *Sozialpolitik kompakt.* Wiesbaden: VS Verlag.

Fritsche, Miriam und Simon Güntner. 2012. Partizipation ohne Teilhabe? Fallstricke der Beteiligungsarbeit in der Umsetzung von Förderprogrammen zur Quartiersentwicklung. In *standpunkt : sozial.* 1+2/2012. 58- 67. Hamburg: HAW Hamburg.

Fritsche, Miriam. 2011. *Mikropolitik im Quartier. Bewohnerbeteiligung im Stadtumbauprozess.* Wiesbaden: VS Verlag.

Gablentz, Heinrich von der. 1965. *Einführung in die Politische Wissenschaft.* Köln, Opladen: Westdeutscher Verlag.

Galuske, Michael. 2009[8]. *Methoden der Sozialen Arbeit. Eine Einführung.* Weinheim, München: Juventa Verlag.

Germain, Carol B. und Alex Gitterman 1999[3]. *Praktische Sozialarbeit. Das „Life Model" der Sozialen Arbeit. Fortschritte in Theorie und Praxis.* Stuttgart: Enke.

Geißler, Karl-Heinz A. und Marianne Hege. 1995[7]. *Konzepte sozialpädagogischen Handelns. Ein Leitfaden für soziale Berufe.* Weinheim, München: Juventa.

Glaser, Barney. G. and Anselm. L. Strauss. 2010[3]. *Grounded Theory.* Bern: Huber Verlag.

Gloe, Markus. und Volker. Reinhardt. (Hrsg.) 2010. *Politikwissenschaft und politische Bildung. Nationale und internationale Perspektiven.* Wiesbaden: VS Verlag.

Goffman, Erving. 2008. (engl. Zuerst 1974). *Rahmen-Analyse. Ein Versuch über die Organisation von Alltagserfahrungen.* Frankfurt/M: Suhrkamp TB Wissenschaft.

Göhler, Gerhard., u. a. (Hrsg.) 2011. *Politische Theorie. 25 umkämpfte Begriffe zur Einführung.* Wiesbaden: VS Verlag.

Groell, Robert. 1993. Kompetenz. In *Fachlexikon der sozialen Arbeit.* hrsg. Deutscher Verein für öffentliche und private Fürsorge. 1993[3]. Frankfurt am Main: Eigenverlag, 574 f.

Guggemos, Peter. 1993. *Gemeinwesenorientierte Altenpolitik. Band II: Vernetzung von Lebens- und Systemwelten am Beispiel der Leitstelle „Älter werden" in Augsburg.* Augsburg: Verlag für Gerontologie.

Grunwald, Klaus. 2004. Manageriale Organisationsgestaltung im Kontext einer Lebensweltorientierten Sozialen Arbeit. In *Praxis Lebensweltorientierter Sozialer Arbeit. Handlungszugänge und Methoden in unterschiedlichen Arbeitsfeldern.* hrsg. Klaus Grunwald und Hans Thiersch. 375- 402. Weinheim, München: Juventa.

Grunwald, Klaus und Hans Thiersch. 2002. Lebenswelt und Dienstleistung. In *Positionsbestimmungen der Sozialen Arbeit. Gesellschaftspolitik, Theorie und Ausbildung.* Hans Thiersch. 2002. 127-151. Weinheim, München: Juventa.

Grunwald, Klaus und Hans Thiersch. (Hrsg.) 2004. *Praxis Lebensweltorientierter Sozialer Arbeit. Handlungszugänge und Methoden in unterschiedlichen Arbeitsfeldern.* Weinheim, München: Juventa.

Güntner, Simon und Andreas Langer. 2014. Sozialarbeitspolitik zwischen Professionspolitik und Gesellschaftsgestaltung. In *Politik Sozialer Arbeit. Band 2: Akteure, Handlungsfelder und Methoden.* hrsg. Benjamin Benz, u. a. 2014b. 238- 254. Weinheim: Beltz Juventa.

Güntner, Simon. 2007. *Soziale Stadtpolitik. Institutionen, Netzwerke und Diskurse in der Politikgestaltung.* Bielefeld: transkript Verlag.

Habermas, Jürgen. 1985. Die Krise des Wohlfahrtsstaates und die Erschöpfung utopischer Energien. In *Die neue Unübersichtlichkeit.* Jürgen Habermas. 141-163. Frankfurt a. M.: Suhrkamp.

Habermas, Jürgen. 1973. *Legitimationsprobleme im Spätkapitalismus.* Frankfurt a. M.: Suhrkamp.

Hall, Peter. A. 1993. Policy Paradigms, Social Learning, and the State. In *Comparative Politics.* 25/3. 275-296. New York: City University of New York.

Hansbauer, Peter. 2002. Sozialpädagogische Institute und ihre Funktion. In *Grundriss Soziale Arbeit.* hrsg. Werner Thole. 937-946. Opladen: Leske+Budrich.

Hartmann, Jürgen. 1995. *Politikwissenschaft. Eine problemorientierte Einführung in Grundbegriffe und Teilgebiete.* Chur (Schweiz): G+B Verlag Fakultas.

Hartmann, Martin und Claus. Offe. (Hrsg.) 2011. *Politische Theorie und Politische Philosophie. Ein Handbuch.* München: Verlag C. H. Beck.

Hartwig, Luise und Joachim Merchel. (Hrsg.) 2000. *Parteilichkeit in der Sozialen Arbeit.* Münster: Waxmann.

Hauser, Richard. 1994. Perspektiven und Zukunftsaufgaben des Sozialstaates. In *Zukunft des Sozialstaates – Leitideen und Perspektiven für eine Sozialpolitik der Zukunft.* hrsg. MAGS. 1994, 23-64. Düsseldorf: Eigenverlag.

Häußermann, Hartmut. 2009. Die politische Repräsentation marginalisierter Stadtteile. In *Die politische Repräsentation von Fremden und Armen.* hrsg. M. Linden, W. Thaa. 183-199. Baden-Baden: Nomos.

HAW Hamburg – Hochschule für Angewandte Wissenschaften, Fakultät für Wirtschaft und Soziales (Hrsg.) 2012. Politik der Sozialen Arbeit – Politik des Sozialen. *standpunkt: sozial.* Heft 1+2/2012.

HAW Hamburg – Hochschule für Angewandte Wissenschaften Hamburg, Fakultät Wirtschaft und Soziales. (Hrsg.) 2009. Sozialarbeitspolitik – Dimensionen des Politischen in der Sozialen Arbeit. *standpunkt: sozial.* Heft 1/2009.

Haynes, Karen S. and James S. Mickelson. 2000[4]. *Affecting Change: Social Workers in the Political Arena.* New York/USA: Longman.

Heiner, Maja. 2007. *Soziale Arbeit als Beruf. Fälle – Felder – Fähigkeiten.* Basel/München: Reinhardt Verlag.

Heiner, Maja. 1994. Aufbau und Nutzung politischer Netzwerke in der Gemeinwesenarbeit. In *Jahrbuch Gemeinwesenarbeit 5. Politikstrategien – Wendungen und Perspektiven.* hrsg. Maria Bitzan und Tilo Klöck. 1994. 90-116. München: AG SPAK.

Heinrich, Peter und Jochen Schulz zur Wiesch. (Hrsg.) 1998. *Wörterbuch zur Mikropolitik.* Opladen: Leske + Budrich.

Heinze, Rolf G., Josef Schmid und Christoph Strünck. 1999. *Vom Wohlfahrtsstaat zum Wettbewerbsstaat.* Opladen: Leske + Budrich.

Hellmuth, Thomas und Corrnelia Klepp. 2010. *Politische Bildung.* UTB Bd. 3222. Wien, Köln, Weimar: Böhlau-Verlag.

Herriger, Norbert. 2006[3]. *Empowerment in der Sozialen Arbeit. Eine Einführung.* Stuttgart: Kohlhammer.

Hilligen, Wolfgang. 2003. Institutionen. In *Gesellschaft und Staat – Lexikon der Politik*, *München: Franz Vahlen*. hrsg. Hanno Drechsler, Wolfgang Hilligen und Franz Neumann. 2003[10], 488 f. München: Franz Vahlen.

Hirschman, Albert O. 1974. *Abwanderung und Widerspruch*. Tübingen: J. C. B. Mohr (Paul Siebeck).

Hobbes, Thomas. 1651/1970. *Leviathan – Erster und zweiter Teil, übersetzt von Jacob Meyer, mit einem Nachwort von Malte Diesselhorst*. Stuttgart: Reclam.

Hollstein, Walter und Marianne Meinhold. 1977. *Sozialpädagogische Modelle. Möglichkeiten der Arbeit im sozialen Bereich*. Frankfurt am Main: Campus.

Hollstein, Walter und Marianne Meinhold. (Hrsg.) 1973. *Sozialarbeit unter kapitalistischen Produktionsbedingungen*. Frankfurt am Main: Fischer Taschenbuch Verlag.

Hurrelmann, Achim, u. a. 2002. Wie ist argumentative Entscheidungsfindung möglich? Deliberation in Versammlungen und Internetforen. In *Leviathan. Zeitschrift für Sozialwissenschaft*. 30. Jg. Heft 4. 544-564.

Huster, Ernst-Ulrich und Kay Bourcarde. 2012. Soziale Inklusion: Geschichtliche Entwicklung des Sozialstaats und Perspektiven angesichts Europäisierung und Globalisierung. In Balz, Hans-Jürgen, Benjamin Benz und Carola Kuhlmann. (Hrsg.) 2012. *Soziale Inklusion. Grundlagen, Strategien und Projekte in der Sozialen Arbeit*. 13-33. Wiesbaden: Springer VS.

Huster, Ernst-Ulrich. 2005. Zugangsgerechtigkeit – Befreiung des Menschen aus seiner unwürdigen Objektrolle. In *Theorie und Praxis der Sozialen Arbeit*. 56. Jg. Heft 2/2005. 56-61.

Huster, Ernst-Ulrich. 2003. Sozialpolitik. In *Gesellschaft und Staat. Lexikon der Politik*. Hanno Drechsler, Wolfgang Hilligen und Franz Neumann. 2003[10]. 900-906. München: Vahlen.

Huster, Ernst-Ulrich. 1989. *Ethik des Staates. Zur Begründung politischer Herrrschaft in Deutschland*. Frankfurt am Main: Campus.

Iatridis, D. S. 1995. Policy Practice. In *Encyclopedia of Social Work*. eds. NASW 1995[19], 1855-1866. Washington DC (USA): NASW Press.

IFSW / IASSW – International Federation of Social Workers / Association of Schools of Social Work (2014): *Global Definition of Social Work*. Melbourne (Australia). http://dbsh. de/fileadmin/downloads/Global_Definition_of_Social_WorkOriginal.pdf. Zugegriffen: 29. Oktober 2014.

IFSW – International Federation of Social Workers. 2008. *Internationale Politik zur Bekämpfung der Armut und zu der Rolle der SozialarbeiterInnen*. In deutscher Übersetzung abgedruckt. In *Forum Sozial*. Heft 3/2008. 21- 22.

IFSW / IASSW – International Federation of Social Workers / Association of Schools of Social Work (2004): *Ethics in Social Work. Statement of Principals*. Adelaide/Australien. http://ifsw.org/policies/statement-of-ethical-principles/. Zugegriffen: 29. Oktober 2014.

ISFW – International Federation of Social Workers. 2000. *Definition of Social Work*. Montréal (Canada). http://ifsw.org/policies/definition-of-social-work/. Zugegriffen: 29. Oktober 2014.

Jann, Werner und Kai Wegrich. 2009. Phasenmodelle und Politikprozesse: Der Policy Cycle. In *Lehrbuch der Politikfeldanalyse 2.0*. hrsg. Klaus Schubert und Nils C. Bandelow. 2009[2]. 75-114. München: Oldenbourg.

Jansen, Dorothea. 2006[3]. *Einführung in die Netzwerkanalyse. Grundlagen, Methoden, Forschungsbeispiele*. Wiesbaden: VS Verlag.

Jansson, Bruce S. 1994[2]. *Social Welfare Policy. From Theory to Practice*. Monterey, CA: Brooks, Cole Publishing Company.

Jansson, Bruce S. 2007[5]. *Becoming an Effective Policy Advocate. From Policy Practice to Social Justice*. Monterey, CA: Brooks, Cole Publishing Company.

Jellinek, Georg. 1914[3]. *Allgemeine Staatslehre*. Berlin: O. Häring.

Kailitz, Steffen. 2007. Ein – sehr kurzer – Streifzug durch die Politikwissenschaft. In *Schlüsselwerke der Politikwissenschaft*. hrsg. Steffen Kailitz, XV-XXIV. Wiesbaden: VS Verlag.

Kaiser, André. 2001. Die politische Theorie des Neo-Institutionalismus: James March und Johan Olsen. In *Politische Theorien der Gegenwart II*. hrsg. André Brodocz, Gary S. Schaal. 253-282. Opladen: UTB.

Kamerman, Sheila. B. 2001. Social Policy. In *The Columbia School of Social Work. A Centennial Celebration*. eds. Ronald A. Feldman, Sheila B. Kamerman. 185-206. New York: Columbia University Press.

Kaufmann, Franz-Xaver. 2009[3]. *Sozialpolitik und Sozialstaat: Soziologische Analysen*. Wiesbaden: VS Verlag.

Kaufmann, Franz-Xaver. 2003. *Varianten des Wohlfahrtsstaats. Der deutsche Sozialstaat im internationalen Vergleich*. Frankfurt am Main: Suhrkamp.

Kaufmann, Franz-Xaver. 1982. Elemente einer soziologischen Theorie sozialpolitischer Intervention. In *Staatliche Sozialpolitik und Familie*. hrsg. Franz-Xaver Kaufmann, 49-86. München/Wien: Oldenbourg.

Kaufmann, Franz-Xaver (Hrsg.) 1979. *Bürgernahe Sozialpolitik. Planung, Organisation und Vermittlung sozialer Leistungen auf lokaler Ebene*. Frankfurt am Main, New York: Campus.

Kaufmann, Franz-Xaver. 1973. Zum Verhältnis von Sozialarbeit und Sozialpolitik. In *Gesellschaftliche Perspektiven der Sozialarbeit, Band 1*. hrsg. Hans-Uwe Otto, Siegfried Schneider. 1973[2]. 87-104. Neuwied, Berlin: Luchterhand.

Keller, Reiner u.a. (Hrsg.). 2010. *Handbuch Sozialwissenschaftliche Diskursanalyse. Bd. 1. Theorien und Methoden*. Wiesbaden: VS Verlag.

Kessl, Fabian. 2005. *Der Gebrauch der eigenen Kräfte. Eine Gouvernementalität Sozialer Arbeit*. Weinheim, München: Juventa Verlag.

Kersting, Wolfgang. 2000a. *Theorien der sozialen Gerechtigkeit*. Stuttgart: Verlag J. B. Metzler.

Kersting Wolfgang. (Hrsg.) 2000b. Politische Philosophie des Sozialstaats. Weilerwist: Velbrück Wissenschaft.

Kersting, Wolfgang. 1994. *Die politische Philosophie des Gesellschaftsvertrags*. Darmstadt: Wissenschaftliche Buchgesellschaft.

Khella, Karam. 1982. *Sozialarbeit von unten. Praktische Methoden fortschrittlicher Sozialarbeit und Sozialpädagogik*. Hamburg: Theorie und Praxis Verlag.

Kimmel, Adolf und Christiane Kimmel. 2000. *Verfassungen der EU-Mitgliedsstaaten*. Textausgabe mit einem Vorwort d. Verf.. Stand 1. Juni 2000. München:Deutscher Taschenbuch Verlag.

Kingdon, J. W. 1984. *Agendas, Alternatives, and Public Policies*. Boston, Toronto: Little&Brown.

Kleinfeld, Ralf. u.a. (Hrsg.) 2007. *Lobbying. Strukturen, Akteure, Strategien*. Wiesbaden: VS Verlag.

Klüsche, Wilhelm (Hrsg.) 1999. *Ein Stück weitergedacht .... Beiträge zur Theorie- und Wissenschaftsentwicklung der Sozialen Arbeit*. Freiburg im Breisgau: Lambertus.

Knöpfel, Peter, Corrine Larrue, Frédéric Varone und Sylvia Veit. 2011. *Politikanalyse*. Opladen, Framington Hills: Verlag Barbara Budrich.

Knuth, Nicole. 2008. *Fremdplatzierungspolitiken. Das System der stationären Jugendhilfe im deutsch-englischen Vergleich*. Weinheim: Juventa.

König, Helmut. 1999. *Orientierung Politikwissenschaft – Was sie kann, was sie will*. Reinbek bei Hamburg: Rowohlt.

König, Joachim. 2007[2]. *Einführung in die Selbstevaluation. Ein Leitfaden zur Bewertung der Praxis Sozialer Arbeit*. Freiburg i. B: Lambertus Verlag.

König, Thomas. 2004. CAQDAS in der Frame Analysis. In *Qualitative Datenanalyse: computergestützt. Methodische Hintergründe und Beispiele aus der Forschungspraxis*. hrsg. Udo Kuckartz u. a., 81-94. Wiesbaden: VS Verlag.

Koopmann, Klaus. 2008. *(Kinder- und Jugend-) Partizipation. Eine thematische Einführung*. www.afs60.de/webcontent/files/AFS-Partizipationswerkstatt_Einfuehrung_Koopmann. pdf. Zugegriffen: 29. Januar 2011.

Korpi, Walter. 1985. *Power Resources Approach vs Action and Conflict: On Causal and Intentional Explanation in the Study of Power. Sociological Theory*. 3: 38 ff.

Korpi, Walter. 1983. *The Democratic Class Struggle*. London: Routledge.

Kraus, Björn und Wolfgang Krieger. (Hrsg.) 2014[3]. *Macht in der Sozialen Arbeit. Interaktionsverhältnisse zwischen Kontrolle, Partizipation und Freisetzung*. Lage: Jacobs.

Kraus, Björn. 2013. *Erkennen und Entscheiden. Grundlagen und Konsequenzen eines erkenntnistheoretischen Konstruktivismus für die Soziale Arbeit*. Weinheim, Basel: Beltz Juventa.

Kreft, Dieter. und C. Wolfgang Müller. (Hrsg.) 2010. *Methodenlehre in der Sozialen Arbeit. Konzepte, Methoden, Verfahren, Techniken*. München, Basel: Ernst Reinhardt Verlag (UTB).

Kreft, Dieter und Ingrid Mielenz (Hrsg.). 2008[6]a. *Wörterbuch Soziale Arbeit*. Weinheim, München: Juventa.

Kreft, Dieter und Ingrid Mielenz. 2008b. Soziale Arbeit. In *Wörterbuch Soziale Arbeit*. hrsg. Dieter Kreft und Ingrid Mielenz. 2008[6]a, 776-778. Weinheim, München: Juventa.

Kritzinger, Sylvia und Irina Michalowitz. 2009. Methodenkonflikt oder Methodenpluralismus? Policy-Forschung auf dem Prüfstand. In *Lehrbuch der Politikfeldanalyse 2.0*. hrsg. Klaus Schubert und Nils C. Bandelow. 245- 270. München: Oldenbourg.

Kriz, Jürgen, Dieter Nohlen und Rainer-Olaf Schultze. (Hrsg.) 1994. *Lexikon der Politik, Bd. 2. Politikwissenschaftliche Methoden*. München: C. H. Beck.

Kromrey, Helmut. 2009[12]. *Empirische Sozialforschung: Modelle und Methoden der standardisierten Datenerhebung und Datenauswertung*. Opladen: Leske+Budrich (UTB).

Krüger, Rolf. 2010. *Kommunale Jugend- und Sozialpolitik: Grundlagen, Strukturen und Handlungsmethoden für die Sozialarbeit*. Berlin: Lehmanns Media.

Krummacher, Michael. 2011. Kommunale Wohnungspolitik. In *Handbuch kommunale Sozialpolitik*. hrsg. Heinz-Jürgen Dahme und Norbert Wohlfahrt. 201- 214. Wiesbaden: VS Verlag.

Kuhlmann, Carola. 2007. *Alice Salomon und der Beginn sozialer Berufsausbildung. Eine Biografie*. Stuttgart: ibidem.

Kuhlmann, Carola. 2005. Soziale Arbeit im nationalsozialistischen Herrschaftssystem. In *Grundriss Soziale Arbeit – Ein einführendes Handbuch*. hrsg. Werner Thole. 2005[2]. 77-96. Wiesbaden.

Kuhlmann, Carola. 2000. Parteilichkeit in der sozialpädagogischen Tradition – Alice Salomons Position zu professionellen Standards und ethischer Verantwortung. In *Parteilichkeit in der Sozialen Arbeit*. Hrsg. Luise Hartwig und Joachim Merchel. 2000. 11-23.Münster: Waxmann.

Kulke, Dieter. 2014. Behindertenhilfepolitik – von policy zu politics. In *Politik Sozialer Arbeit. Band 2: Akteure, Handlungsfelder und Methoden*. hrsg. Benjamin Benz, Günter Rieger, Werner Schönig und Monika Többe-Schukalla. 2014. 198-216. Weinheim: Beltz Juventa.

Küpper, Willi und Günther Ortmann. (Hrsg.) 1988a. *Mikropolitik. Rationalität, Macht und Spiele in Organisationen*. Opladen: Westdeutscher Verlag.

Küpper, Willi und Günther Ortmann. 1988b. *Mikropolitik. Das Handeln und die Zwänge der Systeme*, In *Mikropolitik. Rationalität, Macht und Spiele in Organisationen*. hrsg. Willi Küpper und Günther Ortmann. 1988a. 7-13. Opladen: Westdeutscher Verlag.

Kurz, Simone. 2012. *Mikropolitik politischer Organisationen. Das Beispiel Ortsbeirat*. Wiesbaden: VS Verlag.

Kusche, Christoph und Rolf Krüger. 2001. Sozialarbeit muss sich endlich zu ihrem politischen Mandat bekennen!. In *Hat Soziale Arbeit ein politisches Mandat? Positionen zu einem strittigen Thema*. hrsg. Roland Merten. 15-25. Opladen: VS Verlag.

Lallinger, Manfred und Günter Rieger. (Hrsg.) 2007. *Repolitisierung Sozialer Arbeit. Engagiert und professionell*. Stuttgart: Akademie der Diözese Rottenburg-Stuttgart.

Lampert, Heinz und Jörg Althammer. 2007⁸. *Lehrbuch der Sozialpolitik*. Berlin: Springer.

Lehmbruch, Gerhard. 1971⁴. *Einführung in die Politikwissenschaft*. Stuttgart: Kohlhammer.

Leitner, Sigrid, u. a. (Hrsg.) 2004. *Wohlfahrtsstaat und Geschlechterverhältnis im Umbruch. Was kommt nach dem Ernäherermodell*. Wiesbaden: VS Verlag.

Lessenich, Stephan (Hrsg.) 2003. *Wohlfahrtsstaatliche Grundbegriffe. Historische und aktuelle Diskurse*. Frankfurt, a. M.,New York: Campus Verlag.

Lindblom, Charles E. 1959. *The Science of Muddling-Through*. Public Administration Review, Jg. 19. 79-88.

Linden, Markus und Winfried Thaa. (Hrsg.) 2009. *Die politische Repräsentation von Fremden und Armen*. Baden-Baden: Nomos.

Lindner, Werner. 2012. *Political (Re)Turn? Impulse zu einem neuen Verhältnis von Jugendarbeit und Jugendpolitik*. Wiesbaden: Springer VS.

Lorenz, Walter. 2006. Soziale Arbeit als angewandte Sozialpolitik – eine europäische Perspektive. In *Die Produktivität des Sozialen – den sozialen Staat aktivieren*. hrsg. Karin Böllert u. a., 261–271.Wiesbaden: VS-Verlag.

Lösch, Bettina und Andreas Thimmel. (Hrsg.) 2010. *Kritische politische Bildung. Ein Handbuch*. Schwalbach, Ts: Wochenschau Verlag.

Loughlin, John. 1999 Introduction. In *Local and Regional Democracy in the EU*. eds. Committee of the Regions (EU). 1-17. Brussels.

Loughlin, John and Guy Peters. 1996. State Traditions, Administrative Reform and Regionalization. In *The Political Ecomony of Regionalism*. eds. Michael Keating and John Loughlin. 41-62. London: Frank Cass & Co. LTD.

Ludwig-Mayerhofer, Wolfgang, u. a. (Hrsg.) 2007. *Fallverstehen und Deutungsmacht. Akteure in der Sozialverwaltung und ihre Klienten*. Opladen & Framington Hills: Verlag Barbara Budrich.

Luhmann, Niklas. 1973. „Formen des Helfens im Wandel gesellschaftlicher Bedingungen". In *Gesellschaftliche Perspektiven der Sozialarbeit, 1. Halbband*. Hans-Uwe Otto und Siegfried Schneider. 21-43. 1973. Berlin: Luchterhand.

Luhmann, Niklas. 1973. *Vertrauen. Ein Mechanismus der Reduktion sozialer Komplexität*. Stuttgart: Enke.

Lüssi, Peter. 2008⁶. *Systemische Sozialarbeit. Praktisches Lehrbuch der Sozialberatung*. Bern: Verlag Paul Haupt.

Lütke-Harmann, Martina und Fabian Kessl. 2013. Paradoxien der Ent-/Politisierung. Überlegungen zum politischen Potenzial der (Post-)Demokratie. In *Politik Sozialer Arbeit, Bd. 1*. hrsg. Benjamin Benz, u. a. 2013a. 133-149. Weinheim, Basel: Beltz Juventa.

Lutz, Roland und Titus Simon. 2007. *Lehrbuch der Wohnungslosenhilfe*. Weinheim: Beltz Juventa.

MacInnis-Dittrich, Kathleen. 1994. *Integrating Social Welfare Policy and Social Work Practice.* Monterey,CA: Brooks, Cole.

Machiavelli, Nicolo. 1991. *Il Principe/Der Fürst* (1513/1532). Stuttgart: Reclam.

Maier, Konrad. 1997. Der Beitrag der Politikwissenschaft zur Ausbildung von SozialarbeiterInnen und SozialpädagogInnen. In *Sozialarbeit/Sozialpädagogik als Studium und Wissenschaft. Entwicklungen – Perspektiven – Profile.* hrsg. Joachim Walter. 1997. 74-78. Freiburg im Breisgau: Evangelische Fachhochschule Freiburg.

Maier, Konrad. 1996. Überlegungen zur Etablierung einer Sozialarbeitswissenschaft auf dem Hintergrund der Entwicklung der Politikwissenschaft. In *Sozialarbeitswissenschaft. Neue Chancen für theoriegeleitete Soziale Arbeit.* hrsg. Ria Puhl. 1996. 137-148. Weinheim, München: Juventa.

Marshall, Thomas H. 1992. *Bürgerrechte und soziale Klassen. Zur Soziologie des Wohlfahrtsstaates.* Frankfurt am Main, New York: Campus.

Marshall, Thomas H. 1981. Nachgedanken zu *Wertprobleme des Wohlfahrtskapitalismus.* Die 'Bindestrichgesellschaft'. In *Bürgerrechte und soziale Klassen. Zur Soziologie des Wohlfahrtsstaates.* Thomas H. Marshall. 1992. 131-146. Frankfurt am Main, New York: Campus.

Marshall, Thomas H. 1972. Wertprobleme des Wohlfahrtskapitalismus. In *Bürgerrechte und soziale Klassen. Zur Soziologie des Wohlfahrtsstaates.* Thomas H. Marshall. 1992. 109-130. Frankfurt am Main, New York: Campus.

Maschke, Michael. 2008. *Behindertenpolitik in der Europäischen Union – ein Vergleich der Lebenssituation behinderter Menschen und der nationalen Behindertenpolitik in 15 Mitgliedsstaaten.* Wiesbaden: VS-Verlag.

Maus, Friedrich, Wilfried Nodes und Dieter Röh. 2008. *Schlüsselkompetenzen der Sozialen Arbeit für die Tätigkeitsfelder Sozialarbeit und Sozialpolitik.* hrsg. vom Deutschen Berufsverband für Soziale Arbeit. Schwalbach am Taunus: Wochenschau Verlag.

Maykus, Stephan und Reinhold Schone. (Hrsg.) 2010[3]. *Handbuch Jugendhilfeplanung. Grundlagen, Anforderungen und Perspektiven.* Wiesbaden: VS Verlag.

Mayntz, Renate und Fritz W. Scharpf. 1995. Der Ansatz des akteurzentrierten Institutionalismus. In *Gesellschaftliche Selbstregelung und politische Steuerung.* hrsg. Renate Mayntz und Fritz W. Scharpf. 39-72. Frankfurt/M., New York: Campus Verlag.

Mayring, Philipp. 2002[5]. *Einführung in die qualitative Sozialforschung. Eine Anleitung zu qualitativem Denken.*Weinheim, Basel: Beltz Verlag.

Meenaghan, Thomas M., et al. 2004. *Social Policy Analysis and Practice.* Chicago,Ill.: Lyceum Books.

Meier, Hermann. 2011[3]. *Zur Geschäftsordnung. Technik und Taktik bei Versammlungen, Sitzungen und Diskussionen.* Wiesbaden: VS Verlag.

Merchel, Joachim. 2008[2]. *Trägerstrukturen in der Sozialen Arbeit. Eine Einführung.* Weinheim, Basel: Beltz Juventa.

Merchel, Joachim und Hendrik Reismann. 2004. *Der Jugendhilfeausschuss. Eine Untersuchung über seine fachliche und jugendhilfepolitische Bedeutung am Beispiel NRW.* Weinheim, München: Juventa Verlag.

Merten, Roland (Hrsg.) 2001a. Politisches Mandat als (Selbst-)Missverständnis des professionellen Auftrags Sozialer Arbeit. In *Hat Soziale Arbeit ein politisches Mandat? Positionen zu einem strittigen Thema* . hrsg. Roland Merten. 2001b. 89-100. Opladen: Leske + Budrich.

Merten, Roland (Hrsg.) 2001b. *Hat Soziale Arbeit ein politisches Mandat? Positionen zu einem strittigen Thema.* Opladen: Leske + Budrich.

Merten, Roland. 2000. Soziale Arbeit als autonomes Funktionssystem der modernen Gesellschaft? Argumente für eine konstruktive Perspektive. In *Systemtheorie Sozialer Arbeit. Neue Ansätze und veränderte Perspektiven.* hrsg. Roland Merten, 177-204. Opladen: Leske + Budrich.

Meyer, Thomas. 2000. *Was ist Politik?.* Opladen: Leske + Budrich.

Mouffe, Chantal. 2007. *Über das Politische. Wider die kosmopolitische Illusion.* Frankfurt am Main: Suhrkamp.

Mühlum, Albert. 2007a. Hat Soziale Arbeit ein politisches Mandat? Ein Rückblick in die Zukunft. In *Repolitisierung Sozialer Arbeit. Engagiert und professionell.* hrsg. Manfred Lallinger und Günter Rieger. 2007. 15-30. Stuttgart: Akademie der Diözese Rottenburg-Stuttgart.

Mühlum, Albert. 2007b. Spiritualität– eine vergessene Ressource in der Sozialen Arbeit. In *Soziale Arbeit im Aufschwung zu neuen Möglichkeiten- oder Rückkehr zu alten Aufgaben?.* hrsg. Hans Günther Homfeldt. 78-90. Baltmannsweiler: Schneider Verlag Hohengehren.

Mühlum, Albert. 1982. *Sozialpädagogik und Sozialarbeit – Eine vergleichende Darstellung zur Bestimmung ihres Verhältnisses in historischer, berufspraktischer und theoretischer Perspektive.* Frankfurt am Main: Eigenverlag des Deutschen Vereins für öffentliche und private Fürsorge.

Müller, Christian. 2013. Sozialpädagogik als Erziehung zur Demokratie. Ein Beitrag zur Wiederentdeckung der politischen Dimension im Verhältnis Sozialer Arbeit und Pädagogik. In *Politik Sozialer Arbeit. Band 1: Theoretische und disziplinäre Perspektiven.* hrsg. Benjamin Benz, Günter Rieger, Werner Schönig und Monika Többe-Schukalla. 2013. 182-194.Weinheim: Beltz Juventa.

NASW (eds.) 1995[19]. *Encyclopedia of Social Work. 3 Vol..* Washington, DC, USA: NASW Press.

NASW (eds.) 1977[17]. *Encyclopedia of Social Work. 3 Vol.* Washington, DC, USA: NASW Press.

Nagel, Stephan. 2009. Wohnungslosigkeit und Sozialarbeitspolitik. In Sozialarbeitspolitik – Dimensionen des Politischen in der Sozialen Arbeit. *Standpunkt: Sozial.* HAW Hamburg Fakultät Wirtschaft und Soziales. 1/2009. 47-53.

Neher, Peter. 2006. Gemeinsame Wege suchen. In *neue caritas.* 107. Jg., Heft 10/2006, S. 3.

Nell-Breuning, Oswald von. 1976. Das Subsidiaritätsprinzip. In *Theorie und Praxis der sozialen Arbeit.* 1/1976. 6-17.

Neuberger, Oswald. 1995. *Mikropolitik. Der alltägliche Aufbau und Einsatz von Macht in Organisationen.* Stuttgart: Enke.

Niejahr, Elisabeth und Rainer Pörtner. 2002. *Joschka Fischers Pollenflug und andere Spiele der Macht.* Frankfurt am Main: Eichborn.

Nohlen, Dieter. 2005a. Vergleichende Methode. In *Lexikon der Politikwissenschaft, Bd. 2.* hrsg. Dieter Nohlen und Rainer-Olaf Schultze. 1080–1090. München: C. H. Beck.

Nohlen, Nikolas. 2005b. Kompetenzkompetenz. *In Lexikon der Politikwissenschaft, Band 1: A-M.* hrsg. Dieter Nohlen und Rainer-Olaf Schultze. 2005[3]. 456-457. München: C. H. Beck.

Nullmeier, Frank, u. a. 2008. *Entscheiden in Gremien. Von der Videoaufzeichnung zur Prozessanalyse.* Wiesbaden: VS Verlag.

Nullmeier, Frank, u. a. 2003. *Mikro-Policy-Analyse. Ethnographische Politikforschung am Beispiel Hochschulpolitik.* Frankfurt/M., New York: Campus Verlag.

Nullmeier, Frank und Thomas Saretzki (Hrsg.) 2002. *Jenseits des Regierungsalltags. Strategiefähigkeit politischer Parteien.* Frankfurt/New York: Campus.

Nullmeier, Frank. 2000. *Politische Theorie des Sozialstaats.* Frankfurt/M., New York: Campus.

Offe, Claus. 1996. Bewährungsproben. Über einige Beweislasten bei der Verteidigung der liberalen Demokratie. In *Demokratie am Wendepunkt. Die demokratische Frage als Projekt des 21. Jahrhunderts.* hrsg. Werner Weidenfeld. 1996. 141-157. Berlin: Siedler.

Offe, Claus. 1972. *Strukturprobleme des kapitalistischen Staates. Aufsätze zur politischen Soziologie.* Frankfurt/M: Suhrkamp.

Olk, Thomas, u.a. 2000. Sozialarbeitspolitik in der Kommune. Argumente für eine aktive Politisierung der Sozialarbeit (zuerst 1981). In *Jahrbuch der Sozialen Arbeit 2000. herausragende Beiträge des 20. Jahrhunderts.* hrsg. Ullrich Gintzel, u.a. 1999. 60-87. Münster: Votum.

Otto, Hans-Uwe und Hans Thiersch (Hrsg.). 2011⁴. *Handbuch Soziale Arbeit.* München u.a.: Reinhardt.

Pabst, Stefan. 1996. *Sozialanwälte. Wohlfahrtsverbände zwischen Interessen und Ideen.* Augsburg: Maro Verlag.

Pfaffenberger, Hans. 2001. Professionelle sozialpädagogische Handlungskompetenz – ein Schlüsselbegriff der Weiterentwicklung der Sozialarbeit/Sozialpädagogik zur Profession und Disziplin. In *Identität – Eigenständigkeit – Handlungskompetenz der Sozialarbeit/ Sozialpädagogik als Beruf und Wissenschaft.* hrsg. Hans Pfaffenberger. 2001. 87-114. Münster: LIT Verlag.

PGP – Praxis Gemeindepädagogik. 2014. *Politische Bildung.* 67. Jg. 1/2014.

Popple, Philip R. and Leslie Leighninger. 2011⁵. *The Policy Based Profession. An Introduction to Social Welfare Policy Analysis for Social Workers.* Boston/MA (USA): Allyn & Bacon.

Popple, Philip R. and Leslie Leighninger. 1998. *The Policy-Based Profession. An Introduction to Social Welfare Policy for Social Workers.* Boston/MA (USA): Allyn & Bacon.

Preußer, Norbert. 1993. *ObDach. Einführung in die Politik und Praxis sozialer Aussonderung.* Weinheim, Basel: Beltz Verlag.

Prittwitz, Volker. v. 2007. *Vergleichende Politikanalyse.* Stuttgart: Verlag Lucius&Lucius (UTB).

Prittwitz, Volker. v. 2003². *Politikanalyse.* Stuttgart: UTB.

Puhl, Ria. 2004. *Klappern gehört zum Handwerk. Funktion und Perspektive von Öffentlichkeitsarbeit in der sozialen Arbeit.* Weinheim: Juventa Verlag.

Raschke, Joachim und Ralf Tils. 2007. *Politische Strategie. Eine Grundlegung.* Wiesbaden: VS Verlag.

Reese-Schäfer, Walter. 2012². *Politische Theorie der Gegenwart in achtzehn Modellen.* München: Oldenbourg Verlag.

Reese-Schäfer, Walter. 2006. *Politische Theorie in der Gegenwart in fünfzehn Modellen.* München: Oldenbourg Verlag.

Rehder, Britta, u.a. (Hrsg.) 2009. *Interessenvermittlung in Politikfeldern. Vergleichende Befunde der Policy- und Verbändeforschung.* Wiesbaden: VS Verlag.

Reiners, Markus. 2012. *Gescheiterte Übersteuerung. Verflechtung, Netzwerke und Mikropolitik bei der Neuen Steuerung. Fallstudie im Bereich der Inneren Sicherheit des Landes Baden-Württemberg.* Wiesbaden: Springer VS.

Rieger, Günter. 2014. Soziallobbying und Politikberatung. In *Politik Sozialer Arbeit.* Band 2: *Akteure, Handlungsfelder und Methoden.* hrsg. Benjamin Benz, u.a. 2014a. 329-350. Weinheim: Beltz Juventa.

Rieger, Günter. 2013d. Das Politikfeld Sozialarbeitspolitik. In *Politik Sozialer Arbeit.* Band 1: *Theoretische und disziplinäre Perspektiven.* hrsg. Benjamin Benz, u.a. 2013a. 54-Weinheim: Beltz Juventa.

Rieger, Günter. 2013a. Gremienarbeit. In *Lexikon der Sozialwirtschaft*. hrsg. Klaus Grunwald, u. a. 2013². 441-443. Baden-Baden: Nomos.

Rieger, Günter. 2013b. Lobbying. In *Lexikon der Sozialwirtschaft*. hrsg. Klaus Grunwald, u. a. 2013². 632-634. Baden-Baden: Nomos.

Rieger, Günter. 2013c. Politikberatung. In *Lexikon der Sozialwirtschaft*. hrsg. Klaus Grunwald, u. a. 2013². 780-783. Baden-Baden: Nomos.

Rieger, Günter. 2011. Politikberatung. In *Handbuch Soziale Arbeit*. hrsg. Hans-Uwe Otto und Hans Thiersch, 2011⁴, 1101-1107. München: Reinhardt Verlag.

Rieger, Günter. 2009. Sozialarbeitspolitik, aktive Bürgerschaft und Gerechtigkeit. In *Soziale Arbeit in Wissenschaft und Praxis. Festschrift für Wolf Rainer Wendt*. hrsg. Albert Mühlum und Günter Rieger 2009. 228-241. Lage: Jacobs.

Rieger, Günter. 2007. Politisierung als professionelle Herausforderung. In *Repolitisierung Sozialer Arbeit*. hrsg. Manfred Lallinger und Günter Rieger. 85-108. Stuttgart: Akademie der Diözese Rottenburg-Stuttgart.

Rieger, Günter. 2006. Weniger Staat, mehr Politik. Soziale Arbeit als politischer Unternehmer. In *Blätter der Wohlfahrtspflege*. 153 Jg.. Heft 3/2006. 90-93.

Rieger, Günter. 2005a. Menschenrechte/Grundrechte/Bürgerrechte. In *Lexikon der Politikwissenschaft, Band 1 A-M*. hrsg Dieter Nohlen und Rainer-Olaf Schulze. 2005³, 556-564. München: C. H. Beck.

Rieger, Günter. 2005b. Mikropolitik. In *Lexikon der Politikwissenschaft, Bd. 1*. hrsg. Dieter Nohlen und Rainer-Olaf Schultze. 2005³, 576/577. München: C. H. Beck.

Rieger, Günter. 2005c. Lebenswelt/Lebensweltanalyse. In *Lexikon der Politikwissenschaft, Bd. 1*. hrsg. Dieter Nohlen und Rainer-Olaf Schultze. 2005³, 473/474. München: C. H. Beck.

Rieger, Günter. 2005d. Normative Theorien. In *Lexikon der Politikwissenschaft, Bd. 2*. hrsg. Dieter Nohlen und Rainer-Olaf Schultze. 2005³, 623. München: C. H. Beck.

Rieger, Günter und Rainer-Olaf Schultze. 2005. Machttheoretische Ansätze. In *Lexikon der Politikwissenschaft, Bd. 1*. hrsg. Dieter Nohlen und Rainer-Olaf Schultze. 2005³, 523 530. München: C. H. Beck.

Rieger, Günter. 2003. Anwaltschaftlichkeit – ein Herzstück Sozialer Arbeit. In *Soziale Arbeit (dzi)*. 52. Jg. 3/2003. 96-105.

Rieger, Günter. 2002. Von der Sozialpolitik zur Sozialarbeitspolitik. Ausblick auf eine handlungsorientierte Wende in Forschung und Lehre. In *Sozialmagazin*. 27. Jg. 5/2002. 36-51.

Rieger, Günter. 1998. *Einwanderung und Gerechtigkeit*. Opladen: Westdeutscher Verlag.

Rose, Richard. 1993. *Lesson-Drawing in Public Policy, A Guide to Learning Across Time and Space*. Chatham, NJ: Chatham House Publishers.

Rössner, Lutz. 1973. *Theorie der Sozialarbeit*. München / Basel: Reionhardt.

Röttger, Ulrike. (Hrsg.). 2009⁴. *PR-Kampagnen. Über die Inszenierung von Öffentlichkeit*. Wiesbaden: VS Verlag.

Rüb, Friedbert W. 2009². Multiple-Streams-Ansatz: Grundlagen, Probleme und Kritik. In *Lehrbuch Politikfeldanalyse 2.0*. hrsg. Klaus Schubert und Nils C. Bandelow. 2009². 348-376. München: Oldenbourg.

Ruß, Sabine. 2005. *Interessenvertretung als Problemkonstruktion. Schwache Interessen im politischen Kräftefeld moderner Demokratie am Beispiel Wohnungsloser in Frankreich und den USA*. Baden-Baden: Nomos Verlag.

Sabatier, Paul A. und Christopher M. Weible. 2007. The Advocacy Coalition Framework. Innovations and Clarifications. In *Theories of the Policy Process*. ed. Paul A. Sabatier. 2007². 189-220. Boulder: Westview Press.

Salomon, Alice – unter Mitwirkung von Siddy Wronsky. 1921. *Leitfaden für die Wohlfahrtspflege.* Leipzig, Berlin: B. G. Teubner.

Salomon, Alice. 1908. *Mutterschutz und Mutterschutzversicherung, Schriften des deutschen Vereins für Armenpflege und Wohltätigkeit.* Leipzig: Duncker und Humblot.

Sander, Wolfgang. 2005. Theorie der politischen Bildung: Geschichte – didaktische Konzeptionen – aktuelle Tendenzen und Probleme. In *Handbuch politische Bildung.* hrsg. Wolfgang Sander. 13-47. Schwalbach,Ts.:Wochenschau Verlag.

Schaffer, Hanne. 2009². *Empirische Sozialforschung für die Soziale Arbeit. Eine Einführung.* Freiburg, i.B: Lambertus.

Scharpf, Fritz W. 2000. *Interaktionsformen. Akteurzentrierter Institutionalismus in der Politikforschung.* Opladen: Leske + Budrich.

Scherpner, Hans. 1962. *Theorie der Fürsorge.* Göttingen: Vandenhoeck & Ruprecht.

Schiele, Siegfried und Herbert Schneider (Hrsg.) 1996. *Reicht der Beutelsbacher Konsens?.* Schwalbach im Taunus: Wochenschau Verlag.

Schmid, Josef. 2010³. *Wohlfahrtsstaaten im Vergleich. Soziale Sicherung in Europa. Organisation, Finanzierung, Leistung und Probleme.* Wiesbaden: VS Verlag.

Schmidt, Manfred. G. u. a. 2007. *Der Wohlfahrtsstaat. Eine Einführung in den historischen und internationalen Vergleich.* Wiesbaden: VS Verlag.

Schmidt, Manfred G.und Tobias Ostheim. 2007. Politisch-institutionalistische Theorien. In *Der Wohlfahrtsstaat – Eine Einführung in den historischen und internationalen Vergleich.* hrsg. Manfred G. Schmidt, et al. 2007a. 63-74. Wiesbaden: VS Verlag.

Schneider, Armin, Kathinka Beckmann und Daniela Roth. 2011. *Jugendhilfe: Ausschuss? Ein Gremium zwischen uneingelösten Versprechen und abgebremsten Möglichkeiten.* Opladen: Barbara Budrich.

Schneider, Armin. 2009a. *Forschungsperspektiven in der Sozialen Arbeit.* Schwalbach,Ts.: Wochenschau Verlag.

Schneider, Volker. 2009b. Akteurskonstellationen und Netzwerke in der Politikentwicklung. In *Lehrbuch Politikfeldanalyse 2.0.* hrsg. Klaus Schubert und Nils C. Bandelow, 2009². 191-218. München: Oldenbourg.

Schneider, Volker, u. a. (Hrsg.) 2009. *Politiknetzwerke, Modelle, Anwendungen und Visualisierungen.* Wiesbaden: VS Verlag.

Schubert, Klaus und Nils C. Bandelow. 2009. Politikfeldanalyse: Dimensionen und Fragestellungen. In *Lehrbuch der Politikfeldanalyse 2.0.* hrsg. Klaus Schubert und Nils C. Bandelow. 2009². 1-22. München: Oldenbourg.

Schultze, Rainer-Olaf. 2005a. Föderalismus. In *Lexikon der Politikwissenschaft, Band 1 (A-M).* hrsg. Dieter Nohlen und Rainer-Olaf Schultze. 2005³. 252 f. München: C. H. Beck.

Schultze, Rainer-Olaf. 2005b. Akteurzentrierter Institutionalismus. In *Lexikon der Politikwissenschaft, Band 1 (A-M).* hrsg. Dieter Nohlen und Rainer-Olaf Schultze. 2005³. 9 -10. München: C. H. Beck.

Schürmann, Ewald. 2004. *Öffentlichkeitsarbeit für soziale Organisationen. Praxishandbuch für Strategien und Aktionen.* Weinheim: Juventa.

Schüttemeyer, Suzanne S. 2005. Checks and balances. In *Lexikon der Politikwissenschaft, Band 1 (A-M).* hrsg. Dieter Nohlen und Rainer-Olaf Schultze. 2005³. 101. München: C. H. Beck.

Sebaldt, Martin und Alexander Straßner. 2006. *Klassiker der Verbändeforschung.* Wiesbaden: VS Verlag.

Seiffert, Helmut und Gerard Radnitzky. (Hrsg.) 1992. *Handlexikon zur Wissenschaftstheorie.* München: dtv.

Simon, Günter. 2007. *Soziale Stadtpolitik. Institutionen, Netzwerke und Diskurse in der Politikgestaltung.* Bielefeld: transcript.

Simon, Titus. 2005. Aktivierende und repressive Strategien: Nichts (völlig) Neues in der Wohnungslosenhilfe. In *Aktivierende Soziale Arbeit. Theorie – Handlungsfelder – Praxis* hrsg. Heinz-Jürgen Dahme und Norbert Wohlfahrt. Baltmannsweiler: Schneider Verlag Hohengehren.

Simon, Titus. 2001. *Wem gehört der öffentliche Raum? Zum Umgang mit Armen und Randgruppen in Deutschlands Städten. Gesellschaftspolitische Entwicklungen, rechtliche Grundlagen und empirische Befunde.* Opladen: Leske + Budrich.

Smith, Adam. 1776/2005[11]. *Der Wohlstand der Nationen. Eine Untersuchung seiner Natur und seiner Ursachen. Aus dem Englischen übertragen von Horst Claus Recktenwald.* München: Deutscher Taschenbuch Verlag.

Specht, Harry und Mark. E. Courtney. 1994. *Unfaithful Angels. How Social Work has abandoned its Mission.* New York: Free Press.

Spicker, Paul. 2006. *Policy Analysis for Practice. Applying Social Policy.* Bristol: Policy Press.

Staub-Bernasconi, Silvia. 2014. Macht und (kritische) Soziale Arbeit. In *Macht in der Sozialen Arbeit. Interaktionsverhältnisse zwischen Kontrolle, Partizipation und Freisetzung.* hrsg. Björn Kraus und Wolfgang Krieger. 2014[3]. 363-392. Lage: Jacobs.

Staub-Bernasconi, Silvia. 2007. *Soziale Arbeit als Handlungswissenschaft.* Bern, Stuttgart, Wien: Haupt.

Staub-Bernasconi, Silvia. 2002. Soziale Arbeit und Soziale Probleme. Eine disziplin- und professionsbezogene Bestimmung. In *Grundriss Soziale Arbeit.* hrsg. Werner Thole. 245- 258. Opladen: Leske+Budrich.

Staub-Bernasconi, Silvia 1998. Soziale Arbeit als Menschenrechtsprofession. In *Profession und Wissenschaft Sozialer Arbeit.* hrsg. Armin Wöhrle. 1998. 305- 332. Pfaffenweiler: Centaurus.

Staub-Bernasconi, Silvia 1994. Wird die UNO zur Sozialarbeiterin oder wird die Soziale Arbeit zur Menschenrechtsprofession?. In *Systemtheorie, soziale Probleme und Soziale Arbeit: lokal, national, international.* Silvia Staub-Bernasconi. 1995. 413-425. Bern, Stuttgart, Wien: Haupt.

Staub-Bernasconi, Silvia. 1993. Systemtheorie und Soziale Arbeit (Sozialarbeit/Sozialpädagogik) – Grundlagen einer wissenschaftsbasierten Sozialen Arbeit. In *Systemtheorie, soziale Probleme und Soziale Arbeit: lokal, national, international.* Silvia Staub-Bernasconi. 1995. 117-140. Bern, Stuttgart, Wien: Haupt.

Steinforth, Ulrich. 1999. *Gleiche Freiheit. Politische Philosophie und Verteilungsgerechtigkeit.* Berlin: Akademie Verlag.

Stövesand, Sabine. 2014. Soziale Arbeit und Soziale Bewegungen. In *Politik Sozialer Arbeit. Band 2: Akteure, Handlungsfelder und Methoden.* hrsg. Benjamin Benz, Günter Rieger, Werner Schönig und Monika Többe-Schukalla. 2014. 22-42. Weinheim: Beltz Juventa.

Stövesand, Sabine, Christoph Stoik und Ueli Troxler. (Hrsg.) 2013. *Handbuch Gemeinwesenarbeit.* Opladen, Berlin, Toronto: Barbara Budrich.

Sünker, Heinz. (Hrsg.) 1995. *Theorie, Politik und Praxis Sozialer Arbeit. Einführung in Diskurse und Handlungsfelder der Sozialarbeit/Sozialpädagogik.* Bielefeld: Kleine.

Szynka, Peter. 2008. Junge Erwachsene auf dem Weg in die Wohnungslosigkeit? Unerwünschte Nebenwirkungen des Sanktionssystems im SGB II. In *wohnungslos.* 50. Jg. 4/2008. 127-130.

Thielking, Kai O. 2005. *Die Kirche als politischer Akteur. Kirchlicher Einfluss auf die Schul- und Bildungspolitik in Deutschland.* Baden-Baden: Nomos.

Thiersch, Hans 2000. Lebensweltorientierung in der Sozialen Arbeit – als radikalisiertes Programm (eine Skizze). In *Soziale Arbeit – Gesellschaftliche Bedingungen und professionelle Perspektiven.* hrsg. Siegfried Müller, Heinz Sünker, u. a. Neuwied: Luchterhand.

Thiersch, Hans. 1993. Alltag. In *Fachlexikon der sozialen Arbeit.* hrsg. Deutscher Verein für öffentliche und private Fürsorge. 1993³. 17 f. Frankfurt am Main: Eigenverlag des Deutschen Vereins für öffentliche und private Fürsorge.

Többe-Schukalla, Monika. 2013. Paradigmen der politischen Bildung und Erziehung in ihrer Bedeutung für die Soziale Arbeit. In *Politik Sozialer Arbeit, Bd. 1. Grundlagen, theoretische Perspektiven und Diskurse.* hrsg. Benjamin Benz, u. a. 2013a. 166-181.Weinheim, Basel: Beltz Juventa.

Vogel, Lars. 2010. *Politische Repräsentation in der Demokratie. Das Selbstverständnis von Parlamentsabgeordneten.* http://www.bpb.de/geschichte/deutsche-einheit/lange-wege-der-deutschen-einheit/47365/politische-repraesentation. Zugegriffen: 29. Oktober 2014.

Waarden, Franz van. 2009. Institutionen zur Zentralisierung und Kontrolle politischer Macht. In *Lehrbuch der Politikfeldanalyse 2.0.* Klaus Schubert und Nils C. Bandelow. 2009². 273-311. München: Oldenbourg.

Weber, Max. 1922/1980. *Wirtschaft und Gesellschaft.* Tübingen: Mohr.

Weber, Max. 1919. Politik als Beruf. In *Gesammelte Politische Schriften.* Max Weber. 1988⁵. 505-560. hrsg. von Johannes Winkelmann. Tübingen: J. C. B. Mohr (Paul Siebeck).

Wendt, Wolf Rainer. 2010. *Das ökosoziale Prinzip. Soziale Arbeit, ökologisch verstanden.* Freiburg i. B.: Lambertus Verlag.

Wendt, Wolf Rainer. 1990. *Ökosozial denken und handeln. Grundlagen und Anwendungen in der Sozialarbeit.* Freiburg i. B.: Lambertus Verlag.

Wendt, Wolf Rainer. 1982. *Ökologie und Soziale Arbeit.* Stuttgart: Enke.

Werwein, Alexander. 2008. *Das politische Mandat Sozialer Arbeit. Eine positionierte Annäherung.* Esslingen (Bachelor-Arbeit).

Westle, Bettina. (Hrsg.) 2009 *Methoden der Politikwissenschaft.* Baden-Baden: Nomos.

Wilkens, Erwin. 1975. Politik. In *Evangelisches Staatslexikon.* hrsg. Hermann Kunst, Roman Herzog und Wilhelm Schneemelcher. 1975². Spalte 1855-1871. Stuttgart, Berlin: Kreuz Verlag.

Willems, Ulrich und Thomas von Winter. 2000. *Politische Repräsentation schwacher Interessen.* Opladen: Leske + Budrich.

Winter, Thomas von. 2000. Soziale Marginalität und kollektives Handeln. Bausteine einer Theorie schwacher Interessen. In *Politische Repräsentation schwacher Interessen.* Ulrich Willems und Thomas von Winter. 2000. 39-59. Opladen: Leske+Budrich.

Winter, Thomas von. 1997. *Sozialpolitische Interessen. Konstituierung, politische Repräsentation und Beteiligung an Entscheidungsprozessen.* Baden-Baden: Nomos.

Zu den Autoren

Beide Autoren haben (gemeinsam mit Konrad Maier †) 2009 die „Fachgruppe Politik Sozialer Arbeit" in der Deutschen Gesellschaft für Soziale Arbeit (DGSA) initiiert und waren von 2010 bis 2015 deren (stellv.) Sprecher.

Benjamin Benz, Jg. 1973, Dipl.-Soz.Arb. (FH), politikwiss. Promotionsstudium, Dr. rer. soc.

zunächst Sozialarbeiter in der Jugendarbeit, Hochschulreferent und Referent eines Familienverbandes, von 2007-2011 Professor für Politikwissenschaft an der Evangelischen Hochschule Freiburg, seit 2011 in gleicher Funktion an der Evangelischen Fachhochschule Rheinland-Westfalen-Lippe, Bochum

Schwerpunkte: Armutspolitik im politischen Mehrebenensystem; politische Interessenvertretung in der Sozialen Arbeit

www.efh-bochum.de/homepages/benz/index.html

benz@efh-bochum.de

Günter Rieger, Jg. 1961, Dipl.-Soz.päd. (BA), Politikwissenschaftler (MA), Dr. phil.

zunächst Sozialarbeiter im Strafvollzug und in der Sozialpsychiatrie, seit 1999 Professor an der Dualen Hochschule Baden-Württemberg Stuttgart (DHBW Stuttgart), Studiengangsleiter Soziale Dienste in der Justiz, Dekan (seit 2008)

Schwerpunkt: Sozialarbeitspolitik

www.dhbw-stuttgart.de/themen/bachelor/fakultaet-sozialwesen/kontakt/professoren/prof-dr-guenter-rieger.html

guenter.rieger@dhbw-stuttgart.de

MIX
Papier aus verantwortungsvollen Quellen
Paper from responsible sources
FSC® C105338

If you have any concerns about our products,
you can contact us on
ProductSafety@springernature.com

In case Publisher is established outside the EU,
the EU authorized representative is:
Springer Nature Customer Service Center GmbH
Europaplatz 3, 69115 Heidelberg, Germany

Printed by Libri Plureos GmbH
in Hamburg, Germany